キャロライン王妃事件

〈虐げられたイギリス王妃〉の生涯をとらえ直す

古賀秀男

人文書院

目次

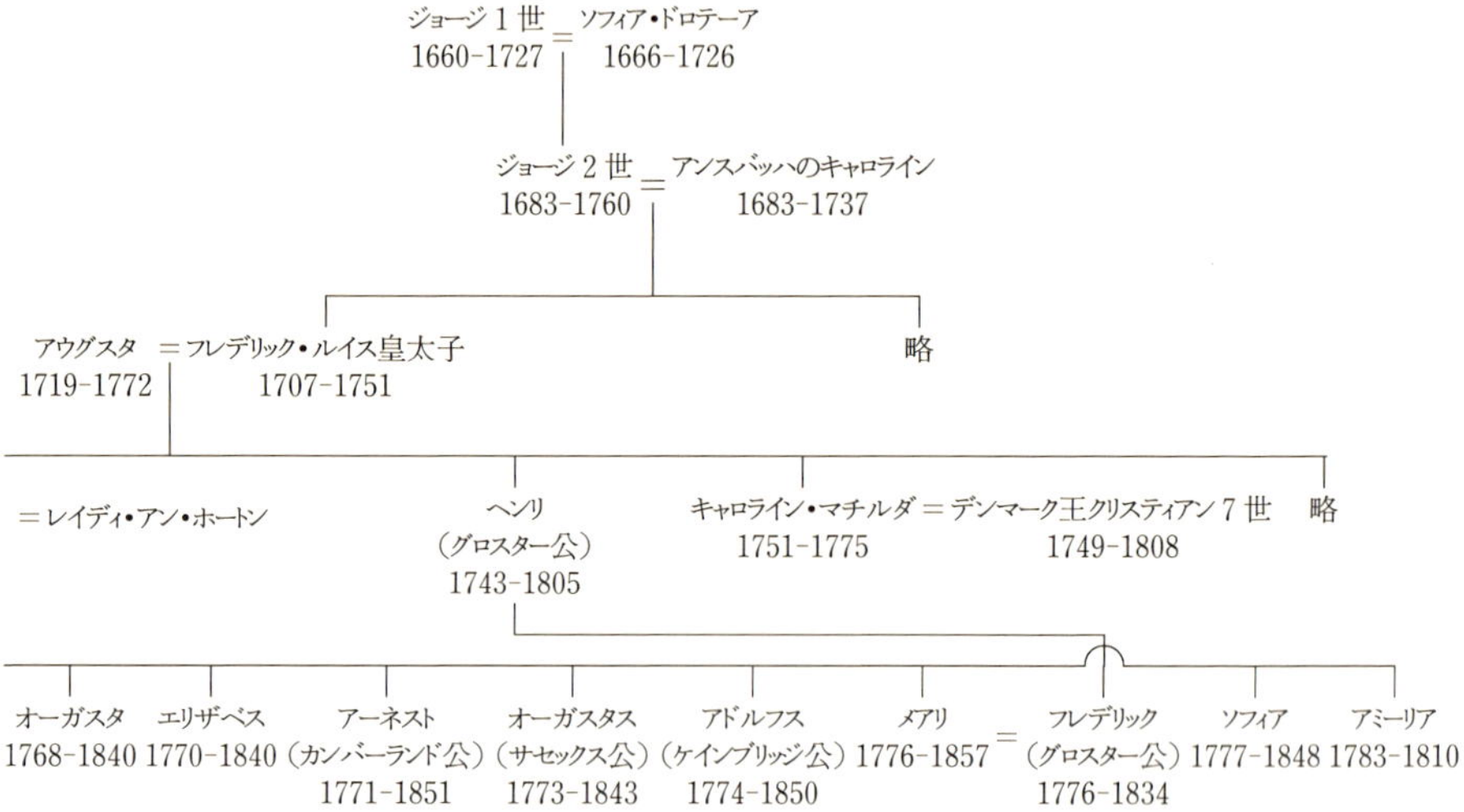
ジョージ１世 1660-1727
ソフィア・ドロテーア 1666-1726
ジョージ２世 1683-1760
アンスバッハのキャロライン 1683-1737
アウグスタ 1719-1772
フレデリック・ルイス皇太子 1707-1751
略
＝レイディ・アン・ホートン
ヘンリ （グロスター公） 1743-1805
キャロライン・マチルダ 1751-1775
デンマーク王クリスティアン７世 1749-1808
略
オーガスタ 1768-1840
エリザベス 1770-1840
アーネスト （カンバーランド公） 1771-1851
オーガスタス （サセックス公） 1773-1843
アドルフス （ケインブリッジ公） 1774-1850
メアリ 1776-1857
フレデリック （グロスター公） 1776-1834
ソフィア 1777-1848
アミーリア 1783-1810

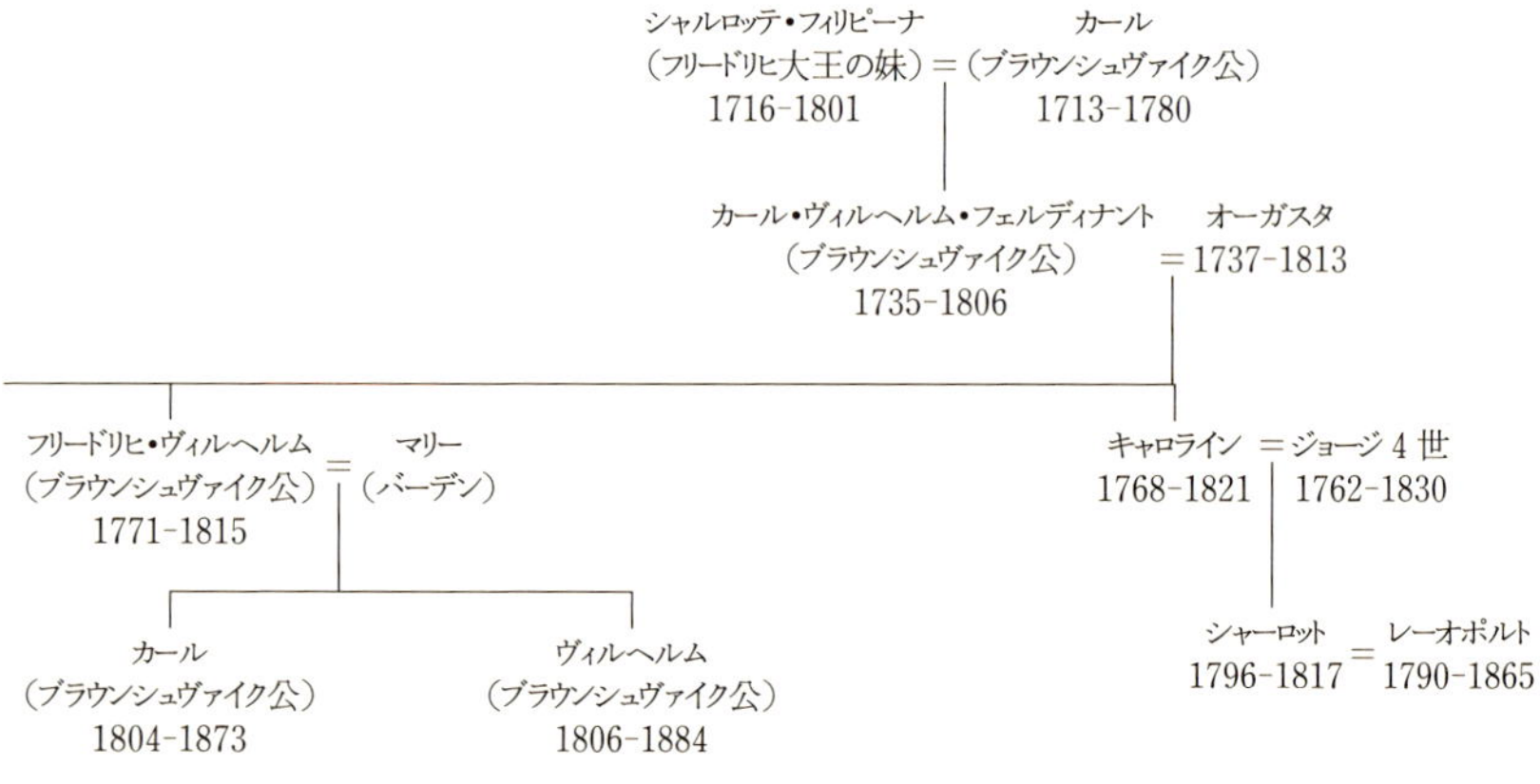
シャルロッテ・フィリピーナ （フリードリヒ大王の妹） 1716-1801
カール （ブラウンシュヴァイク公） 1713-1780
カール・ヴィルヘルム・フェルディナント （ブラウンシュヴァイク公） 1735-1806
オーガスタ 1737-1813
フリードリヒ・ヴィルヘルム （ブラウンシュヴァイク公） 1771-1815
マリー （バーデン）
キャロライン 1768-1821
ジョージ４世 1762-1830
カール （ブラウンシュヴァイク公） 1804-1873
ヴィルヘルム （ブラウンシュヴァイク公） 1806-1884
シャーロット 1796-1817
レーオポルト 1790-1865

ジョージ4世の家族

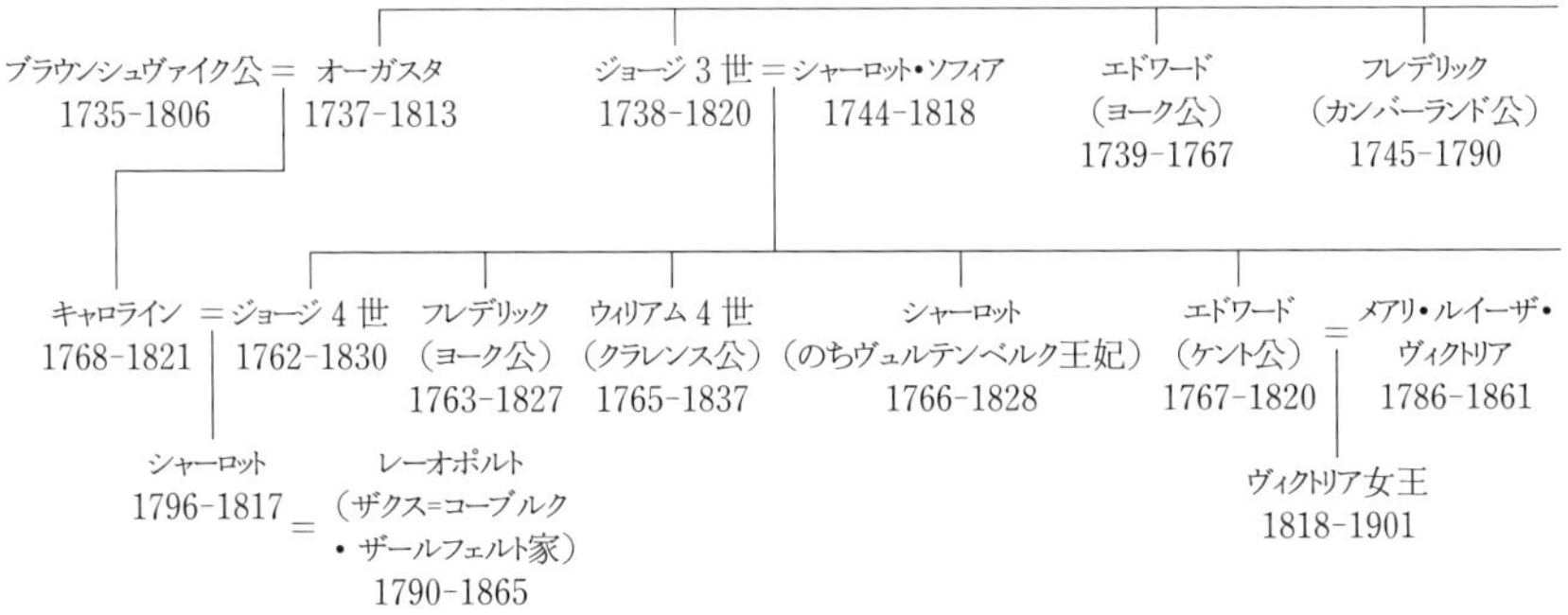
ブラウンシュヴァイク公 1735-1806
オーガスタ 1737-1813
ジョージ3世 1738-1820
シャーロット・ソフィア 1744-1818
エドワード（ヨーク公）1739-1767
フレデリック（カンバーランド公）1745-1790
キャロライン 1768-1821
ジョージ4世 1762-1830
フレデリック（ヨーク公）1763-1827
ウィリアム4世（クラレンス公）1765-1837
シャーロット（のちヴュルテンベルク王妃）1766-1828
エドワード（ケント公）1767-1820
メアリ・ルイーザ・ヴィクトリア 1786-1861
シャーロット 1796-1817
レーオポルト（ザクス=コーブルク・ザールフェルト家）1790-1865
ヴィクトリア女王 1818-1901

キャロライン王妃の家族

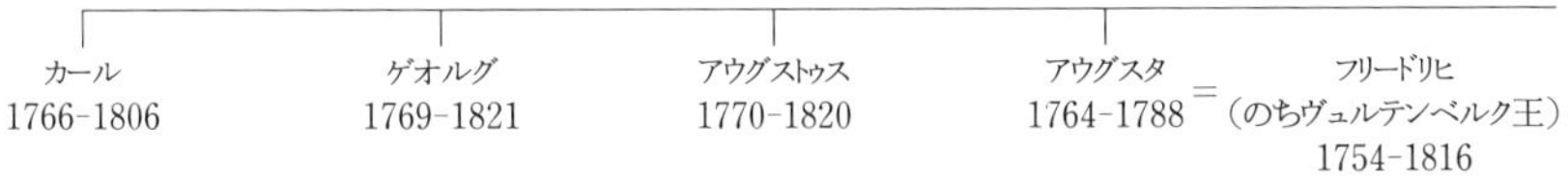
カール 1766-1806
ゲオルグ 1769-1821
アウグストゥス 1770-1820
アウグスタ 1764-1788
フリードリヒ（のちヴュルテンベルク王）1754-1816

①婚嫁の旅　1794年12月～1795年４月
②大陸への出国　1814年８月～1815年５月
③コモ発地中海からイェルサレムへ　1815年11月～1816年９月
④ペーザロから帰国の旅　1820年４月～６月

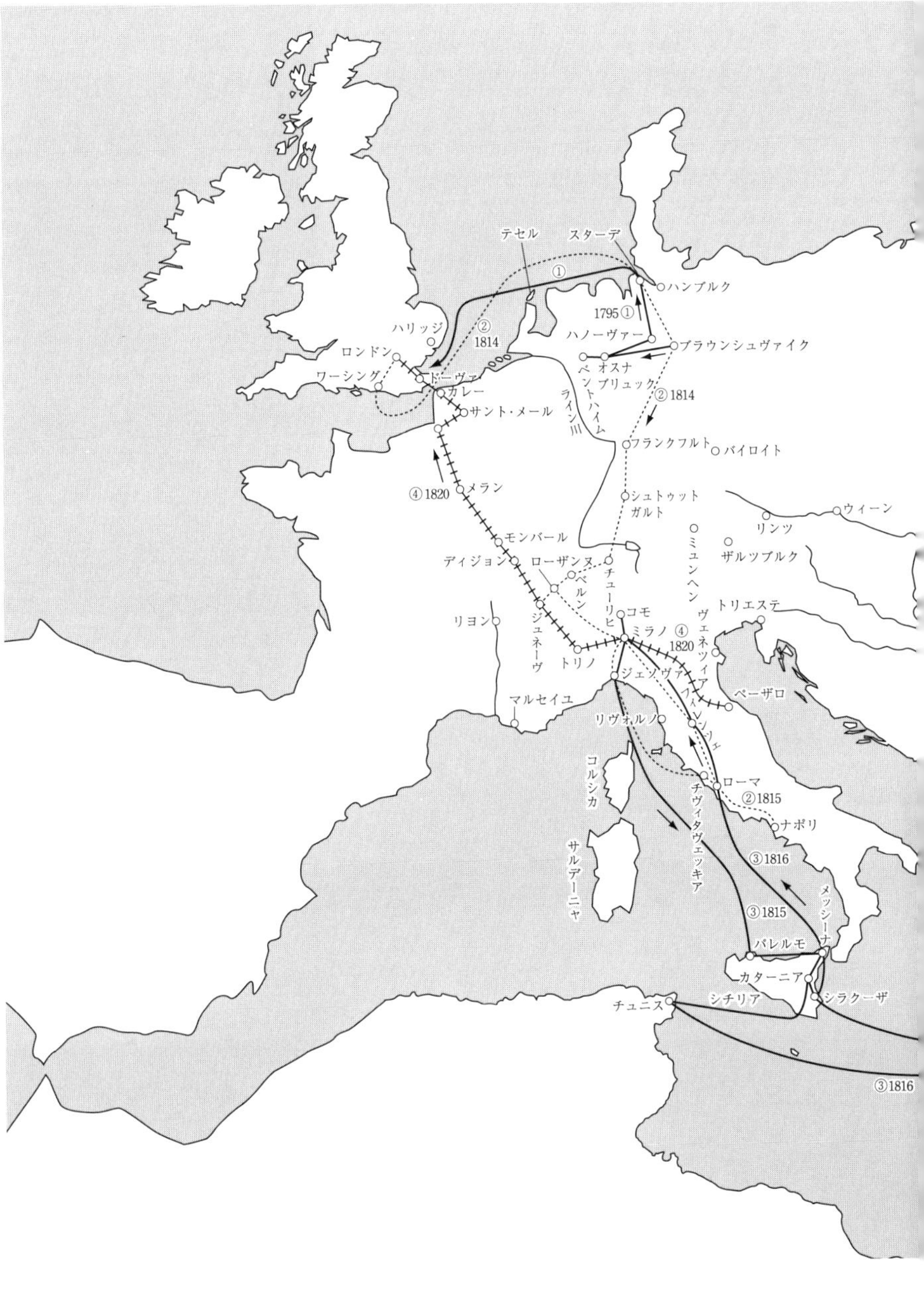

テセル
スターデ
①
ハンブルク
1795①
ハリッジ
②
1814
ハノーヴァー
ブラウンシュヴァイク
ロンドン
オスナブリュック
ベントハイム
ワーシング
ドーヴァ
カレー
ライン川
②1814
サント・メール
フランクフルト
バイロイト
④1820
メラン
シュトゥットガルト
ウィーン
リンツ
モンバール
ミュンヘン
ザルツブルク
ディジョン
ローザンヌ
ベルン
チューリヒ
トリエステ
リヨン
ジュネーヴ
コモ
ミラノ
④
1820
ヴェネツィア
トリノ
ジェノヴァ
フィレンツェ
ペーザロ
マルセイユ
リヴォルノ
コルシカ
ローマ
チヴィタヴェッキア
②1815
ナポリ
サルデーニャ
③1816
メッシーナ
③1815
パレルモ
カターニア
チュニス
シチリア
シラクーザ
③1816

キャロライン王妃事件

――〈虐げられたイギリス王妃〉の生涯をとらえ直す

はじめに

キャロライン王妃事件の主人公ブラウンシュヴァイクのキャロラインが、従兄のイギリス皇太子ジョージのもとに嫁いできたのは一七九五年四月初めのことであった。肖像画を交換しただけの二人の初対面は、キャロラインが三ヶ月の長旅をへてグリニッジに到着した四月五日であり、婚礼は八日に行われた。しかしはるばる嫁いできた新妻に対する夫ジョージの態度は、この初対面のときからまったく相応しくないものであった。「虐げられた」王妃の物語はこのときから始まった。

皇太子には一七八五年一二月に内密に結ばれて以来の「最愛の妻」カトリック教徒の寡婦フィッツハーバート夫人がいたが、王位継承法（一七〇一年）と王室婚姻法（一七七二年）では承認されない妻であった。派手好みで多額の負債を抱えていた皇太子は、負債を支払ってもらい、また世継ぎを得るために、父ジョージ三世と政府、議会が認めるような公式の結婚を迫られていた。こうして彼は九四年八月、フィッツハーバート夫人と別れ、従妹（父の姉の娘）のキャロラインとの結婚を決断した。しかし彼はフィッツハーバート夫人を忘れ切ってはおらず、また新たに身辺の世話を取り仕切るジャージー伯爵夫人とも深い仲になっていた。二人の結婚はまさに波乱のスタートとなった。

一七九六年一月、キャロラインが九ヶ月で娘シャーロットを産むと、夫は全財産をフィッツハーバートに遺贈する、皇太子妃と称する女性には一シリングだけ与えるなどと記した遺書を書き、自邸カールトン・ハウスに寄り付かなくなり、夫妻の別居生活が始まった。別居を余儀なくされたキャロライン妃は皇太子邸から出て、グリニッジ郊外のモンターギュ・ハウスに生活の本拠を移すことになったが、ここで養子にした地元の庶民の男児を「不義」の子と言い立てられ、妃との離婚の口実を渇望していた皇太子はそれに飛びついた。こうして皇太子による、さらにまた妃の理解者であった国王ジョージ三世による、言い立てられた彼女の「不義」と「不倫」の実態を明らかにしようとする内密の「慎重な調査」が一八〇五年〜〇七年に行われ、妃の身辺で働く召使いたちが証人に駆り出された。これが事件の後の展開からみて「虐げられた王妃」事件の第一幕となった。このときはトーリの有力政治家パーシヴァルが妃に積極的に協力した。

その後摂政になりトーリと結びついた夫に対し、ホイットブレッドら野党ホイッグ系議員が妃を支援し協力するようになったが、一三年にはキャロライン妃は王室社会において皇太子妃としての安住の場を失っており、大陸の戦乱が終結した一四年八月、ブラウンシュヴァイクからイタリアへ向けて出国した。彼女は大陸においてしばし解放感を味わったものの、まもなく夫とイギリス政府が派遣した密偵が彼女の身辺を探り始め、従者として採用したイタリア人の元軍人ペルガミとの「密通」の物語が仕立て上げられた。この「密通」疑惑を立証するためミラノ委員会が設置され、一八年一〇月から一九年二月にかけて、妃の身辺に出仕し出入りしていた者を証人に駆り集め、先の事例と同じような内密の大規模な調査が行われた。これが「虐げられた王妃」事件の第二幕にあたる。

一八二〇年二月、イタリアに滞在していたキャロライン妃は、義父ジョージ三世が死去し、夫がジョージ四世として即位したことを聞いた。しかし彼女は王妃の地位を拒否され、国教会の祈禱書からも名前を削除された。彼女は、王妃を名乗らず、帰国しないことを条件に年金を支給するという新国王とリヴァプール政府の方針を伝え聞くと、激しく反発して帰国を決意した。こうして二〇年六月、彼女は市民たちの熱狂的な歓迎を受けながら支持者とともにドーヴァーに上陸し、凱旋将軍さながらに帰国したのである。

「祖国」を忘れずに帰国した王妃を歓迎し、連帯し支援する国民的運動が盛り上がったが、国王とリヴァプール政府は、ミラノ委員会の資料を基礎に、王妃の外国滞在中の「不義密通」の罪を立証して離婚を断行し王妃の地位と特権を剝奪するための「刑罰法案」を作成し、議会、とくにまず貴族院の「裁判」を通じて成立させようとした。政府はミラノで証言したイタリア人たちをロンドンに呼び集め、彼らの証言によって王妃の「不義密通」を立証しようとしたのである。こうして史上例を見ない「裁判」（「審理」）が貴族院で行われ、その内容が日々の新聞で詳細に報道され、国民的興奮を引き起こすことになった。「裁判」に出席する王妃の後を追って支持する市民たちの熱狂も見られた。王妃の帰国に始まり、貴族院において同年八月から一一月の間に行われた王妃「裁判」とその興奮が、「虐げられた王妃」事件の頂点を形成することになり、最終の第三幕となった。同時代の評論家ハズリットによれば「大衆の感情をこれほど徹底して興奮させたことはこれまで覚えがない。……商売はそっちのけになり、人々は楽しむことも忘れ、食事さえ二の次になって王妃の裁判の成り行きしか考えなくなった。……大衆の心は電撃的興奮に包まれた」という状況であった(1)。

新婚の皇太子夫妻の不和、対立、喧嘩に端を発した王室内の出来事が、なぜこれほど大きな国民的関心事になり、一大政治的・社会的事件となり得たのだろうか。この事件をめぐって数多くの戯画や戯画付きパンフレットが公刊され撒かれたように、王室男女のスキャンダルとして喧伝され、揶揄され、嘲笑され、まさに王族に関わる一大スキャンダルとして大衆的興奮状況が醸成されたからであろうか。この事件をスキャンダルとして扱いたいという願望は根強く存在するが、スキャンダルとしてのみとらえるのは正しくない。この出来事が国民的大事件となったことを読み解くには、ジョージ派とキャロライン派がそれぞれ支援する政治家と党派、有力者の人脈、社会階層をもっており、それらがいずれか一方を支持して活発に活動したこと、並びにときの新聞・雑誌と世論が、みだらな女性関係と派手な生活をつづけ毅然とした態度に欠けたジョージ四世（皇太子）を批判し、圧倒的に「虐げられた王妃」を支持したことに注目しなければならない。キャロライン妃の支持者たちは、皇太子を

「旧い腐敗した体制（Old Corruption）のシンボル」、キャロライン妃を清純な「急進派のシンボル」とさえみなしていた。(2)

イギリスの一八一五年の政治社会状況を巧みに描き出した古典書の著者アレヴィは、摂政ジョージとキャロライン妃をめぐる状況を次のように描写している。

摂政就任以前のジョージ四世は、父ジョージ三世とたえず衝突していたことと国にたえず金銭を要求していたことでしか、公衆には知られていなかった。議会の規則的な仕事の一つは皇太子の負債を支払うことであった。彼が自らの財政を健全化し、債権者にはきちんと返済し、収入を増やすことを約束することによって、国はようやく彼の結婚を承認した。彼はブラウンシュヴァイクのキャロラインを妻に迎え、一人の娘を得た。この子どもが生まれた後、夫妻は別居してしまい、不快をもよおす二人の喧嘩の物語が始まった。かつては皇太子は野党の非公式な指導者と自任しており、夫の側にホイッグがつき、妻の側にトーリがついていた。しかし摂政に就任すると彼はトーリ派に鞍替えし、以後トーリに彼の支持者を見出すようになった。他方、ホイッグは虐げられた皇太子妃の立場を支持した。それゆえ、彼は両方の党派に順に不信を買うことになった。彼は父親や兄弟たちのように太子然とした紳士ではなかった。彼は知的教養に通じていると自負していたが、それによって国民的人気を得ることはできなかった。一般公衆は、彼が飲んだくれで喧嘩を繰り返し、ふしだらである点は、男につきものの悪徳として容認した。しかし嘲笑の的になった彼の優柔不断さと臆病さを公衆は容認しなかった。また五〇歳になっても、同時代でもっとも派手なかつハンサムな男、つまりヨーロッパの貴族で随一の伊達男になりたいという彼のたえざる願望を、公衆は容認しなかった。

当時のイギリスには四つの対立する宮廷があった。一つは老王妃が病んだ夫を抱えて取り仕切っているウィンザーの宮廷である。次は皇太子が摂政政治の本拠にしているカールトン・ハウスであり、すでにフィッツハーバート夫人は捨て去られ、代わって愛人となったハートフォード侯爵夫人イザベラを中心に、同侯爵派の一党が摂政に取り入り彼を操っていた。第三は皇太子妃が住むケンジントン・パレスであり、哀れで愚かな彼女は、自分に取り入ってくる摂政を困らせようと思っている文人、政治家、社交の先端を行く人々に囲まれ、操られていた。第四には皇太子夫妻の一人娘シャーロットが陰気な環境で平凡に暮らすウォーリック・ハウスがあった。父摂政はシャーロットをオラニエ公嗣子と結婚させ、娘をオランダへ連れて行かせようとしていた。シャーロットはそれに抵抗し、母キャロラインに助けを求めた。このような状況のなかで、「ロンドンの中流階級や民衆はこの皇太子夫妻の喧嘩に加担し、摂政側ではなく皇太子妃側についた」。庶民院では野党によって、皇太子妃とシャーロット妃に対する摂政の態度が議論の対象になり、彼の行いが非難され、二人の妃に同情が集まった(3)。

アレヴィによる一八一五年のイギリスの分析は、皇太子妃を愚かと決めつけるなどいくつかの留保条件はあるものの、現在においても首肯される論点をもつ優れた内容と言ってよい。キャロラインはすでに一四年八月に出国しているので、描かれた状況は摂政政治初期の一八一三年前後を指しており、また四つの宮廷を対立する形で描きすぎた(ウィンザーとカールトン・ハウスは実質的には一体になっている)ことや、摂政ジョージの弟たちに高い評価を与え過ぎた点も留保しておく必要がある。

一方、エドワード・トムプスンはこの当時の状況について、急進主義の歴史の視点から次のように論じた。

一八二〇年から二五年にかけて全般的に好況期に入り、物価は下落し雇用も改善され、急進派の怒りの刃先を鈍らせた。この時期に生き残っていた急進派のジャーナリストたちは、新しい主義、すなわちキャロライン王妃の名誉と王妃としての権利を擁護する運動に乗り出した。ジョージ四世は彼女を不義のかどで排斥しようとしており、彼女は緑の袋に入ったミラノ委員会の証拠資料の犠牲者であった。「この王妃事件というたわごとについて詳しく探求する必要はない。それは急進主義運動がもっている悪い点(体制擁護派も同じであるが)のすべてを大規模にさらけ出した。(急進主義の立場からみて)この運動が得た栄誉は、旧い腐敗した体制をもっとも滑稽な防御的姿勢に追い込んだことであった(4)。」

しかしトムプスンは、後にロンドンの船大工ジョン・ガストや靴職人ベンボウら急進派の職人や労働者が、キャロラインを急進派のヒロインとみて熱心に支持した状況を実証的に明らかにしたプロザローの研究に注目し、急進主義の歴史からも旧説を見直す必要があることを認めた。(5) 近年では脱階級的な「民衆運動」としてとらえる見解も提出されているが、この出来事は、民衆に限られるものではなく、有力政治家と党派、社会の指導的立場の人物が両派に分かれ、さらに新聞、雑誌、世論が圧倒的にキャロライン王妃を支持したという状況によって成立したのである。

このような論点を考慮に入れながら、以下まずジョージとキャロラインの生い立ちにさかのぼり、キャロライン王妃事件の全貌を明らかにしていきたい。

第一章　ジョージとキャロラインの生い立ち——ロンドンとブラウンシュヴァイク

1　皇太子ジョージ

1　出生とその環境

ジョージは一七六二年八月一二日夕刻、二四歳の国王ジョージ三世（一七三八—一八二〇）と一八歳の王妃シャーロット（一七四四—一八一八）の長男としてセント・ジェイムズ宮殿内のバッキンガム・ハウスで生まれた。ジョージの両親、すなわち六〇年に即位していたジョージ三世とドイツのメックレンブルク＝シュトレリッツ公家から嫁いできたシャーロットの婚礼は、六一年九月八日セント・ジェイムズ宮殿で行われており、結婚一一ヶ月後の順調な出産であった。無事出産の知らせを受けた国王（最初は女児と誤り伝えられた）は、王妃の部屋を訪れ「これまで見たことがないような、丈夫で大きくて美しい男児」を見せられた(1)。

ところがさほど知られていないが、ジョージ三世にはすでに皇太子時代に深い恋に落ちた女性が二人いた。その一人は、彼が日頃よく歩いていたセント・ジェイムズ通りで見初めたクウェーカー教徒の女性ハナ・ライトフットであり、五九年にメイフェアのカーゾン・ストリート教会で弟エドワードを証人として秘かに挙式していたという。クウェーカー教徒との私的な結婚は彼の即位後に問題となったが、もう一人チャールズ二世の血を引く

図1　ジョージ3世、シャーロット王妃と6人の子どもたち。向って左側に立っているのが皇太子ジョージ。その後さらに9人の子どもが生まれる。（ヨハン・ゾファニーの画、1770年頃）

二代リッチモンド公爵の娘レイディ・セアラ・レノックスに熱をあげていた。この場合も臣下の女性との婚姻は困難な問題を生じかねない、と王族や政界から強く指摘された。このような経過をへて即位後の六一年には、ときの内閣からドイツの王公家の王女との公式の結婚を強く迫られることになった。花嫁選びが始まり、その目的でドイツに派遣されたグレイアム大佐が選んだ候補がシャーロットであり、国王は、連れられてきたシャーロットとの初対面で彼女の凝視する目元にややひるんだと伝えられている。ハナ・ライトフットとの関係は不明の点が多く、謎めいているが、アン・ハミルトンによると重婚の責めを負った国王はライトフット嬢の行く末に心を痛め、彼女に別の結婚の道を開かせようとし、アクスフォードという青年に多額の金を与えてライトフットと結婚させたという。別の意見ではライトフットは以前からアクスフォードの妻であったともいわれる。[2]

さて王妃が世継ぎを出産するのは名誉革命以降では最初の出来事であった。先立つ事例では一六八八年六月、名誉革命で廃位になるジェイムズ二世の二度目の妃メアリ・オヴ・モデナが王子ジェイムズを産んだことがある。メアリはフランス王ルイ一四世らの推挙により、一六七三年、最初の妃アン・ハイドと死別していたジェイムズに一五歳で嫁いできて、一六七五〜八二年に五人の子どもを産んだが、すべて幼少時に死亡していた。その後懐妊の話は途絶えていた。ところがやや体調をこわし夫と離れて八七年にバースで保養していた後、八八年六月に王子を産んだのである。この王子をジェイムズの子だと証明する者がいなかった。カトリック反動の王統がつづくことを恐れた議会は、この王子（ジェイムズ僭称者）を私生児とみなし、ジェイムズ二世を廃位に追い込んだ。いわゆる名誉革命である。(3)

王妃シャーロットが世継ぎの王子を産んだとき、ジェイムズ二世の先例にちなみ、その子どもが嫡出子であるかどうかを確認する証人が直ちに集められた。カンタベリ大主教、皇太后、公爵二人、貴族七人、王室の部屋付き侍女と女中の全員が王妃の寝室に通じる部屋に集まり、結局嫡出であることが確認された。新生児は五日後にジョージ・オーガスタス・フレデリックと命名され、皇太子とチェスター伯爵の称号が与えられ、また伝統的なコーンウォール公爵などの称号も贈られた。九月一八日にはカンタベリ大主教トマス・ゼッカーによって洗礼を受け、しばらくして当時としては珍しいことだが、天然痘の予防接種も受けた。養育係には王室の筆頭ガヴァネスに就いた伯爵の娘シャーロット・フィンチの下に乳母、子守りが任命され、子どもはすくすくと育った。王妃はその後も次々に子どもを産み、翌六三年に次男ヨーク公、六五年にウィリアム王子、六六年にシャーロット王女、六七年にエドワード王子、六八年にオーガスタ王女、七〇年にエリザベス王女、七一年にアーネスト王子、というように一〇年間に八人の子どもが生まれた。さらに八三年まで

図2　少年時代のジョージ

図3　馬を駆る18歳の皇太子ジョージ

に七人の子どもが生まれ、うち二人は乳幼児のうちに死去した。多産の王室であったが、当時はまだ家庭的な雰囲気があり、とくに国王は無駄遣いや派手な生活を慎み、堅実な暮らしぶりであった。国王の大きな個人的支出は六万三千冊の蔵書を買い集めたことであり、これは現在英国図書館のキングズ・ライブラリーとして知られている[4]。

皇太子の教育に本格的に取り組むようになったのは七一年からである。元ジョージ二世の部屋係長を務めていたホールダーネス卿が責任者となり、レオナード・スメルトがその補佐を務め、指導教師はチェスター主教のマーカム博士、副教師にシリル・ジャクスン師が充てられた。日課は六時起床、七時から二時間の課業を終えて両親と一緒に朝食をとり、その後二〜三時間の課業を学び、三時のディナーまでの間は庭を歩くなど身体を動かした。ディナー後はクリケットやフットボールで遊んだり、あるいは宮廷の管轄下にあるモデル農場で農作業をすることもあった。七二年には一家の生活はかなりの部分がキュー（現在のキュー・ガーデン）に移り、国王夫妻はキューのホワイト・ハウスに、皇太子はその向かい側にあるダッチ・ハウスを本拠にして教育が行われた。フランス語、ドイツ語、イタリア語が教えられ、ギリシア、ローマの古典を読み、数学、歴史、政治、宗教、道徳などの科目を学び、シェークスピア、ミルトン、ポープなどイギリス文学にも親しんだ。またヘンデルやバッハの音楽にも親しみ、チェロをたしなんだ。[5]

一八世紀後半においては前世紀のピューリタン的禁欲、清廉の気風は失われ、王族や上流階級の間では、男女関係の乱れがかなり一般化していた。皇太子が育った一七六〇年代において、その悪い模範を示したのはジョージ三世の弟グロスター公とカンバーランド公であった。グロスター公は一七六六年、ジョージ三世が嫌っていた州総督ウォルドグレイヴ公爵の未亡人（ホイッグのエドワード・ウォルポールの私生児であった）と彼女の自宅で秘かに結婚した。これが知られてグロスター公は宮廷から追放された。彼はその後長らく国外おもにイタリアで暮らし、現地でもさまざまな浮名を流した。その弟カンバーランド公は国内に留まってジョージ三世の道徳的な厳格さに反発しつづけた。彼は二五歳のときグローヴナー伯爵の夫人と密通事件を起こし、兄ジョージ三世は同伯爵に一万ポンドの償いをしなければならなかった。さらにオリーヴ・ウィルモットという女性と懇ろになり、彼女の娘がカンバーランド公女を名乗るという騒ぎになった。次いで七一年にはアーナム卿の娘で未亡人のアン・ホートン夫人という、知的な美人ではあるがやや下品で騒々しい女性と結婚した。彼女は公式な妃となったが、ジョージ三世は終生彼女と和解することはなかった。このような過程をへて一七七二年、二五歳未満の王族の結婚には国王の承認を必要とする、二五歳以上の王族で国王の承認が得られない場合には枢密院に知らせて一年間問題が生じなければ結婚できる、という内容の王室婚姻法を制定したのである。[6]

2　多感な皇太子と改革派フォックス、そして女性たち

アメリカ大陸で独立戦争が展開されていた一七七八年、一六歳になった多感な皇太子ジョージは最初の恋をする。相手はハミルトン公爵の曾孫で二三歳のハミルトン嬢であり、立てつづけに恋文を書いた。ハミルトン嬢は徳性高く慎重な女性で、皇太子に強く抑制を促したため、当初は剝き出しだった恋文は少しずつトーンを変えた

図4　皇太子の愛をうけた女優メアリ・ロビンスン

が、二人の文通はつづいていた。ところが翌年一二月初めに皇太子からの手紙が突然止まった。このとき皇太子は当時ドルーリ・レーン劇場でシェークスピア劇に出演していた売れっ子女優メアリ・ロビンスン夫人に熱を上げ、劇場に通い恋文を届け始めたのである。メアリは一五歳で年季奉公身分の事務員ロビンスンと結婚、しばらく女優を辞めていたが、暮らしに困りまた女優に復帰していた。ハミルトン嬢はこれを知って皇太子に彼女は品行が良くない女性だと忠告したが、皇太子の方は止まらなかった。皇太子はやがて自分が相応しい年齢になれば直ちに二万ポンドを贈与するという約束を書面で送りつづけ、メアリは女優をやめて皇太子の愛人になることを了承した。皇太子一七歳、メアリ二一歳であった。この二人は、シェークスピア劇『冬物語』に登場する不遇な王女パーディタと後に彼女と結ばれるボヘミア王子フローリゼルというカップルに類比され、戯画に描き立てられ商店の店頭などを賑わした。なおハミルトン嬢とは友人関係がつづき、八五年の彼女の結婚後もしばらくはつづいた(7)。

しかし皇太子は数ヶ月でメアリとの濃密な生活に飽きてしまい、エリオット夫人という別の女性に気持ちが移っていき、メアリとはもう会わないと宣言するにいたった。メアリとの別れ話は容易なことではなく、双方から代理人を立てて交渉が行われた。皇太子側は五〇〇〇ポンドの慰謝料を支払うと申し入れたが、彼女は腹を立て現在の借金がすでに五六〇〇〇ポンドあると主張して折り合いがつかなかった。結局五〇〇〇ポンドの慰謝料と年間五〇〇ポンドの年金を終生支払う、本人の死後は娘にその半額を支払うことで合意が成立した。この後始末のため、父ジョージ三世はノース首相と協議して何とか資金を調達せざるを得ない羽目となったのである。冒頭に述べたように父親自身も同様な経験があったが、結婚後は王妃を裏切ったことは一度もないという堅実な夫であった。だが息子は慰謝料などで心労をかけたにもかかわらず、アントニー・セント・レジャーやチャールズ・ウィリアム・ウィンダムらの道楽仲間と遊興にふけるなど、行動に改まる傾向は見られなかった。父親は皇太子が一八歳になった八〇年八月、独立させることにしたものの、いぜん父親と同じバッキンガム・ハウスに住まわせ、ハード主教の薫陶を受けさせ、手綱を締めて監督しつづけた。皇太子の次の相手は八一年初めにハノーヴァーの大使としてロンドンの宮廷に来ていたハルデンブルク公爵の夫人レヴェントロウであった。夫の不在中に公爵の家に通うようになり、やがてそれが公爵に知られ、憤った公爵は妻と皇太子に対し絶縁を迫る文書を送った。この不祥事を耳にした国王は公爵夫妻をハノーヴァーに送還する決定を下したので、二人の関係もそこで終わった。(8)

この時期から皇太子が親密に交わるようになった年長の友人・助言者に、ホイッグの改革派議員で異性関係では軽薄なチャールズ・ジェイムズ・フォックス（一七四九―一八〇六）がいた。彼は六八年に一九歳で庶民院議員になり、アメリカ植民地で独立運動が起こるとそれを支持する立場を表明し、八二年三月にはノース内閣に代わったホイッグのロッキンガム内閣に入閣し、翌年には外相に就任してアメリカ独立をめぐる平和条約締結に貢献した。しかしロッキンガムが死去すると外相を辞任した。だが青年時代からの彼の私生活の乱れは直らず、深酒とギャンブルにのめり込み、賭博クラブのオールマックスに入り浸り、すったり儲けたりの生活ぶりであった。彼はまた皇太子が放り出した後のメアリ・ロビンスンと懇ろになり、皇太子と同様に彼女に飽きて別れた後、やはりしばらくの間皇太子の愛人であったエリザベス・ブリジット・アーミステッド夫人と親しくなり、九五年に同夫人と結婚した。フォックスの私生活はこれで安定したが、保守的なジョージ三世は皇太子がフォックスのようなホイッグ改革派と親密になることを好まなかった。(9)

図5　チャールズ・ジェイムズ・フォックス

皇太子はセント・ジェイムズ街のブルックスでフォックスを中心にして集会をもっていたブルックスズ・クラブ（Brooks's Club）に加わり、メンバーのデヴォンシア公爵、エグルモント卿、カーライル卿、ウィリアム・フォークナーなど国王には敵対的な政治家たちと親しくなった。皇太子は八三年一一月から貴族院の議席に着き、国王には敵対しないと約束したけれども、フォックスらとの親密な間柄はつづいた。国王は若い指導者ピットに希望を託して首相に推し、翌八四年の総選挙でピットは大勝して政権を安定させた。このときの選挙において、フォックスは政治の中心地ウェストミンスター選挙区で立候補した。皇太子は自らの邸宅カールトン・ハウスを選挙本部に提供して運動を支え、仲間のデヴォンシア公爵と美しく魅力的な夫人ジョージアーナも運動に加わり、フォックスは最高点で当選した。当選が確認された後、フォックスは月桂冠で飾り付けられた椅子に担がれ勝利の行進をしたが、その行列を先導したのは「女性愛国者に捧げる」と書き込んだ旗であった[10]。皇太子とフォックスを取り巻く女性たちがいかに献身的に運動したかを物語っている。

国王は一歳違いの次男フレデリックがお気に入りであり、彼の意のままにならない皇太子には冷たかった。一方、母親は逆に皇太子の方を慈しんでいた。皇太子が二一歳の誕生を迎えたころ、フォックスは外相を務めていた。皇太子は一家を立てる必要があり、議会が彼の収入を保証する必要があった。当初年間一〇万ポンドの歳費支給が考えられていたが、国王が未婚の身には巨額すぎるとして反対し議会でもその意見が強かった。そのほか伝統的に皇太子の所領であるコーンウォール公爵領からの収入一万二千ポンドがそれに加わるはずであった。この歳費問題に皇太子と親しいフォックスがかかわることになり、結局総額六万ポンドとすることで決着した。次に皇太子の独立した邸宅として、ペルメル通り南側に位置し、叔父カンバーランド公の邸宅の隣につづくカールトン・ハウスを充てることになった。これはもと国王の母が住んでいた邸で、彼女の在住期にすでにかなり建増されていたが、皇太子宮殿とするため八三年秋にまた大規模な改修が行われ、ヘンリ・ホランドの設計によってイオニア式円柱が偉観を示す玄関ポーチがつくられた。カールトン・ハウスは皇太子が摂政をへてジョージ四世として即位した後も宮殿として利用された。彼はゲインズバラ、リチャード・コスウェイ、ジョシュア・レノルズら当時一流の画家に自分の肖像画を数多く描かせ、邸内に飾った。高価な家具、調度品も整えられ、改修は八四年三月には一応完成をみたが、こうした出費は皇太子の家計を慢性的な赤字状態にしてしまい、八四年秋の時点で二万五千ポンドの負債があった(11)。

3　フィッツハーバート夫人——ジョージの「最愛の妻」

カールトン・ハウスに居を構えてまもなく、皇太子は成熟した気品のある女性フィッツハーバート夫人と出会う。フィッツハーバート、旧姓ではメアリ・アン・スミス（Smythe）は六歳年長の二八歳ですでに二度結婚し、二度とも夫と死別していた。彼女の家系はシュロップシアの国教忌避カトリックであり、シュリューズベリのはずれに本拠をもつ豊かな地主で祖父は準男爵であった。国教会制のもとにあるイギリスでは、名誉革命後のカトリック刑罰法により、カトリック教徒として学ぶ学校は認められていなかったので、メアリの両親は彼女を大陸の修道院経営の学校で学ばせることにし、ダンケルクの修道院学校に入学させた（かつての伝記でパリの修道院学校で学んだという説は訂正を要する）。この時期に彼女はヴェルサイユでルイ一五世主催の晩餐会に列席し、王が鶏肉の一片を指でつまみ取る様子を目撃したという。彼女は一七七四年ごろイギリスに帰国し、七五年七月、一八歳のメアリ・アンは、妻と死別していた四四歳の裕福なカトリック信者エドワード・ウェルドと結婚し、彼の本宅ドーセットシアのラルワース城に新居を構えた。ウェルドもフランスのサント・メールのイエズス会派のカレッジで学んだ経歴の持ち主で、ロンドンのボンド・ストリートにも居宅を持っていたが、わずか三ヶ月後に病

図6　フィッツハーバート夫人。ジョージの「最愛の妻」。

に倒れ世を去った[12]。

一九歳の美しい未亡人は夫の死後まもなくラルワースを離れ、元のカトリック社会に戻った。三年後に再婚する夫トマス・フィッツハーバートは、スタッフォードシアのスワイナートンとダービィシアのノーベリに所領をもつ一一歳年長の裕福なカトリックであり、ノルマン騎士の子孫と言われていた。彼はロンドンのパーク・ストリートにも居宅をもっており、この邸がカトリック信者の家族たちの集会所になっていた。ここで知り合った二人は七八年夏にロンドンで結婚しスワイナートンに住むことになったが、しばしばパーク・ストリートの邸に出てきてカトリック仲間と交流した。七八年は、カトリック教徒から権利を奪ってきた名誉革命以来の法制を緩和し、カトリックを救済する動きがようやく高まったときであった。その結果、カトリックのための小規模な学校の設立を認めるなど小さな権利回復を含むカトリック救済法がこの年に成立した。カトリックにとってはささやかながら朗報であった[13]。

しかしこの救済法はスコットランドの長老派やイングランドの非国教派プロテスタントの強硬派の怒りを買うことになった。スコットランド貴族ジョージ・ゴードンを代表とするプロテスタント協会は反対運動を起こし、一七八〇年六月初めこの法律に反対する請願書に七万人の署名を集め、庶民院に提出しようとした。庶民院は大群衆が請願書を届けに押しかけてきたことに恐れをなし、その受け取りを拒み、議会を散会させた。議会の態度を知らされた群衆はそれを契機に暴発し、市内各地の富裕なカトリック教徒の邸、集会所、パブなどを襲い、破壊や略奪行動を重ね、また多くの建物に火を放った。カトリックの仲間たちは暴行を止めようと身体を張ったが、軍隊が出動してくるまでの間、難を避けるほかなかった。いわゆるゴードン暴動である。この暴動では逮捕者が収監された監獄を群衆が襲撃し、仲間を取り戻すという過激な行動も起こり、襲われた七つの監獄が炎上するというありさまであった[14]。フィッツハーバートはこのときの過労で胸に悪寒を覚えるようになった。夫人メアリ・アンの懸命の看病にもかかわらず病状は好転せず、彼女は同年冬には夫を連れて南仏へ転地療養に行った。その甲斐もなく翌八一年五月七日、三七歳の夫トマスはニースで世を去った。

二五歳で再び寡婦となったフィッツハーバート夫人はしばらくニースで過ごした後パリに移り、パリに逃れてきているカトリック教徒のイギリス人と交流を深めた。八二年にイギリスに帰り、テムズ川に臨むリッチモンドのマーブル・ヒルの美しい邸宅を借り入れた。彼女は夫の遺産から年二〇〇〇ポンドの贈与を保証されていたので、友人たちの勧めで八四年三月からは夫が遺した市中のパーク・ストリートの居宅でも過ごすようになった。交友関係も広がり、カトリックに限らず国教徒の上流階級の女性、セフトン伯爵夫人（二代目ハリントン伯の娘）、デヴォンシア公爵夫人ジョージアーナ、ゴードン公爵夫人らと知り合うようになった。こうした交流が皇太子との出会いをもたらした[15]。

皇太子とフィッツハーバート夫人が最初に出会ったのがいつかははっきりしない。広く信じられているのは八三年春、夫人がキューに滞在していた皇太子とリッチモンドのテムズ川の土手で顔を会わせ、お互いに惹かれ合ったという話である。ある人はロンドンでオペラ鑑賞の際、皇太子がセフトン伯爵夫人のボックス席にいた彼女の優雅な美しさに惹かれ、情熱を燃やすようになったのが最初と言う。後者では八四年春以後ということになり、これが最初の出会いとすれば、皇太子二二歳、夫人二八歳のときであった。皇太子は彼女にこれまでの女性とは異なる魅力を感じ、彼女が参加する集いに積極的に出かけていった。しかし彼女はいつも一歩引き、皇太子のしつこい要求をうまくはぐらかした。彼女は正式な結婚を望んでおり、カトリック教徒の自分が皇太子と結婚できるなどとはまったく考えられず、ましてや愛人になる気持ちなどさらさらなかった。夏になって彼女がリッチモンドに引き篭もると、皇太子は機会を見つけてリッチモンドまで出かけ、妻になってほしいと懇願した(16)。八四年一一月のある朝、彼女は旅に出かける準備をしていたが、そのパーク・ストリートの居宅の前に大型馬車が止まり、皇太子の側近四人（オンズロウ卿、サウサムプトン卿、のちの庶民院議員エドワード・ブーベリー、外科医キート）が降りてきて、フィッツハーバート夫人に急用があると告げた。いわく、皇太子が短刀で自らを斬りつけて自殺を図り、生命が危険な状態にある、皇太子の命を救えるのはあなたしかいない、あなたが皇太子の前に姿を見せること以外に救う術はない、と。明らかに罠と思った彼女は、彼らのしつこい懇請に対し、カールトン・ハウスに行く理由はまったくないと断固とした態度で断った。だがフィッツハーバート夫人も動揺していた。結局折れて、誰か高い身分の女性と一緒ならば行ってもよいと答えたのである。その女性には双方が懇意なデヴォンシア公爵夫人が選ばれ、彼女は四人とともにデヴォンシア邸に向かい、同意した公爵夫人を拾ってカールトン・ハウスへ入った。皇太子の顔面は蒼白にみえ、血にまみれており、傍らに自らを傷つけた短刀がころがっていた。この光景を見て夫人は衝撃を受け、正常な意識を半ば失ってしまった。こうして皇太子の思うつぼになり、皇太子が「自分の妻になるとあなたが約束してくれなければ自分はもう生きていけない」と訴えると、動転していた夫人はその約束を与え、黙って指に指輪を受け入れた。ちなみにこの指輪はデヴォンシア公爵夫人から借りたものであった。皇太子は愛人ではなく、夫婦になると約束したのである。その後四人の男性たちとデヴォンシア公爵邸に行き、さきの約束についての宣誓証文を作成し、双方が署名してそれぞれ持ち帰った。ジョージ四世の死後、証文は持ち帰らなかったとフィッツハーバート夫人は語ったといわれるが(17)。

メアリ・アンは一夜考えた後イギリスを離れる決心をした。彼女は翌日イギリスを発ち、まず、かつてシャルマーニュが本拠をおいたエクス・ラ・シャペル（現在はドイツ領アーヘン）に赴いた。エクス・ラ・シャペルは温泉地として知られ、ヨーロッパ各地から保養客が訪れていた。彼女は同地に数週間滞在した後、北上してオランダに渡りハーグに到着した。その後パリにしばらく滞在し、人目を避けて翌八五年初めにはスイスへ、さらにロレーヌのプロムビエへと移動した。彼女はサウサムプトン卿宛に出国する旨手紙で知らせていたが、皇太子がそれを知ったのは彼女がすでに出国した後であった。絶望に打ちひしがれた皇太子は彼女を追いかけようとして、国王に出国を許可されるよう懇請した。出国の理由として多額にのぼる負債を軽減するため、出費を切りつめることをあげたが、夫人の後を追う話が国王に伝わっており、認められなかった。皇太子家の財政についてアドヴァイスを求められたマームズベリ卿は、すでに同年四〜五月に皇太子と懇談してその私生活にふれ、国王の許可なしに出国することなど考えずに、正式な結婚をして皇太子としての地位を安定させるよう説得した。皇太子は、弟フレデリックは正式に結婚して子どもができるだろうが、自分は「絶対に結婚しない」、弟とも話し合ったことだ、と宣言した。[18]

皇太子は彼女の居場所を探り出す方針に転換し、旧知のオルレアン公など在仏の知り合いを通じて居場所をつきとめ、情愛を込めた手紙を送りつづけた。といっても皇太子の使者が彼女宛の何通もの手紙を携えて、夫人の移動する後を追いかけるという形であった。八五年一一月三日付けの手紙では「わが親愛な心から愛するマリア」あるいは「私のマリア、私の愛する妻」と呼びかけ、あなたがパーク・ストリートに帰るのを待つ、と切々と恋情を訴えている。[19]この時期夫人はロレーヌ地方に滞在していたが、地元の洗練された貴族ベロワ侯爵に見初められ、熱心に求婚される羽目になった。そのため彼女はプロムビエを離れ、後はパリに滞在した。しかし一年を超えた逃避行で心労がつのり、八五年一二月初めに夫人はロンドンに帰ってきたのである。

夫人が帰国したニュースを最初に聞いたフォックスは、皇太子に対しカトリック教徒との結婚は王位継承権の放棄に連なると説き、考えを改めるよう諭す手紙を書いた。[20]しかし夫人はすでに皇太子の意志に添う覚悟を決めていたので、皇太子は婚礼の司式をしてくれる聖職者を捜した。一二月一五日午後六時、二人はパーク・ストリートの夫人の邸で国教会の副牧師ロバート・バート師の司式により秘かに挙式した。皇太子はバート師に対して五〇〇ポンドを支払い、自分が国王になったときには主教に取り立てることを約束した。出席者は二人のほか、牧師、及び証人役の夫人の叔父ヘンリ・エリントンと弟ジョン・スミスの五人だった。皇太子に同行した友人オルランド・ブリッジマン庶民院議員は夫人の知り合いでもあり、外で見張り役をつとめた。現存する結婚証明書は、本文と二人の署名の間にあった証人たちの署名部分が切除されているが、次のように記載されていた。

われら下に署名したものは、皇太子ジョージ・オーガスタス・フレデリックが一七八五年一二月一五日にマリア・フィッツハーバートと結婚したことを証明する。

［署名］ジョージ皇太子　マリア・フィッツハーバート

彼女の縁者ストールトン卿は「ローマ・カトリックの司祭は司式をしなかったが、彼女はカトリック教会の儀式に則って結婚式をあげた」と述べ、この結婚がカトリック教会において承認されることを期待した。フィッツハーバート夫人は証人たちの署名部分を切除したことを後になって悔やんだ。切除したのは、合法化し得ない皇太子との結婚の証人となったことが後に問題化するのを恐れたからであった。彼女は後に牧師に連絡をとり、立ち会ったことを証明する文書も取り寄せたが、バート牧師は九一年一〇月三一歳で他界した。後に述べるようにローマ・カトリック教会は、一八〇〇年にフィッツハーバート夫人の申請を受け入れ、この結婚を正当と認めた。[21]

議会法では明らかに認められない結婚であり、二人はそれだけにやや控えめな生活をした。蜜月はリッチモンドの夫人の邸マーブル・ヒルかオームリ・ロッジで短期間過ごした後、夫人はパーク・ストリートの住居を引き払い、カールトン・ハウスに近いセント・ジェイムズ・スクエアに住居を借りて独立して暮らすようになり、時折オペラのボックス席に二人の姿が見られた。国王はその噂を聞いて不快に思ったが、王妃は以前からフィッツハーバート夫人を宮廷に迎え入れており、本人を悪くは思っていなかった。一方、皇太子の負債は増えつづけ、二七万ポンド近くにのぼり、経費節減が要求されていた。彼はカールトン・ハウスを閉鎖し家具、調度品も処分することを考え、馬車、馬、馬番を処分した。後年キャロラインとの縁結びの使節となるマームズベリは任地ハーグで皇太子がフィッツハーバート夫人とひそかに結婚したとの噂を聞いた[22]。翌八六年七月から九月の間、皇太子はブライトンで過ごすことにし、七月一一日、皇太子は駅馬車でブライトンへ出発し、二週間遅れてメアリ・アンも貸馬車で後を追った。皇太子はブライトンでは三年前から使っている瀟洒な邸に滞在し、彼女は別の住居を借りて住んだ。彼女は結婚が公式に認められるまでは同じ屋根の下では暮らさないと決心していたからである。彼らは多くの時を二人で過ごし満ち足りた様子にみえ、メアリ・アンは妊娠していたと言われている。皇太子はロンドンに戻ったのち半年間は、不自由なカールトン・ハウスには住まず、友人の家を転々とした[23]。

八七年四月、皇太子の多額にのぼる負債と結婚の問題が庶民院で論議の対象になった。論議はロンドン・シティ選出のナサニアル・ニューナムがこの問題を取り上げ、「皇太子を現在の行き詰まっている境遇から救い出す」ための提案を行ったことに始まる。首相ピットはこの問題を議会で論議するのは避けたかったが、ニューナムが繰り返し提起したため論議を回避できなくなった。フィッツハーバート夫人がカトリックであることを踏まえ、国教会体制を護持すべきとの意見が強く出された。ここでフォックスが皇太子を擁護する立場から発言し、皇太子がカトリック女性と結婚したというのは伝聞にすぎず、確かな証拠は何も存在しないと述べたのである。フォックスの発言は皇太子が王位継承権を失い、国王お気に入りの弟ヨーク公に王位が移ることを懸念したためであった[24]。

しかしこの発言は、以前からフォックスをよく思っていなかったメアリ・アンを怒らせることになった。彼女は皇太子が自分を単なる日陰の愛人としてしか扱っていないと憤り、皇太子と会うのを拒否した。皇太子はふさぎ込み生活は荒れ、またもや自殺しかねない状態になった。二人の結婚は認めないと議会で発言したシェリダンやフォックスがフィッツハーバート夫人に謝る意向を示し、やがて夫人も折れ、二人は仲直りした[25]。皇太子はその後ウィンザーに赴き、父王と話し合い、今後負債は増やさないことを約束した。国王は庶民院宛てに皇太子の

図7　皇太子（摂政）ジョージ（ローレンスの画、1815年）

負債と財政問題に関してメッセージを送り、皇太子が今後は収入の範囲内で支出すると確約したので、これまでの負債の支払いとカールトン・ハウスの補修費に配慮するよう要請した。結局、皇太子は議会の了承により、王室費から負債の支払いに一六万一千ポンド、カールトン・ハウスの仕上げ工事に二万ポンドの支出を約束され、しばらくは平穏に過ごすことができた。夏を過ごすブライトンの住居もそれまでの小邸から壮大なパヴィリオンに移った。[26]

しかし八八年一〇月、父王がセント・ジェイムズ宮殿で急病に襲われた。激しい胃痛から始まり呼吸困難と発熱がつづいた。侍医のジョージ・ベイカーが呼ばれ、ひまし油とセンナが処方された。ウィンザーに戻ったが、普通の痛風とは違うと噂され、一週間余りたった後には精神の錯乱を示すような言葉の乱れやうわごとも聞かれ、「自分は気が狂いつつある」と叫ぶなどした。皇太子が見舞いに来て一緒に食事をしたとき、皇太子の襟をつかんで押しとばすという事件もあった。ベイカー医師は患者が「完全に狂乱状態」にあると診断し、他の医師は治るが長引くと述べ、他の精神病院の専門家は回復の兆候もある、と述べた。[27] 一二月に入って国王はキューの離宮に移った。枢密院や政府では長引けば皇太子を摂政にという意見が出始めた。そうした意見とともに、新聞には皇太子とフィッツハーバート夫人との「ミステリアスな関係」についてまったく解決されていない、という批判的な意見も出た。翌八九年二月一二日に摂政法案が庶民院を通過し、貴族院で法案の審議が行われていた二月一九日、キューから国王が快方に向かったという知らせが両院に届いた[28]。国王はその後も順調に経過し、四月二三日にはセント・ポール大聖堂で国王の全快を祝う感謝の礼拝が行われた。

軍人として大陸生活が長い弟ヨーク公フレデリックは九一年一一月、ベルリンでプロイセン王フリードリヒ・ヴィルヘルム二世の長女フレデリカと結婚した。フレデリカは美貌とはほど遠い女性であったが、彼女を知っていた外交官マームズベリ卿は「活発で賢くきわめて従順であり」ヨーク公を幸せにできる女性、と高く評価していた[29]。二人がロンドンに帰った後クィーンズ・ハウスで改めて婚礼が行われた。ヨーク公は兄弟のなかで晴れて公式な結婚をした一番乗りであり、国王をはじめ王族全員から歓迎され、また国民的歓迎を受けた。しかも結婚により彼に年七万ポンドの歳費が支給されることになり、彼の負債や財政問題も解決できたのである。一方皇太子は負債を解決する術もなく、フィッツハーバート夫人に前にも増して執着していた。しかしフィッツハーバートはヨーク公夫人フレデリカが彼女を「義姉妹」として扱ってくれないので、フレデリカを嫌うようになった。これが皇太子とヨーク公の仲にも影響を及ぼした。皇太子の友人セント・レジャー大佐は、皇太子は「完全に破滅の道を歩んでいる」と言い放つ状況であった[30]。ヨーク公は後にも述べるように皇太子にフィッツハーバート夫人と別れるよう忠告していた。こうしたことが重なり、九二年のうちに皇太子と同夫人の間は少しずつ疎遠になった。翌年になると、この空隙にカールトン・ハウスに仕えるジャージー伯爵の夫人が皇太子の心をとらえるようになる。この年長ながら魅力に富むジャージー夫人は、皇太子とフィッツハーバート夫人の間を遠ざけようとさえした。皇太子がキャロラインとの結婚を決断するに至る状況が整ってきていたのである。

2　キャロライン妃の生い立ち

1　ブラウンシュヴァイク

キャロラインの生誕地ブラウンシュヴァイクは早くも九世紀に通商路の拠点として歴史に登場し、一二世紀にはザクセン・バイエルン公であったハインリヒ獅子公が同地に市場を開設している。一六世紀にはブラウンシュヴァイク家がこの地の有力な支配者となり、早期にプロテスタント支持を決めた。やがて同家はリューネブルク家とウォルフェンブッテル家に分かれ、キャロラインの血統であるウォルフェンブッテル家はスチュアート朝ジェイムズ一世の時期からイギリスとかかわりがあった。三〇年戦争をへて一八世紀になると、台頭してきたプロイセン王国に従属する公国となり、公爵率いるブラウンシュヴァイク軍はオーストリア継承戦争や七年戦争で活躍し、武人公爵、武人公国として知られるようになった。キャロラインの祖父カール公爵（一七一三―八〇）はプロイセン王フリードリヒ・ヴィルヘルム一世の娘（大王の妹）シャルロッテ・フィリピーナを妻に迎えており、七年戦争においては息子カール・ヴィルヘルム・フェルディナント公太子（一七三五―一八〇六、八〇年から公爵）とともにプロイセン軍の配下で獅子奮迅の活躍を見せ、プロイセン王から高い評価を得た。

ブラウンシュヴァイク公爵フェルディナントとイギリス皇太子の長女オーガスタ（一七三七―一八一三）を結びつけたのもこの七年戦争であった。イギリスはオーストリアに対抗してプロイセンと同盟しており、高齢のジョージ二世（オーガスタの祖父）はハノーヴァーに滞在していたとき、プロイセン軍で活躍する公太子フェルディナントに注目した。オーガスタの父親は皇太子のままですでに一七五一年に他界していた。フェルディナントとオーガスタの婚礼は戦争直後の一七六四年一月一六日、ロンドンのセント・ジェイムズ宮殿で行われた。オーガスタは夫には惹かれ満足していたが、ブラウンシュヴァイクの宮廷にはなじめず、つねにイングランドのことを思っていたという。一方、夫は彼女を「愚かで鈍い」とみていたようであった(31)。六〇年に即位した弟ジョージ三世は六一年に王妃シャーロットを迎えていた。こうしてブラウンシュヴァイクに嫁いだオーガスタは、七一年に母親が臨終の床にあったときイギリスに呼ばれて里帰りしたが、夫が反対したため四人の子どもを残して旅行した。当時子どもの何人かは天然痘から回復しきっていなかったという。それゆえ子どもたちは一度も訪英の機会がなかったのである。

図 8　キャロラインの父、ブラウンシュヴァイク公

図 9　キャロラインの母、ブラウンシュヴァイク公妃オーガスタ

キャロライン・アミーリア・エリザベスは公太子夫妻の第三子として一七六八年五月一七日にブラウンシュヴァイクで生まれた。第一子が長女シャルロッテ・ゲオルギアナ・アウグスタ（六四年一二月生まれ）であったため、次女キャロラインはあまり注目されず、彼女の生い立ちを伝える史料も少ない。男子は四人いて、長男カール・ゲオルク・アウグストゥス（六六年二月生まれ）は体力、知力ともにやや劣り、ジュネーヴの陸軍学校にしばらく入校したが、軍隊指揮官には適さなかった。彼は父と同じくナポレオン軍とアウエルシュタットで戦い（一八〇六年一〇月）戦死した。戦いに敗れ重傷を負った父フェルディナント公は今後中立を守るとしてナポレオンに慈悲を請うたが、プロイセン軍とのかかわりを断つことを拒否したため和睦は成立しなかった。ブラウンシュヴァイクはフランス軍に占領されて解体され、ナポレオン配

下の傀儡国家ウェストファリア王国に編入された。公爵も一ヶ月後に他界したが、愛人が付き添っていたという。弟のゲオルクはさらに無用の人物であり、テューターの監督のもと邸内で暮らしていた。次の弟アウグストゥスは軍人志向が強くハノーヴァーの軍隊に入ったが、短気を起こしその軍隊から除隊させられた。ただ一人まともだった末弟フリードリヒ・ヴィルヘルム（七一年一〇月生まれ）は指揮官の資格を備えており、父の死後公爵を継いだ。だがこの弟も、一八一五年に復活したナポレオン軍の攻撃を受け、カトル・ブラの戦いで戦死した。小公国ブラウンシュヴァイクは破竹の勢いで東進するナポレオン軍に二回も蹂躙されたのである。フェルディナント公爵の子どもには、いま一人オーガスタとの結婚前の愛人が産んだ息子フォルステンブルクがいた。彼は優れた軍人となり父の配下で活躍したが、やはりナポレオン軍との戦いで戦死した。[32]

ブラウンシュヴァイクの中心部は湾曲したオーデル川に囲まれた位置にあり、当時は狭い通りに商人、職人など二万人以上が軒を連ね、地域経済の中心としてはるかフランドル、イングランド、あるいはロシアとも交易を行っていた。街には宮廷が支えるオペラ・ハウスがあり、一七七二年にはレッシングの悲劇『エミリア・ガロッティ』が上演されている。またブラウンシュヴァイクは武勇で知られただけでなく、避難民や亡命者のたまり場にもなっており、キャロラインもしばしば浮浪児に恵を与えていた。フランス革命が急進化し、国王ルイ一六世が処刑され共和政になると、貴族や王党派の亡命が始まった。フェルディナント公はいわゆる対仏大同盟のドイツ・オーストリア側の総司令官となり、フランス共和政権宛の声明も公爵の名で発せられたので、ブラウンシュヴァイクにもかなりの亡命者が流入するようになった。

さて早熟だった長女のシャルロッテ・アウグスタは一七八〇年一〇月わずか一五歳でヴュルテンベルク公嗣子フリードリヒ・ヴィルヘルムと結婚しブラウンシュヴァイクから去っていった。このシャルロッテ・アウグスタが一七八八年に不慮の死を遂げた物語は深い謎に包まれている。このとき夫妻は子ども三人を連れてロシアに行きサンクト・ペテルブルグにしばらく滞在していたが、夫は彼女が不貞を犯したとして彼女の身柄をロシア女帝エカチェリーナ二世に預け、子どもを連れて帰国してしまった。彼女はその後同地の監獄で死亡したと伝えられた。なぜこのような事態になったのか、不明の点が多い。同時代のリグビィ嬢の「バルト海地域からの手紙」によると、彼女がロシアの国家機密を漏らしたかあるいは女帝の皇太子パーヴェルが若くて美しい彼女を見初めたためか、そのいずれかにより女帝は彼女を政治犯用の監獄に入れ、彼女はそこで死亡し遺体は城内の屋根裏に放置されたと述べている。一方キャロラインが語ったところでは、姉が女帝の愛人と親密になったため、姉婿は彼女を置き去りにしたものであり、女帝は彼女を監獄に送ったという。また数年後にブラウンシュヴァイクを訪れた旅回りのユダヤ人が、イタリアのリヴォルノで間違いなくシャルロッテ妃を見かけたと語った、あるいはジェノヴァのオペラ座のボックス席で見かけたという話もあった。[33] このように謎が多いとはいえ、姉シャルロッテ・アウグスタが死亡したことは疑いなく、次章で述べるが、ヴュルテンベルク公はのち九七年にジョージ三世の長女でキャロラインの義妹シャーロット・オーガスタ・マチルダを妻に迎える。

図 10　少女時代のキャロライン

長女シャーロットが結婚した後、両親の関心は少しずつキャロラインに向かうようになり、その結婚相手が話題になり始める。軍人の道を進んでいたジョージ三世の次男フレデリックが初めてブラウンシュヴァイクを訪ねたのは一七八一年、一八歳のときであった。キャロラインはまだ一三歳であり、その前年に原因不明の激しい痙攣と神経衰弱、ヒステリー症状に見舞われ、ようやく回復したころであった。ヨーク公となったフレデリックは八四年一〇月にもブラウンシュヴァイクを訪れており、公爵夫人から父ジョージ三世への伝言を頼まれていた。[34] 公爵夫人はキャロラインの婿にフレデリックを、あるいはその兄弟を考えるようになった。

また自分の長男カールの嫁にジョージ三世の娘を誰か、と三世宛ての手紙に書いた。キャロラインをイギリス旅行に出すことも提案したが、国王夫妻は娘一人の旅は断った。一方、父公爵は将来のプロイセン王子との結婚を夢見ていた。だがキャロラインはその王子よりも、王子の従兄ルートヴィヒ・フェルディナントの方が好きだと言っていた。そのほかにも求婚者が現れた。その一人はオラニエ公子、次はヘッセン=ダルムシュタットのゲオルク公子、さらに後にメックレンブルク=シュトレリッツ公爵となるシャーロット王妃の兄カールも候補にのぼった。カールは二五も歳が違う熟年の男性であり、二人目の妻を八五年に亡くしていた。この縁談はジョージ三世が話を持ちかけたらしい。その話を聞いた王妃シャーロットは兄宛に率直な手紙を送り、「私のまったく推薦できない女性です」と書いた。[35] 後にも述べるが王妃と義姉オーガスタの仲がよくないことが、この問題に深くかかわっていたとみられる。

母オーガスタ自身は明るくよい性格の持ち主ではあるが、知性に欠けるところがあり、しばしば「愚か者」(fool, foolish) と評されることがあった。公爵は彼女に満足していなかったようで、ベルリンから招いた知性豊かな美女ルイーズ・フォン・ヘルツフェルト嬢と親密になり、宮廷内に居室を与え、週一回はこの愛人と一緒に食事をした。後に述べるマームズベリが記録しているように、ヘルツフェルトは宮廷に長く住み着き、宮廷に少なからぬ影響力をもっていた。[36]

さてキャロラインの教育はどのように行われたのだろうか。子どもの教育には父公爵の影響が大きかった。キャロラインは元気のよいおてんば娘であったため、父の意向で幼少時には訓育が重視され、通常の知的教育はあまり行われず、ハープシコードのレッスンに週一五時間もかけるなどきわめて偏っていた。ハープシコードは優れた腕前になったが、言葉や文章は正しく綴れない状態であった。こうした状況は一五歳のとき、ハノーヴァーから招いた現ミュンスター伯爵の母エレオノール（前伯爵夫人）が彼女の教育担当の責任者に就いたことで大きく改善された。老エレオノール夫人は幅広い文学仲間をもつ優れた詩人であり、彼女の指導のもと他にもブラウンシュヴァイクの学校コレギウム・カロリヌムから教師が招かれ、書き取り、筆記をはじめ文法、歴史の学習を始めた。さらに文学に興味をもたせるよう指導し、フランス語やドイツ語で古典文学、シェークスピア、詩、小説、歴史書を読むようになった。活発なキャロラインは時折エレオノールと口論したが、全体としてエレオノールを信頼しており、学習は成果をあげた。八三年にはバーデン公子からの縁談があったが、沙汰止みになり、学習は二三歳までつづいた。(37) 先に述べた姉シャルロッテ・アウグスタ妃がサンクト・ペテルブルクで死亡したという知らせはこのころ届いた。父公爵はロシア帝室に対して問い合わせはしたが、強くは要求しなかった。小公国の悲哀にほかならないが、八九年に公爵は娘が死亡したと認め、謎の死をめぐる物語はここで終焉した。

ブラウンシュヴァイクへの訪問者のなかに、キャロラインについて言及した者もある。政治交渉でベルリンとブラウンシュヴァイクの間を往復したミラボー伯爵は、一七八六年のキャロラインについて「まことに気だてがよく、活発で茶目っ気があり、機知に富む美しい」女性と書き残している。ミラボーが時間と空間(time and space)の定義について父公爵から質問を受け、話し合っていたとき、キャロラインが話に割り込んできて、時間は年取ったボード夫人の顔に見られ、空間は彼女の口に見られる、と茶目っ気たっぷりの比喩を語ったという。また「ライオンはどこに行ったら見られるか」というガヴァネスの質問に対して、「あるブラウンシュヴァイクの人[勇敢な父親を指したものか]の心のなかに」とやや小生意気に答えた。(38) 彼女の茶目っ気たっぷりの比喩はイギリスに来てからもしばしば出てくる。厳しく育てられている二一歳の彼女は「素朴に、自分は喜んで普通の商店主の娘の境遇に変わりたいと思い込んでおり、……服装や容姿はいつも盛装しているが、ダンスを踊ることはまったく許されていない」(バロン僧正による)という箱入り娘であった。(39)

公爵夫人オーガスタは公子あるいは公女がプロイセン王家と縁組みできることを望んでいたが、望むようには運ばなかった。無能ながら嗣子となっていた長男カールは、一七九一年、オラニエ公の娘フレデリカと結婚した。フレデリカが嫁いできたとき、二三歳直前のキャロラインはその祝賀パーティで初めて二回パートナーとダンス

図11　キャロライン妃

をすることが許された。そのときの情景を訪問者バロン僧正は、パートナーの一人は「ワイン樽のように大きく太っている」兄カールであり、もう一人は花嫁の兄オラニエ公子であった。後日キャロラインが語ったところでは、オラニエ公子は彼女に気があった、という。バロンはキャロラインほど「拘束され、監視され、保護されている人はいない」と述べた。両親が不在のとき、キャロラインは低能と見られていた兄カールと一緒に食事をすることは許されていなかった。(40)

キャロラインは九三年には二五歳になっていたが、結婚話は進まなかった。彼女は武人の子でありながら、軍人に魅力を感じてはいなかった。プロイセン王子ルートヴィヒ・フェルディナントについて、後に彼女は「世界でもっとも賢い一流の人」と評したものの、軍人を夫にもつことは考えていなかった。彼女がいわば晩婚になったのは、彼女が「疵物」だったからといわれることがある。彼女が一六歳だったある日ブラウンシュヴァイクの宮廷で大舞踏会が催されたとき、厳格に育てられていた彼女は参加を許されなかった。会が丁度始まったころ、キャロラインが重病になったという連絡が両親のもとに届いたので、両親は大急ぎで彼女の居室に駆けつけたところ、ベッドで大きな呻き声をあげていた。息せき切って尋ねると、「いま陣痛が始まった」と答えた。しかし仮病であり、しばらくして笑い声をあげてベッドから飛び起き、「お母様、この次も舞踏会に加えてくれないの」と訴えたという。(41) これは行きすぎた茶目っ気と言えようが、こうしたことが彼女を「ふしだらな疵物」などという伝説を生み出す原因になったと考えられる。

2　キャロラインに対する評価

結婚前のキャロラインの性格と人物について低い評価を与えている現代の著述家はヒバートである。広範な主題についてのノン・フィクション的歴史書の著者として知られるヒバートは、ジョージ四世の二巻本の評伝のなかで結婚前のキャロラインについて、もっぱら悪評を取り上げて次のように紹介している。ブラウンシュヴァイクの宮廷と接触があったイギリスの外交官や軍人は、キャロライン妃を皇太子妃に選ぶのは適切な選択ではないという点で一致していた。ベルリン駐在の特命全権公使アーサー・パジェットは、彼女の性格について書き連ねるのは無分別なことだが、今提案されている縁談は皇太子を幸せにするどころか苦痛をもたらすのは確実である、ということは言わざるを得ないと語った。また長年の間大陸で外交の仕事に従事してきたセント・ヘレン卿は、慎重な言葉遣いで彼女の性格には「欠点」があると書いている。ドイツ派遣軍の優れた軍人だったトービンゲン大佐は、キャロラインから贈られたという大きな紫水晶の飾りを付けていた。ホランド卿によると、グランド・ツァーでドイツに行った若い旅行者たちは、尋ねられれば、今回選ばれた花嫁は「きわめてだらしがなく」、女性が当時はまださほどデリケートでないドイツの水準で見てもそうです、と皇太子に答えるだろう、ということであった。以上はかなり不確かなものであるが、ヒバートはここでさらに皇太子の母（王妃）が実家の兄エルンスト公子宛てに書いた手紙も引き合いに出す。またヒバートはこの手紙のほかに、王妃が長兄カールに宛てた手紙も区別せずに引用している。後者については後述するが、キャロラインはブラウンシュヴァイクの宮廷で尊敬されておらず、まったく推薦できない女性、と書いていた。[42]

ヒバートはさらにこの縁談を取り決める折衝のためブラウンシュヴァイクを訪れたマームズベリの印象ないし評価について、彼が日記に記した否定的な言葉をもっぱら紹介している。冒頭に肩幅が不釣り合いに広く、容姿は上品という感じではなく、歯はなんとか我慢できる程度、という印象をあげ、後になってすばらしい眼と美しい手の持ち主であり、優しさは感じられないが美しい顔、といった肯定的な言葉を引用している。またマームズベリは、キャロライン妃の気性からして、じっとおとなしく暮らすという皇太子妃の生活には不向きだと確信した、と推論も下している。このマームズベリの評価と他の人びとの好意的な評価については次章で詳しく述べるが、皇太子の弟ヨーク公や衣装係として長く付き添ったハーコート夫人などの好意的評価には一瞥したのみである。その他結婚後に彼女の肖像を描いたジョン・ホプナーが、彼女の体格は「背が低く胸が非常に張っていてお尻が突き出ている」と語った言葉も引いている。(43) ヒバートは、キャロラインはイギリス皇太子妃にはまったく適さない女性であり、皇太子ジョージの不幸は――キャロライン妃の不幸ではなく――ここから始まった、と印象づけながら、皇太子＝ジョージ四世の評伝をまとめているのである。同時代のナイティンゲールによる貴重な著書『キャロライン王妃の公私にわたる生活の伝記』の縮小版のまえがきにおいても、今述べたのと同じことが書かれている。(44) なおこの縮小版は重要な部分がカットされている。キャロラインに温かい目を注ぐメルヴィルによるバランスがとれた大著が出て一世紀に近いが、ヒバートのような否定的な見方に対する筆者の見解は、次章以下の論述のなかで明らかにされるだろう。

このブラウンシュヴァイクのキャロラインに一七九四年八月、従兄のイギリス皇太子ジョージとの縁談が急浮上し、彼女は英語の特訓を受けるようになったのである。

第二章　不幸な結婚――皇太子ジョージと従妹キャロライン

1　二人の初対面と婚礼

エルベの河港スターデからイギリス軍艦ジュピター号に乗った花嫁キャロラインが、グレイヴズエンドで王室ヨット（オーガスタ号）に乗り換え、グリニッジに上陸したのは一七九五年四月五日正午の刻であった。ブラウンシュヴァイクを発ったのが前年一二月二九日、対フランス戦争下の情報の混乱もあり、遠回りした三ヶ月を超える長旅であった。上陸したとき、王室からのお迎えの馬車はまだ姿が見えず、グリニッジ海軍病院内で院長パティスンの接待を受けながら到着を待った。一時間あまりたって出迎え役レイディ・ジャージー（第四代ジャージー伯爵夫人）、アストン夫人、クレアモント卿を乗せた馬車と騎兵隊が到着した。当初は四日午後にグリニッジ着と伝えられ、国王直属の馬寮長グレヴィル大佐が出迎え役の三人を乗せてグリニッジに来ていたが、三時過ぎに国王から到着が翌日になったので、翌日もう一度出直せとの急報があり、五日に出直したものであった(1)。この出直しもあってジャージーが故意に出迎えを遅らせたと言われている。待ち時間にキャロラインは負傷している退役軍人の存在に深く惹きつけられた。ジャージーが到着したとき、彼女は軽い気持ちから「ここのイギリス人はどうして腕や足がないのですか」と問いかけたところ、「お願いだから冗談はやめて、奥さん」とジャージーは荒っぽい言葉で切り返し、キャロラインを黙らせる一幕があった(2)。

ジャージーはキャロラインを眺め回し衣装の嗜好がよくないと批判し、皇太子妃予定者を連れ帰ってきた特使マームズベリ卿(後述)に対しもっと厳しく言うようにと要請した。このとき公女はモスリンのドレスに青いサテンのペティコート(スカート)、頭には青と黒の羽毛付きのビーバー帽という装いだった。この衣装はイギリスから招かれハノーヴァーから付き添ってきた侍女ハーコート夫人の丹精込めた作品であったが、公女はここで王室が用意しジャージーが持参した白いサテンのガウンに着替えた。さらに道中でその衣装の上に、金の縁取りがあり輪と房の飾りがついた緑色のサテンの上衣を着た。ただ帽子だけはジャージーが持参したものは断りビーバー帽で通した(3)。

ジャージー夫人の夫は当時皇太子宮殿カールトン・ハウスの馬寮長を務め、夫妻でジョージの宮廷に仕えていた。夫人はジョージより九歳年長だが魅力的な女性であり、王妃シャーロットの愛顧も得てジョージの身辺の世話役を務め、一七九三年には彼と深い仲になりジョージの対人関係を差配していた。彼女はまた皇太子とキャロラインの縁談を積極的に勧めた人物でもあり、皇太子に働きかけて買って出た出迎え役は、彼女にとってキャロラインの品定めのためだけでなく、自分をキャロラインに強く印象づけ、今後皇太子妃を意のままに操っていきたいという彼女のもくろみから出たものであった。ジャージーは皇太子の意向を受け、最初はジュピター号にいるキャロラインを迎えるためヨットで軍艦まで出かける予定だったが、海がしけるのを気にして諦めたという。皇太子も当初はロチェスターでジャージーと合流してキャロラインを迎えることを考えていたが、キャロラインの日程が遅れ到着の目途が立たなかったためその考えは捨てていた。皇太子は事もあろうに彼女をキャロラインの部屋付き侍女に指名しており、王妃もそれを認めていたのである。噂に聞いていたジャージーの態度に接して、キャロラインの心に冷たいものが走ったことは疑いない。

ジャージー夫人は馬車内の座席についても、キャロラインの隣に並んで進行方向に前向きに座りたいと言い張った。これに対しマームズベリは、部屋付き侍女は主賓に向き合う形で後向きに座るべきであり、それが不服なら部屋付き侍女になるべきではないと強く主張した。結局、主賓が乗る六頭立ての国王の馬車にはキャロラインとそれに向き合う形でジャージーとハーコートが着席し、次の六頭立て馬車にアストン夫人、マームズベリ、クレアモント及び馬寮長グレヴィル大佐、第三の四頭立て馬車に公女が故郷から連れてきた二人の召使いが乗り込んだ。馬車の両側には皇太子直属の軽騎兵隊が付き添い、前後には龍騎兵第一〇連隊の長い隊列がつづいた[4]。午後二時半ごろ隊列は目的のセント・ジェイムズ宮殿のバッキンガム・ハウスに到着し、キャロラインはクリーヴランド・ロウに面した広間に落ち着いた。しばらくして彼女が窓際に顔を見せると、宮殿の周囲に集まっていた群衆から歓声があがった。その歓声はジョージがカールトン・ハウスから広間に到着するときまでつづいた[5]。

初対面の様子はマームズベリによると次のようであった。広間に入ってきたジョージがマームズベリの紹介でキャロラインの前に来ると、彼女は教えていた通りに正しく膝を曲げで彼に挨拶した。彼は優しく彼女を抱き起こしたが「ほんの一言しゃべるとくるりと後ろを向き、広間の離れたところに引きさがり、私を呼んで〈ハリス［マームズベリの本名］、私は気分がよくない、ブランディを一杯もってきてほしい〉と言われたので、私は〈殿下、水一杯の方がよいのではありませんか〉と言ったところ、殿下は怒ったようにののしり〈いや要らない、王妃のところにすぐ行ってくる〉と言って出ていってしまった。ひとりぼっちにされた公女は驚いてしまい、私が近づくと（フランス語で）〈旦那様、

図12　皇太子ジョージに紹介されるキャロライン

皇太子はいつもこんな風ですか。皇太子はとても太っておられ、肖像画ほど美男子ではありませんね〉と言った。「皇太子は当然ながらとても興奮しておられ、最初の対面で慌てておられたのです、晩餐会では違った皇太子にお会いになれるでしょう」とマームズベリは話した。公女はこの事態についてさらに批判の言葉を言いかけたため、マームズベリは立場に窮したが、運良く国王からの呼び出しが来てその場をなんとか免れた(6)。キャロラインは夫となる従兄の振る舞いに深く傷つけられたのである。

『タイムズ』の七日付けの社説はこの初対面の情景を、「日曜日の初対面のとき、皇太子と妃殿下は二人とも極度に緊張していたが、とくに皇太子の方が緊張していた。……膝を曲げて挨拶する妃を皇太子は抱き起こしたが……彼の気持ちを言葉にするまでに数分間かかった。われわれは、皇太子が愛らしい従妹を迎えてこの上なく幸せで喜びにあふれている、と自信を持って断言する」と描写した(7)。日誌に書き留められている公女とマームズベリの対話を知り得なかったに違いない『タイムズ』は、初対面の情景をほほえましく報じたのである。

同紙の六日の長文の記事では初対面の実態にはふれることなく、二人の衣装についてのみ言及し、公女は父公爵から皇太子に贈られた肖像画どおりの頭飾りをつけており、皇太子の方も公女に贈ったコスウェイ筆の肖像画どおりの所属する騎兵隊の制服を着ていた、と書いた。五日の夕べには国王夫妻、ジョージとキャロライン、グリニッジに出迎えに行ったジャージー夫人、アストン夫人、マームズベリなど大勢が出席した歓迎晩餐会が催された。その後二人がもとのバッキンガム・ハウスに戻ってくると、歓迎する群衆のどよめきは一段と大きくなった。この群衆に二人が語りかけた模様を六日付けの『タイムズ』の記事は次のように書いた。皇太子が窓に姿を見せ、群衆の忠誠心と公女へ寄せてくれる愛着に謝意を述べた後、妃に風邪を引かせてはいけないので引き込ませてほしい、と語りかけた。群衆はその言葉に満足し、皇太子に三度の喝采を送り引き揚げていった(8)。

翌日の社説はその状況をより具体的に論じた。最初にキャロラインが窓から姿を見せ、「抑揚のあるずっしりした声で、かつ優雅な響きを込めて」群衆に語りかけた。「私は善良で勇敢なイギリスの人びと、この地上で最も優れた国民の皆さんとお会いできてとても幸せで喜んでいます」と。次に代わって皇太子が進み出て、群衆のどよめきが静まるのをしばらく待ち、手を振りながら、まず集まった人びとが国王と王族に寄せている愛着と忠誠心に対して感謝と喜びの気持ちを表明した。つづいて「妃は非常な長旅をへて到着したばかりです。そのため皆さんがもちろん想像してのとおり、妃はかなり疲れています。どうか引き下がって休息することを許してください」と語りかけた。それを聞いて群衆は退散していった。[9]

『タイムズ』が伝えるこの皇太子のメッセージには優しい心遣いが込められており、同紙は二人の対面の日の状況を、手慣れた筆でほほえましく温かく描いたのである。『タイムズ』が報じる通りであったとすれば、マームズベリが記した初対面の際に皇太子がキャロラインに示した態度は、緊張と興奮と慌てたことだけによる、一時的なものだったのかもしれない。しかしぷいと母親のもとに姿を消し、少なくともしばらくの時間独りぼっちにさせられたキャロラインの側からみれば、皇太子の振る舞いは真に失礼な行為であり、嫌われたうえ侮辱されたと受け取らざるを得なかった。王妃のもとに走った皇太子は確かに「キャロラインについてきわめてよくない報告をしていた」のである。[10]シー・ホルムは皇太子の心理について、「不格好なふとったドイツ娘にいや気がさしたのだろうか。それとも秘密に結婚し今でも愛しているフィッツハーバート夫人と別れたことを、耐えられないほど後悔したのだろうか」と推測して弁護しているが、[11]皇太子の言動はきわめて身勝手な子どもじみた振る舞い以外の何物でもなかったであろう。彼女が歓迎する群衆に語りかけたのは、後述するように国民の人気を得たいという気持ちから出たものと考えられるが、皇太子の方はそれを制止したものであった。

確かに彼女はより冷静であったと言えるが、メルヴィルが述べているように、「彼女は深く傷つけられたことは間違いなかった」[第一巻五三ページ]。はるばる招かれたので皇太子妃として最善を尽くしたいと思っていた矢先、最初の顔合わせで侮辱され、誇りをひどく傷つけられたのである。自分の愛人を妃の部屋付き侍女に指名していたことと合わせて、皇太子の振る舞いが彼女に大きな衝撃を与えたことは疑いない。

この日は国王の接見の日であったが、終わった後マームズベリは国王に皇太子妃を無事お連れしたという報告をした。国王との会話はもっぱらプロイセンとフランスの緊迫した政治情勢の話であり、一言だけ妃について「明るいユーモアの持ち主ですか」と聞かれ、まさしく仰せの通りの方ですと答えると、国王は「それを聞いて嬉しい」と応じた。国王がそれ以外に何も語らなかったのは、マームズベリの推測ではすでに国王が皇太子からの良くない報告を王妃から聞いていたからであった。(12) イギリス初上陸と初対面の状況は明らかにこの結婚の成り行きの多難さを予測させるものであった。

マームズベリは国王夫妻をはじめジャージー夫人など大勢が出席したこの日の夜の歓迎晩餐会についても記している。そのときの「妃の振る舞いは到底満足できないものだった。軽率なガラガラした高ぶったからかいの言葉や機知が妃の口から出て、（出席している）ジャージー夫人についての荒っぽい低俗なひやかし」も聞かれ「悪魔は消えない」とフランス語でささやいた。この振る舞いに「皇太子は明らかに不快の様子だった。この日の不幸な晩餐会が妃を厭う気持ちを皇太子に植え付け」、それがつのって積極的な嫌悪感へ進んでいった、と。(13) だがキャロラインの方ではこの日の昼間の出来事に対する憤懣が渦巻いており、皇太子妃になることを夢見てはるばる嫁いで来たものの、嫌気と後悔にさいなまれていたに違いない。この日の夜はアストン夫人がキャロラインに付き添った。

マームズベリはその後も皇太子夫妻とカールトン・ハウスでしばしば晩餐をともにしたが、以後三週間は大したことは起きなかった。ただオラニエ公子が招かれていたある晩餐の席で妃に軽率な振る舞いが見られ、晩餐後に皇太子から、彼女の性行についてブラウンシュヴァイク公から聞いていたのなら、なぜ早く知らせてくれなかったのかと別室で迫られた。マームズベリは自分の任務は皇太子妃としての品定めにあるのではなく、国王の命で公女を皇太子妃として連れてくることにあり、その命に忠実に従ったまでですと答えたという。(14) しかし最初の晩餐会以降についてのマームズベリの叙述は、それまでの日誌とは異なり、皇太子夫妻の不和がすすんだ後日になって加筆したとみられ、またもっぱらジョージ側に立って書いており、その点を理解して読む必要がある。日誌の編者（孫）がこの部分で注記しているように、マームズベリはキャロラインの気質や性行は皇太子の趣味には合わないと判断していたようだが、適切な教育を施せば彼女の性行は改め得るものと考えていた。[15]

『タイムズ』はキャロラインの初日（五日）の印象から、彼女の容姿と人柄についても次のように報じている。「妃は中背よりやや低く、愛敬がある感じの人でとても善良そうで愛想がよいように見える。表情豊かな眼、整った髪、象牙のように白い歯、良い肌の色、美しい手と腕の持ち主であり、確かにまことに美人と言ってよいだろう。彼女は叔父の国王といくらか似ており、とくに上唇が突き出ているところはそう見える。その人柄については、彼女を超えるレイディはほとんどいないと思う。この三ヶ月間彼女の生活を毎日見てきた人びとが彼女の立ち居振る舞いは並はずれて魅力的、とわれわれに知らせてきている。われわれは、この皇太子妃予定者が単にイギリス王室の飾りとなるだけでなく、国民に深く愛される人になるだろう、と良き確信をもっている」[16]。同紙の記事は祝福の言葉のみがあふれており、マームズベリの日誌と合わせて冷静に分析されなければならない。

初対面の日の翌六日、キャロラインは早くも皇太子に対してジャージー夫人との関係を問いただしている。この事情は娘シャーロットが生まれた後の翌九六年四月、カールトン・ハウスに寄りつかなくなった皇太子と彼女との間の厳しい手紙のやり取りのなかで、皇太子が次のように語っている。あなたはこちらに到着してすぐ、婚礼の二日前に、ジャージー夫人と自分との関係についてブラウンシュヴァイクを発つ直前に受け取った匿名の手紙を引きながら、間違った疑念を抱いて私に問いただしてきた。私はそのとき「レイディ・ジャージーはこの国でもっとも古い女性の友人の一人であり、この長期にわたる友情から生まれた信頼関係に基づき、彼女は私に適切なアドヴァイスをしてくれ、それがこの結婚を決断するのにかなり貢献した」と。[17] 皇太子が言うジャージーがもっとも古い女性の友人であり、キャロラインとの結婚に賛成しそれを援助してくれたことは事実であるが、二人の親密な間柄と彼女がキャロラインの部屋付き侍女としてつきまとっていることが問題であった。結婚から一年たったこの時期、ジャージー問題で二人の関係は難しい状況になっていたのである。

ジョージとキャロラインの結婚式は四月八日夜八時、セント・ジェイムズ宮殿内の王室礼拝堂でカンタベリ大主教モアの司式のもとに、国王ジョージ三世、シャーロット王妃をはじめ王族、侍従、侍女らが出席し盛大に行われた。入場の際は、まず先導する太鼓とトランペット隊につづいて大主教、宮内長官、同副長官が入場、その後に新婦が未婚の貴族女性四人を後に従えて入場し、次いで宮内長官らの案内で新郎が未婚の貴族男性ベッドフォード公とロクスバラ公の二人に支えられて入場する、という伝統に則った形式で行われ、婚礼は表面上つつがなく終わった[18]。その後の状況を『タイムズ』社説は次のように報じた。婚礼の後一同は応接室に戻り、皇太子夫妻は政府高官出席のもとに立派な模造皮紙でつくられた結婚証明書に署名した。署名を終えた新夫妻は国王夫妻の前に跪き、臣従の礼を述べたところ、「王妃は皇太子を抱き起こし彼の両頰に三〇回ほどもキスをしたので、彼は感きわまって涙を流した」と。皇太子妃はどのように扱われたのか、彼女についての記述はまったくみられない[19]。ときにジョージ三二歳、キャロライン二六歳であった。

図 13　ジョージとキャロラインの結婚式（1795年 4 月 8 日）

しかし教会内で新カップルを目撃した人は、「皇太子は真に憂鬱そうで……まるで死人のようであり、まったくの錯乱状態に見えた。……逆に花嫁は緊張感にあふれて見え、われわれの間を通るときには皆に微笑みかけ会釈をした」と記しているが、実は花婿は正体がなくなるほどブランディを飲んでいたのである。皇太子は式に出るためブランディを飲んだと本人の弟の証言もあり[20]、マームズベリも婚礼に臨んだ彼の態度を「きわめて礼儀正しく品位を示すものだった」と述べる一方、彼は「まったく真剣そうには見えず確かに幸せではないように思われた。……彼がワインとブランディに浸りきっていたのは一目瞭然であった」と記している[21]。初夜のキャロラインは、後に述べるように泥酔してへたり込んだ夫をかかえて途方に暮れた。こうして二人の新婚生活が始まったのである。この部分のマームズベリの日誌は明らかに後日に記入したと思われるが、次のように結んでいる。「この結婚からいくらかでも満足が得られると考えたり予想したりするのは不可能である。私がこの結婚にかかわりをもったことを、それが純粋に受け身のものだったにせよ、真に残念に思う[22]。」

2　従妹との婚約

皇太子ジョージが従妹のキャロラインとの結婚を決意したのは一七九四年八月のことであった。ジョージは一七八五年一二月以来、カトリック教徒のフィッツハーバート夫人とひそかに夫婦となっていたが、前章で述べたように、一七七二年に制定された王室婚姻法により、二五歳未満の王位継承権者の結婚には国王の同意が必要とされ、かつ一七〇一年の王位継承法によりカトリック教徒は配偶者から除外されていた。また二五歳以上の場合国王の同意が得られなければ、枢密院への一二ヶ月前の通知と議会の了解が必要とされていた。それゆえジョージがしばしば「最愛の妻」と呼んだフィッツハーバートは愛人でしかなかったのだが、彼女は愛人の地位を嫌っていた。その上彼の派手な生活が総額六三万ポンドにものぼる多額の負債をつくり出し、その返済に公金を当てるため政府と議会の理解と協力が不可欠となっており、彼は政府、議会からも公式な結婚を迫られていた。

当初、国王夫妻あるいは各人の脳裏にあった皇太子妃候補は、王妃の姪になるメックレンブルク=シュトレリ

図14　新婚のジョージとキャロライン

ッツ公爵の次女ルイーズ（一七七六年生まれ）とブラウンシュヴァイク公に嫁いだ国王の姉オーガスタの娘キャロラインの二人であった。王妃はキャロラインより歳も若く容姿も優っていた身内のルイーズを望んでいたが、彼女は九三年に一七歳でのちのプロイセン王フリードリヒ・ヴィルヘルム三世に嫁いだ。こうしてすでに二六歳のキャロラインが浮上することになった。九四年八月二四日、皇太子が父ジョージ三世に「フィッツハーバート夫人との関係をいっさい断ち、より信望が得られる結婚生活に入りたい、妃には国王の姪ブラウンシュヴァイクのキャロライン公女」を考えていると申し出たのである。彼女は国王にとって「もちろん最も同意できる人物であり」、婚約は順調に進んでいく(23)。

当時キャロラインと面識があったのは、司令官として大陸に転戦しブラウンシュヴァイクに滞在して公爵とも面識があるジョージの一歳違いの弟ヨーク公フレデリックとその弟クラレンス公（のちウィリアム四世）であり、ヨーク公は九〇年にプロイセン王の娘フレデリカを妻に迎えていた。このフレデリックとウィリアムが兄にキャロラインを薦めていたのである(24)。結婚を決意したジョージは、ロンドンで留守を守るフレデリカとその幼い娘と一緒に食事をした後、バーレケンの司令部にいるフレデリック宛てに次のような手紙を書いた。まず弟からの親切な二通の手紙に礼を述べた後、「この数ヶ月いや実際はこの数年間、とくにこの三・四ヶ月間、とても不愉快な気分です。無念さと苦痛にさいなまれています。」遠く離れて再々は手紙も書けないので、最終的に決心するまで手紙を書く気持ちになれなかった。いまここで「フィッツハーバート夫人と私との間のさまざまな不一致や誤解から生じた噂やいざこざについて」書き立て、君の時間を無駄に使わせたくない。「要するに私たちは最後的に別れたのです、だが平和的に別れたのです。君は私の性質、性行をよく知っており、私がこれまで彼女に対して変わらぬ思いやりと愛情を注いできたことを知っていると思います。……しかし私たちの間はもう終わったのです。私はブラウンシュヴァイク公の娘で従妹になるキャロライン公女と結婚することに決め、国王から了承を得ました。国王は挙式を来春にしたいという意向のようなので、今はあまり言いふらさないようにと言われています。だが引き延ばしは私と国王の政府のどちらの希望をも無視したものです。」この縁談について国王はもちろん、妹、弟、叔父、従兄弟たちがみな喜んでいる。ただ家族のなかで一人（王妃）についてだけは何も言えない。(25)

ヨーク公は折り返し次の返事を書いた。「兄上がわれわれの従妹ブラウンシュヴァイクのキャロライン公女との結婚を決断されたことに喝采を送ります。フィッツハーバート夫人の不幸な気性が兄上をどれほど惨めにしてきたか、と思い心を痛めていました。数年前にこれ以上付き合わないようにと忠告したことを覚えておられるでしょう。兄上が彼女の足かせからいま解放されたと聞いて喜んでいます。キャロライン公女はとてもすばらしい娘さんで、私の意見ではすべての点から兄上とぴったりお似合いだと思います。彼女と二人で幸せになられることを心から願っています。」兄上の結婚を認めていない人が一人いるとのことですが、私はまったく気にしていません、と。(26)

この往復書簡は、ジョージとフィッツハーバート夫人との間が数年前からぎくしゃくしていたことを示しており、彼女は愛人＝妾という立場を嫌い、プライドが高い彼女の気質もしばしばジョージを悩ませていた。フランス革命が進展した一七九一年以降、イギリスに亡命してくる貴族が増え、フィッツハーバート夫人は旧知の亡命貴族を支援する活動を始めた。ジョージもそれに協力したが、九二年には彼女が亡命してきた二二歳のフランス

図15　ジャージー伯爵夫人

貴族シャルル・ノワイユと親しくなり、ジョージが不在のとき彼女の自宅で密会を重ねたりした。その時期からジョージの彼女への情熱は揺れ始めていた。フィッツハーバート夫人との間がこじれていたとき、ジョージの心をとらえたのは夫が皇太子宮殿に仕えていた伯爵夫人フランシス・ジャージーであった。前述したように年長の彼女は才気煥発の魅力的な女性であり、ジョージ以外にも数人の貴族と異性関係をもち、その上一七歳で結婚し年齢が離れた夫とも最後まで親密に暮らした女性であった。九三年には彼女は明らかにジョージの身辺を温かく気遣う愛人となっており、[27] ライヴァルであるフィッツハーバート夫人を皇太子から遠ざけるために、キャロラインとの結婚を熱心に勧めた人物でもあった。フレデリックはその間の事情をかなり理解しており、キャロラインを知る立場から彼女を薦めていたのである。一方キャロラインはヨーク公よりも年齢が近いクラレンス公に親近感をもっており、クラレンス公がキャロラインのイメージを皇太子に植え付けるのに貢献していた。[28] クラレンスは愛人の女優ジョーダン夫人との間にすでに子どもがあった。

結婚を決断したジョージはその早期実現を国王に求める。九月一九日付けの国王宛の手紙では、自分が妻に指名した女性を父上が承認してくださって嬉しい、また父上の承認を最も得やすいと思って彼女を一途に選んだ、と書いた後で未来の皇太子妃に仕える侍女についてもふれた。国王は折り返し返事を書き、ブラウンシュヴァイクの公女との結婚を私が認めたことに改めて礼を言う必要はない、ただ君が未来の妃の侍女を決めたいというのはまだ早すぎると思う。三～四人のレイディ（侍女）と四人の部屋付き女中というのが適当な数だろう、とだけ述べた。[29] 問題の王妃は、弟アーネスト王子の手紙によると義姉のブラウンシュヴァイク公爵夫人を嫌っているが、キャロライン公女については温かく迎えるはずであり、息子ジョージの結婚についてはいっさい口出ししないと語り、ジョージが幸せになってくれることを望むと言って涙ぐんだとのことであった。[30] 王妃は確かに口出しはしなかったが、この結婚に反対だった。彼女は実家の弟宛の手紙で、ブラウンシュヴァイク家の公爵に近い関係者からの情報では、キャロライン公女は不作法な振る舞いが多くて疎んじられており、ガヴァネスなしには何もさせられない女性と聞いている。国王は公爵家のことを口にしないが、彼女は「私がまったく推薦しない女性なのです」と書いている。なお王妃のこの手紙について、書簡集の編者アスピノールは「明らかに一七九四年八月に書かれた」としているが、この日付には疑問がある。この手紙は、王妃の兄メックレンブルク＝シュトレリッツ公カール（一七四一年生まれ）が八四年に二度目の妻を失い、後妻を探しており、その妃候補にキャロラインの名をジョージ三世が示唆したことにかかわる手紙と判断され、息子ジョージの縁談に関するものではなく、日付は数年さかのぼるのではないかと考えられる。[31]

国王がキャロライン公女を皇太子妃として迎える折衝役の特使として、ドイツに滞在していた外交官ジェイムズ・ハリス（マームズベリ卿）の派遣を決めたのは、一〇月であった。特使候補にはサウサムプトン卿の名前もあがっていた。使命を帯びたハリスは一一月二〇日にブラウンシュヴァイクに到着した。一方待ちきれない皇太子は麾下に属する龍騎兵隊のヒスロプ少佐を特使に選び、ブラウンシュヴァイク公爵、公爵夫人及びキャロラインに宛てた計三通の親書を携え、一〇月八日にロンドンからブラウンシュヴァイクに向かわせた。ドイツの戦場を回っていた陸軍長官デイヴィド・ダンダス少将がオランダから、一〇月二二日付けでジョージ宛てに次のように知らせている。「おそらく昨夜ヒスロプがブラウンシュヴァイクに着いたはずです。この手紙が届くころには彼は帰途についているでしょう。「レイディ・ジャージーによろしくお伝えください。私が「ブラウンシュヴァイクに」行ったとき多くの質問を受けましたが、「ジャージーのことは」何も存じませんと答えました」。[32] ジャージー夫人の噂は、皇太子からの結婚申し込みの知らせが伝わったときにはすでに現地に広まっており、ブラウンシュヴァイク公爵夫妻とキャロラインをすでに悩ませ始めていた。皇太子とジャージーとの関係は、事情通の人びとの間では心配の種となっており、リヴァイアサン号の艦長ヒュー・シーモア卿はペイン提督宛てに「私がとても残念に思っているのは、皇太子が完全にレイディ・ジャージーの影響下にあることです。彼女が皇太子を破滅させることは間違いないでしょう」と書き送ったほどであった[33]。

一方、対仏戦線は厳しい状況にあり、士気を鼓舞するため王族も前線に赴かねばならない状況にあった。三人の弟も軍人として戦場に出ており、皇太子もダンダスと連絡を取るなかで戦場に赴くことを真剣に考えていた。しかし国王は皇太子に万一の事態が起こることを慮ってこれに反対した。結婚が迫るとこの考えも皇太子の意識から遠ざかった。

ヒスロプはダンダスの予想より少し遅れてブラウンシュヴァイクに到着し、皇太子の親書を手渡した。ヒスロプは皇太子宛の三通のフランス語の手紙を携え折り返しロンドンに向かい、一一月一九日に帰国した。それはジョージから手紙を貰い、この上なく幸せな気持ちになっていることを伝えたキャロラインと、娘の幸せを願う公爵及び公爵夫人からの手紙であった[34]。またキャロラインはヒスロプを通して口頭で「今すぐにでもイギリスへ行きたいと心から期待しています。ですから、馬車が玄関前に着いたら、自分を乗り込ませてくださる人が来るのを待たずに乗り込みます」と皇太子に伝えてきた[35]。

この時点におけるキャロラインの心境を伝えるのは、友人に宛てた一一月末の彼女の手紙である。「あなたは私が背負うことになった運命についてご存じでしょう。私は従兄のジョージとの結婚生活に入ろうとしています。彼の寛容さがわかっていますし、彼の手紙は教養豊かで洗練された心の持ち主であることを示しています。叔父(国王)は善良な人で私は叔父が好きです。しかし私は言葉には表せないのですが、けっして幸せになれないように感じています。現在の縁者たち、仲間たち、友人たちと離れて……私は恒久的な結合(結婚)に入ろうとしています。私は未来の夫を評価し尊敬しており、彼の温かい親切と心遣いが得られることを期待しています。ですがああ、……私は今、情熱を込めて彼を愛することができません。私が結婚に冷淡というわけではありません、それとまったく反対です。私は幸せになれるとは思っていますが、私の喜びは情熱的なものではないように思えるのです。私を選んでくれた人は夫婦の交わりを避けようとしていますが、私は運命に委ねます。今熱心に英語を勉強しています。英語にはすでに親しんでいますが、もっと流暢にしゃべりたいと思うからです。私は夫を幸せにするよう努め、運命が私を皇太子妃にしてくれるように、彼に深く愛されるように努めたいと思います。」[36]当時の彼女の手紙は確認できるものはフランス語で書かれているので、この英訳された手紙は本人がこの時点で書いたものかどうか疑問もあるが、その内容は後述するマームズベリの日誌で裏づけられる箇所もあり、彼女の心情を語ったものとして納得してよいであろう。ここには皇太子妃になれるという大きな期待はあるものの、ジョージの懐に飛び込んでいくような情熱は涌かない、彼には他の愛人がいる、尊敬している父公爵も母を大切にしているけれども、三〇年にわたって公爵宮廷に仕える美しい愛人ヘルツフェルト嬢がいる[37]、ことなどが脳裏をかけめぐり、彼女の心は期待と不安がないまぜになっていたに違いない。

ジョージは帰国したヒスロプを再度ブラウンシュヴァイクへ派遣し、キャロライン宛てに自身の肖像画を、マームズベリ宛てには公女はいつ発つのかと催促した手紙を届けさせた。後述するようにヒスロプは一二月三日に現地に到着した。またウィンザーの王妃には「私の手紙はすべてブラウンシュヴァイク宛てのものです、間近に迫ったわが生涯の幸せに深くかかわる結婚の仕上げに母上の経験に基づくよきご援助をお願いします」と書き、キャロラインとの結婚に大きな期待を抱いていた[38]。この結婚に対して冷淡にみえた王妃の態度も、一一月にヒスロプがブラウンシュヴァイクから手紙を持ち帰ったころから積極的支援の方に変わり、国王と相談しながらジョージの求めに応じて嫁を迎える準備に取りかかっていた。花嫁の婚礼衣装のローブは自分のローブを仕立てたスピルズベリ夫人に依頼し、花嫁のナイトドレスの手配をすすめたほか、婚礼の儀式で花嫁の後に従う四人の独身女性についてもジョージに助言した[39]。皇太子が指名したこの四人のうち若い貴族女性の一人は、ジャージー夫妻の三女キャロライン・エリザベスであった[40]。またヒスロプの再度の往復でキャロラインの肖像画が皇太子のもとに届いた。他方、王室で急ぎ調整したキャロラインのためのイギリス風ドレスの一箱がブラウンシュヴァイクに届けられた。また手袋と靴を調製するため、彼女が使っている手袋と靴がロンドンに送られてきて、皇太子が自分の靴屋テイラーに彼女の靴を一足あつらえさせるなど、花嫁を迎える準備は進んでいた。

しかし彼女をイギリスに連れてくるには北海艦隊の英軍艦を動員しなければならず、戦時下にあってその仕事は円滑には運ばなかった。オランダ経由のコースが考えられていたが、厳冬の季節に入り、ペイン提督の艦隊がオランダ沖のテセル島に接岸できずにいるとのニュースも伝わり、「私は悪運に取りつかれている」とジョージは嘆いた。[41]やがて一月に入って、キャロラインと公爵夫人の一行が一二月二九日に現地を発ち、オランダ経由のコースを想定してオスナブリュックに向かっているとの連絡が入った。公爵夫人とキャロラインから国王宛の手紙が届き、同行するマームズベリの行き届いた配慮に感謝の言葉も述べられていた。[42]キャロライン一行がロンドンに向けて出発したことが確認されたのである。

3　縁結びの使節マームズベリの記録

ジョージ三世からキャロラインを皇太子ジョージの妃に迎える役目を課せられたとき、マームズベリ卿（一七四六–一八二〇）はフランクフルトに滞在していた。一七九三年に入り、フランス共和国を封じ込めるため、イギリスをはじめヨーロッパ諸国は結束して戦争に突入していた。フランス軍の侵攻を受けたネーデルランドのオラニエ公ウィレムがイギリスに支援を求めてきたので、イギリスは同年九月、皇太子ジョージの弟ヨーク公フレデリックを司令官にした陸軍を現地に派遣した。英・オランダ連合軍は緒戦ではフランス軍を退却させたが、まもなく逆襲され危機に立たされ、プロイセン軍の支援が不可欠となった。マームズベリがハーグでプロイセンとの同盟を結ぶ交渉に当たり、九四年四月に協定が成立しプロイセン側は六万二四〇〇人の兵力をもって協力すると約束した。だがプロイセンは協定を守らず、まったく支援しようとしなかった[43]。ヨーク公にはまだ司令官の資質はないとみなされ、代わりの有力な司令官が必要となっていた。このイギリス・オーストリア・オランダ連合軍の最高司令官として、すでに六〇歳近いブラウンシュヴァイク公フェルディナントに白羽の矢が立てられていた。

こうした緊迫した状況のなかをフランクフルトからブラウンシュヴァイクへ赴いたマームズベリの行動は、孫の三代伯ジェイムズ・ハワード・ハリスが編集公刊した彼の克明な日誌と手紙により、跡づけることができる。彼は一一月七日にフランクフルトを発ち、マールブルクを経由してカッセルに着き、同地でブラウンシュヴァイク公が最高司令官への就任を断ったが、連合軍は依然として公の就任を期待している、と聞いた。その後ゲッティンゲンをへて一四日に到着したハノーヴァーで彼はハノーヴァーの閣僚キールマンセッゲ伯爵と会見し、郵送された文書で正式にキャロライン公女を皇太子妃に迎える特使の任務を与えられた[44]。ハノーヴァーを一九日に発ち翌二〇日にブラウンシュヴァイクに到着、宮殿の一室を提供され厚遇された。同日、公爵夫人オーガスタ(ジョージ三世の姉)の招待で晩餐に招かれ、温かいもてなしを受けたが、そのとき初めてキャロライン公女と顔を合わせた。彼の第一印象は次のようであった。「初対面で妃は大いにまごついた様子であった。穏やかな感じではないが美しい顔立ちで、その容姿に優雅さはないものの、すばらしい目ときれいな手先、まずまずの歯並びが見られ、また人並みの髪と細めの眉とさらに豊かな胸の持ち主であるが、やや背が低く、要するにフランス人がいう〈不似合いに肩幅が広い〉容姿である。彼女はその将来を期待して真に幸せな気持ちになっている。」母親の公爵夫人はくったくなくしゃべりつづけた。マームズベリは晩餐後に宮廷で公太子妃やキャロラインとダンスをしてくつろいだ[45]。

図16　縁結びの使節マームズベリ伯

彼は七八歳の公太后（フリードリヒ大王の妹）とも語り合ったが、一二日には公爵夫人と初めてキャロライン妃の結婚問題を話し合った。夫人は長男カール（キャロラインの兄）の妃をできた人物だと褒めそやした。ドイツの若い姫たちは皆イギリスの皇太子妃になる夢をもって英語を学んできたが、国王ジョージ三世がドイツの従姉妹との結婚は好まないとしばしば言っていたので、自分はキャロラインにそのような着想はいっさい与えていない。そのようなことが起こるとはまったく思ったことがなかった、と夫人は語った。またジョージ三世とは元来親密な間柄なのだが、弟はすでに三〇年も王妃と暮らしておりこの二〇年は弟に会っていないので、今回の申し出に驚いている様子であった。マームズベリは彼女の率直さと気取らない態度に感銘を受けたようである。また夫人は国王（弟）はよい人だが、王妃はよくないと非難した。(46) 公爵は緊迫した対仏戦争の中で、オランダ防衛のためにイギリス軍とオーストリア軍を束ねる最高司令官への就任を要請されていたが、プロイセンとの関係を気遣い受け入れを渋っていたところだった。マームズベリは一四日、公爵にたいし皇太子妃（キャロライン）をイングランドに連れて帰ると提案したが、返事はなかった。(47)

一二月三日イングランドの皇太子からの使者ヒスロプ少佐が皇太子の肖像画とマームズベリ宛の手紙をもってきた。皇太子の手紙はキャロライン公女との縁談を早く取り決めるようにというきつい催促であった。彼は肖像画を携え婚約の儀を整えるべく差し回しの馬車で宮廷に赴き、公爵に面談して正式に縁談承諾の返事を聞いた。公爵夫人は涙をこらえている様子であり、キャロライン公女は興奮していたが、受諾する旨はっきりと答えた。その後公太后、公太子夫妻に婚約の件を伝えに行き、その夜は宮廷で晩餐会が催された。翌四日一一時、彼の指示で英語とラテン語で書かれた結婚契約書（Marriage Treaty）に署名した。このとき彼は公爵から嗅ぎタバコ入れ、キャロラインからダイヤモンド入り腕時計を贈られた。この日マームズベリは公爵夫人から今後娘のアドヴァイザーになってほしいと懇請されたのである。彼はその夜、ロンドンの皇太子宛てに手紙を認め、軍艦が利用できるならば一一日に当地を出発したいと書いた。(48) 一方、イギリスでは一二月三〇日の両院において、国王が皇太子とキャロラインの婚約が成立したことを発表した(49)。

翌五日公爵はマームズベリに娘の将来についていろいろ語った。公爵は皇太子の性格をよく知っており、皇太子が娘をどのくらい真剣に愛してくれるかが問題だが、難しいことも多いだろう、王妃と弟ヨーク公妃についても厳しい見方をもっており、娘に耐えるように話している、とくに無分別に質問をしたり、気ままに他人のことなど話題にしたりしないようによく注意してほしい、と彼に頼んだ。娘について「愚かではないが、判断力が欠けている、彼女は厳しく育てたので、今後もそれが必要だ」とも述べた(50)。七日の夕食時にマームズベリはキャロラインの隣に座り、皇太子妃になるに当たって次のような厳しい忠告をした。王室では心を許さないこと、秘密の親友を持たないこと、自分個人の意見を言わないこと、他人のことを認めること（ただし過度に尊敬する必要はない）、政治や政党には一切口出ししないこと、王妃には十分思いやりの気持ちをもち敬うこと、つねに王妃とうまくやっていくよう努力すること、と。公女はこの忠告すべてを聞きいれたが、ときどき涙を流していた(51)。

マームズベリはこの主旨の注意を繰り返し、九日には国王と王妃が主催しないパーティにかかわらないこと、外部の人の会見申し入れには慎重に対応することなども付け加えた。このとき公女からレイディ・ジャージーについて、どういう人か、また彼女と皇太子との関係はどうなっているのか、という質問を受けた。マームズベリによれば、レイディ・ジャージーのことを誰かが悪巧みをして公女に伝えたものと思われた。彼はこのレイディやほかの女性たちは、皆キャロラインに対してわきまえた行動をするはずで、この件は容易なことではないが、公女が皇太子妃であることを自覚していればうまくいくだろう、また彼女らが悪口を言っても一切かかわらないように、何を言われても毅然としているべきだ、現王妃がこの点で模範になる、と答えた。これに対し公女は「私はけっして嫉妬心は抱かないと決めました。皇太子は気が多いということを知っているので、その心構えをしておきます」と語り、マームズベリに対しロンドンに行っても自分の教育係を続けてほしいと要望した。公女はまた「自分は国民の人気者になりたい」との願望も語ったが、マームズベリはそれは控えたほうがよいと答えた[52]。皇太子とジャージー夫人の噂はこれほど広まっていたのであり、この結婚の大きな不安の種であった。さきに触れたように、母親が王妃を嫌っていることも手伝い、公女は王妃をこわい人と思っていた。さきに二人の出会いの状況を述べたとき、初日の夕食後にキャロラインが、住居の周りに集まり歓声を上げている群衆に向かって語りかけた場面があったが、侮辱され窮地におちいった彼女に「国民の人気者になりたい」という思いが去来したと理解してよいだろう。

対仏戦争の状況はいぜんとして思わしくなく、軍艦の到着を待つ間マームズベリのお妃教育がつづいた。彼はしだいにキャロラインの性格を理解するようになり、その評価を記し始めた。一二月一六日には、「彼女には固まった性格はとくにない、軽はずみで軽率なところがあるが、悪気はなく気だてがよい。私に課せられた長期的な課題は、彼女がしゃべる前に考えること、自分で深く考えることである」と書いた。率直で気だてはよいが振舞いが軽率という性行を彼はすでに理解していた[53]。二〇日には彼女は気安すぎて、「内省力と判断の重さが欠けている。堅実な男性となら真にうまくやっていけるだろうが、それとは違う男性となら危険性が大きい」と記している[54]。公女は翌日、気分がよさそうに自分と兄嫁（母親がとても気に入っている）とどちらが皇太子妃としてふさわしいか、と彼に質問してきた。彼はこの種の質問は避けたかったのだが、やむを得ず公女は天性の美しさ優雅さを備えている、兄嫁は思慮深さ、気配り、思いやりの気持ちの持ち主だと答えたところ、兄嫁は自分より若いのにどうしてそのような徳性を身につけたのか、との質問が来て、兄嫁が幼かったころ彼女の家族が危機的状態にあってので、張りつめた気持ちで育った、やはり苦労したからだろうとマームズベリは答えた。公女は、自分は開けっぴろげで怠け者だからそのような徳性は身につかない、と語ったという[55]。

さらに公女と公爵夫人を驚かせ不安に取りつかせたのは、いよいよ出発という日の前日一二月二八日に届いた匿名の手紙であり、皇太子をののしり、ジャージーを「最悪の最も危険な放蕩女」と誇張した言葉で非難して、公爵一家の注意を促したものであった。公爵夫人は「いつもの無分別さでその手紙を公女に見せてしま」ったので、マームズベリは憤り、匿名の手紙など気にかけるべきではない、またそのような内容を言い広めるのは思慮に欠けると夫人に意見した。さすがのマームズベリも公女からその手紙を見せられ当惑した。発信人はカールトン・ハウスで日々を過ごしているというふれ込みであるが、筆跡から男と思われ、手紙はイギリスから来たものではなく、公女の秘書ローゼンツヴァイト嬢とその一味の仕業ではないか、と思った。彼はより具体的に、公女のイギリスへの嫁入りのため「仕事が減ると失望している婦人帽職人か、相手にされなくなってつむじを曲げた召使いが書いたもの」と推定した。一方、公爵はその手紙は確かにイングランドから送られたものだと受け止めており、公爵邸内部から出たという推測には一顧だにしなかった。両親は公女以上に深刻に受け止め、夫人は終日そのことに小言を言いつづけた。イギリス王室と皇太子側に立つマームズベリの推測が当たっているかどうかは判断しがたい。いずれにせよ、ジャージーの悪名はより一層知れわたったのであった[56]。

ここでなぜローゼンツヴァイト嬢とその一味の仕業とみられたのか、について一言しておかなければならない。一二月二六日の日誌に、皇太子から手紙でローゼンツヴァイトが公女に同行して来るのをはっきり断ると指示され、マームズベリもその意見に賛成であり満足している、と記している。また皇太子の意向を受けた国王が公爵夫人に同じ主旨の手紙を寄せており、両親にそのように措置するよう懇請していた。マームズベリも同意し結局彼女は公女に同行しないことになった。ローゼンツヴァイトは公女の「講師とも言える」(マームズベリ)女性であり、彼女のことを伝え聞いた皇太子が直前に同行しないよう伝えてきたのである。イギリス側の意向を聞いた公爵はマームズベリを近くに招き、「娘はよく書けないしスペルも間違える」ので、そのような粗相がないよう彼女を公女に同行させたい、理由はそれだけだ、と語った。公爵は表面では冷静にみえたが、王室側の意向に内心憤っており王妃を疑っている様子だった、という[57]。おそらくマームズベリから得た情報から、皇太子はローゼンツヴァイトを煙たがっていたに違いない。皇太子とイギリス王室側によって排除されたことがローゼンツヴァイト側の恨みを買い、偽の手紙を書いたとマームズベリは推測したのであった。皇太子・イギリス王室側とブラウンシュヴァイク側との戦い・鍔競り合いが起こっていたのである。結局キャロラインは有能な秘書を失い、同伴したのは後に長く仕えるシャルロッテ・サンダーともう一人、計二人の召使いだけだった。

ジャージー問題に対するマームズベリの語りはつづく。ジャージーはそれほど大それたことができる女性ではない、彼女が皇太子妃気取りになるなら彼女にとって死につらなる、と公女に言い含めたところ、では自分が情事を起こしたらどうなるのか、と驚くことを公女は尋ねてきた。彼が「あなたの愛人気取りになった者は誰であれ大逆罪になり死刑になる。あなたがその男の言いなりになったとすれば、あなたも同罪になる」と答えると、公女ははっと驚いたようであった。またこの時期に届いたジョージ三世から姉公爵夫人宛の手紙に、キャロラインに対して「活発に行動しないように、おとなしく引きこもり控えめに暮らしてほしい」との要望があり、この言葉も公女に衝撃を与えた。また公爵の愛人で宮廷でも影響力をもっているヘルツフェルト嬢も、厳しく育てられたキャロラインは自主的判断力が身についていないので、確かな監督者が必要であり、その任務は公爵よりもマームズベリの方が効果がある、と繰り返し語った[58]。

二六日、艦隊がオランダ沖のテセルに来るという情報が届き、オランダに向けて出発する準備が始まった。フランス軍の襲撃に出会うおそれがあり、ヒスロプが先行して安全を確かめ連絡を取りながら進むことになった。二九日午後二時公爵夫人も同行してブラウンシュヴァイクを馬車で発ち、一路西方のオスナブリュックに向けて進み、一月一日同地に着いた。オスナブリュックにはフランスからの亡命者がかなり入っており、厳冬のなかで飢えた者もいた。マームズベリの意見で、公女と公爵夫人は亡命者が連れていたかわいい子どもにルイ金貨を恵んでやった[59]。しかしフランス軍と激しく対決するオランダ戦線は予断を許さない状況にあり、厳冬のオスナブリュックから西北のベントハイムまで進んだが、先の見通しが立たずオスナブリュックで状況を見定めることになり、結局ヒスロプ少佐が戻ってきて、同二二日にはハノーヴァーの方へ引き返すことになった。旅程がはっきりしないことを伝えたときの公女の態度について、「公女はこの失望させる出来事を気にせずにユーモアたっぷりに、また忍耐強く耐えた」と彼は敬服の言葉を記した[60]。一方、夫を取り巻く女性のことに気をもんでいる公爵夫人は、娘を送り出して帰りたいとマームズベリに語っていた[61]。

オスナブリュックから東に向かってまもなく、マームズベリは再びその時点での公女の性格について整理を試みている。彼女の言動はすばやいが健全な優れた判断力はない、既成観念に依存し判断力がない、第一印象でことを決める、衝動的なところがある、きわめて話し好きで少女のようだ、豊かなユーモアの持ち主で気だてもよく気まぐれでもない、好奇心が強く噂好き、などと述べ、堅実な男性と一緒になればうまくいく、と繰り返した[62]。

図17　フランス革命とフランス艦隊侵入の恐怖にとりつかれる（ジェイムズ・ギルレイによる戯画、1796年）

マームズベリが「堅実な男性とならうまくやっていける」と繰り返し記しているのは、花婿ジョージが「堅実」とは言えない、あるいはほど遠いとみてこの結婚に危惧を感じていたことを示している。

ハノーヴァーに着く前日、彼は再びキャロラインに言い聞かせた。ハノーヴァーではイギリスで国王夫妻のもとにいるのと同じように振る舞うべきこと、皇太子に悪者が取りつくこともあり得るが、公女には皇太子妃として遇され適切な態度をとられるはずだ、この旅は長引いているが、公女が皇太子妃にふさわしい態度を身につけるよい時間でもある、など。これに対し公女は、皇太子について国王夫妻とは考え方も習慣もまったく違っているようで不安がある、と本心を語った。マームズベリは国王夫妻が模範となる、公女もそのようになれる、皇太子を家庭的にして私的な家庭的な美徳に目覚めさせてほしい、そうすれば皇太子も一層幸せになれる、国民は公女に期待している、公女にはそれに応える能力があると確信している、と話した。公女はためらったが、最後にあなたほどよい忠告をしてくれる人はいないだろう、と言って別れたという。[63]

旅をへて二四日ようやくハノーヴァーに着き、ここでキャロライン一行を乗せるイギリス艦隊の情報を待つことになった。[64] マームズベリはハノーヴァーからポートランド公宛てにお妃教育の成果を報告した。気だてがよく気さくに誰とでも話すキャロラインの性行を、イギリスの皇太子妃という高い地位にふさわしい品位と格式を備えたものに高めるべく務めてきたが、その結果、妃はハノーヴァーでまさしく皇太子妃候補として正当に受け入れられた。二ヶ月もかかった長旅はお妃教育の点では有益であったし、これからもカールトン・ハウスに着くまでつづけたい、と。[65] 艦隊がハムブルクに近いエルベの河港スターデの沖合に来るという知らせが届いたのは三月六日であった。[66] この日マームズベリはキャロラインに化粧のこと、清潔な生活、言葉遣いについて、最後の重要な忠告を行った。公女の衣服について、粗末なペティコート、粗末なワンピース、ゆるんだストッキングズを着けており、かつよく洗濯をせずあまり着替えをしていない。公女は化粧が早いのを自慢にしているが、もっと丁寧にすべきである。この点は、最初は公爵夫人に仕えるブッシェ夫人、後ではハーコート夫人を通じて助言したが、母親の教育の欠陥といえる。また公女の言葉遣いは、とくに母親に対する言葉があまりにも軽く、より適切な言葉遣いが必要であると強調した。公女はこれらについて納得しその翌日には清潔な容姿を見せたが、それが永続するかどうか危ぶんだ、と彼は記した。[67] 確かに彼女は後にもゆるんだストッキングズを着けていたり、皇太子は妻の不潔をこぼしたことはあるが、[68] 衣服をあまり着替えず洗濯もしなくて不潔、化粧も粗末というこのマームズベリの記述が、後のキャロラインの評伝に与えた影響は大きく、彼女の大きな欠陥としてより誇大に伝えられ、負の評価に大きく貢献してきたことに注目しておきたい。

一方、イギリスからキャロラインの侍女としてハノーヴァーに迎えに来たハーコート夫人は、キャロラインにより高い評価を与えていた。ハーコートの手紙によると「皇太子が彼女を愛するようになるのは確実だと思います。彼女は真に情愛深くて気だてもよく、人を喜ばせようとする彼女の気持ちは一途なものです。その容姿はミニチュアにすると、フィッツハーバート夫人の若かりし頃といくらか似ています。彼女は開けっぴろげな心の持ち主で、誇りをひけらかすところはありません。……快活な性質であり策略とか裏で企むというようなこととはまったく無縁な人です。あなたが公女に何度も会えば会うほど、私がそうだったように公女を好きになるでしょう(69)」。さらにイギリスへ向かう艦内の公女についても記した。「公女のさわやかな気質と愛想のよいしぐさは魅力的で皆を喜ばせました。この艦内の士官たちすべてが、ロンドンの貴婦人とならそうはいかなかっただろうが、皇太子妃予定者とはトラブルなく過ごすことができた、と言明しました。彼女はつねに満ち足りた様子で、これからからの人生を思い描いて楽しそうであり、気取らずに喜びを示していました(70)」ハーコートはキャロラインに親愛感をもっており、マームズベリがあげつらう公女の欠点は大きな問題ではなく、また修正が可能なものと見ていたに違いない。またマームズベリの妃教育は、キャロラインの側にまだ見ぬ夫となる皇太子とイギリス王室にたいし近寄りがたいイメージと先入観を与え、距離感を生みつけたとも言えるであろう。

三月二四日キャロライン一行はようやくハノーヴァーを出発した。途中ブラウンシュヴァイクの北はずれでハノーヴァーに来ていた公爵と別れ、二六日スターデに着いた。ペイン提督、レチメア艦長などの歓迎を受け、スターデ出発は二八日と決まった。提督ペインは皇太子及びマリア・フィッツハーバートと親しい間柄にあり、キャロラインとの結婚を決めた皇太子がマリアと別れる際の手紙を彼女に届ける役目を果たしていた(71)。そのペインが今度はキャロラインを運ぶ任についたのである。同日朝キャロラインは公爵夫人に別れを告げ、一行は武装した市民に見送られてまずボート、次いで小艦艇を乗り継いで河口に停泊する艦隊までたどり着き、遠雷のような祝砲を聞きながら五五門の砲艦ジュピター号で一路ロンドンに向かった。三〇日にテセル沖を通過し、途中深い霧にも煩わされながら四月四日にはテムズ河口に入り、見物人が見守るなか午後二時にグレイヴズエンドに碇を下ろした(72)。本章の冒頭に述べたように、その翌日、キャロラインは初めてのイギリスの地グリニッジに上陸したのである。出迎えにレイディ・ジャージー、アストン夫人及びクレアモント卿を派遣することは、二月二一日付けのマームズベリ宛の皇太子の手紙で知らせており、キャロラインと母公爵夫人からこの出迎え計画に了承を貰うよう依頼していた。(73) ジョージは皇太子妃候補が貴婦人の同伴なしに入国するのはよくないと考えるので、ジャージーほかを出迎えに行かせるとしているが、前述のようにジャージーをキャロラインの部屋付き侍女に指名していた。

4　新婚生活とその綻び

皇太子妃となったキャロラインの新居は皇太子宮殿のカールトン・ハウスである。この宮殿は当時の王宮セント・ジェイムズ宮殿のほとり、セント・ジェイムズ・パークの北側でペル・メル通りの南に面しており、正面玄関に豪壮なイオニア式円柱が並ぶコリント式ポーチがあった。この邸宅はかつて皇太子の祖母が一七七二年まで住んでいたが、その後建築家ホランドの手で内外ともに大規模な改築が行われ、正面のポーチなどもこのとき造られた。フランスのルイ王朝風の家具、調度品やオランダ、イギリスの画家による絵画が買い集められ、皇太子は一七八三年秋にここに移り住んだが、まだ工事は進行中であった。皇太子とホランドによって中国趣味も取り入れられ、地階の一室は壁に白色をベースにした中国人の肖像が描かれ、ドアと窓の上部は黄色をベースにしたアラベスクで飾られていた。この改築、改装に六〇万ポンド以上を費やし皇太子の負債を増やす要因となった。なおこのカールトン・ハウスは老朽化により一八二八年に取り壊された。

キャロラインの部屋は一階にあり、正面から入り大階段の前を左に折れた先の宮殿南東部に位置し、南側の公園を見渡せるようになっており、化粧室と着替え室が付いた寝室、房飾りがある壁掛けが掛けられているくつろぎの個室、及びえんじ色のゴブラン織り壁掛けが眼を瞠らせるタペストリー室と言われた応接室からなっていた。

花嫁を迎えるため皇太子の指示で内装を整えたものであったが、この邸内に妃の寝室付き侍女や召使いが住む部屋はまったくなかった。[74] 妃の居室以外はすべて皇太子が使っている部屋であり、侍女や召使い用の部屋がまったくないことが、とくにジャージー夫人との関係を一層こじらせることになった。

　四月八日の初夜のことをキャロラインは、のち一八一〇年に侍女になるシャーロット・キャムベル（一八一八年に牧師エドワード・ジョン・ベリと再婚しベリ夫人）に次のように語っている。「考えてみてください。結婚式の夜にひどく酔っぱらった夫をかかえて途方に暮れました。私は初夜の大部分を夫がへたり込んでしまった暖炉の下で過ごし、夫をそのままにしておきました。この様を見たなら、あなたはそのまま生命を終えてしまうのですか、それとも殺されるのか、と誰もが私に尋ねたことでしょう。[75]」この回想は初夜の夫の混乱ぶりと結婚の不自然さをリアルに語っているが、この言葉は後刻おそらく夜明けになって、夫が正気を取り戻し床入りが無事に行われたことを言外に語っている。

　一方、皇太子は五日の初対面でキャロラインを想い描いていた女性とは違うと思った。彼は酒に浸りこの結婚を急がせた国王夫妻を激しく非難した。国王は憤って皇太子の動揺ぶりを批判し、結婚の解消を望むなら自分でその責任をとるよう諫めた。王妃も自分の責任で決めるよう説いた。皇太子にとって膨大な額の借金の返済問題は大きかった。迷った皇太子は婚礼の前日、愛馬に鞍を整えさせ、別れたはずのフィッツハーバート夫人が住むリッチモンドのマーブル・ヒルに向けて早馬で駆けだし、彼女の家の前を通り過ぎた。夫人は屋内から皇太子を確かに見かけたが何の言葉もかけず、彼も思い直して引き返したといわれている。キャロラインとの初対面で「幻滅した」ジョージに、またフィッツハーバートへの想いがよみがえったに違いなかった。逆にこのときフィッツハーバートが彼に声をかけ招き入れていたならば、キャロラインの不幸は起こらなかったかもしれない、とさえ憶測する人もある。フィッツハーバートは皇太子の公式の妻になる望みをまったく棄てていたわけではなかった。婚礼の日の夜、皇太子の婚礼が無事に行われたとの報告を式に出席したブラッドフォード卿から聞いたと

図18　フィッツハーバート夫人

き、フィッツハーバートはひどく落胆したという。

さらに一八二〇年のキャロラインの回想によると、婚礼の二日後（四月一〇日）、皇太子はまたもフィッツハーバートの所へ行くため馬車を用意させた。このときは出仕していたケッペルが玄関で身体を張って止めたため、皇太子はケッペルの胸を突き飛ばしたが、その反動で自分も後ろにころんで行きそびれたという。[76] フィッツハーバートはその後しばらくマーブル・ヒルに隠棲していたが、のちに皇太子との縒りが戻ると都心のパーク・レーンに面した住居に移った。一方、キャロラインもフィッツハーバートについては悪く言わず、高く評価していた。[77]

初対面のときから波乱が予想されたこのカップルも、しばらくは公式の祝賀行事をこなさねばならなかった。婚礼の日にはロンドンは祝賀一色となり、ロンドン塔から祝砲が打ち上げられ、至るところの教会から鐘の音が響き渡り、街角にはイルミネーションが輝き市民たちが祝賀に浮かれて踊り歌いまくる光景が見られた。婚礼の翌日ジョージは、疲れたといって終日外出しなかったが、庶民院ではピット首相が皇太子とブラウンシュヴァイク公女との結婚を祝う動議を提出し、祝賀メッセージを満場一致で採択した。[78] 三日後の一一日、皇太子夫妻はウィンザーへ行き五日ほど滞在した。ジョージは当初、狩猟のために借りているケムプショットの邸（ハンプシア）に行く計画であったが、この機会に王族全員が集まって祝賀会を催したいと王妃が強く誘ったものであった。[79] ウィンザーの住民たちも幸せそうな皇太子夫妻が見られることを大いに期待していたが、期待は裏切られたようであった。翌一二日の日曜日、セント・ジョージ礼拝堂での礼拝の前後に新婚夫妻を含む王族一同が外の通路を連れだって歩く姿が見られた。だがその現場を見ていたウィルスン夫人が友人に書いた手紙によると、皇太子はこのとき花嫁と一緒には歩かず、その代わり国王が終始キャロラインの手を取って一緒に歩いており、国王は彼女

図19　カールトン・ハウス

を見ながら至極満足そうであり、また花嫁も義父（叔父）に慈しまれて幸せそうであった。[80] 国民あるいは観察者たちの多くは、はるばる嫁いできた花嫁とその夫皇太子、あるいは国王と王族が「幸せそうに見える」ことを喜んでいたのである。

結婚一〇日後のこと、ハウ夫人がジャージーから夜九時に晩餐に招かれカールトン・ハウスに出かけてみると、集まっているのは男だけでキャロライン妃の姿は見えなかった。そのころ妃は八〇歳を超えたホールダーネス伯爵夫人とトランプ遊びで暇をつぶしていたという。妃はピアノをかなり上手に弾き、ときに「皇太子がチェロで合奏して何度もブラボーと叫びながら本当に楽しんでいる様子に見えた」こともあった。キャロラインの方も夫を喜ばせる術を心得ていなかった。[81]

庶民院と貴族院からの祝賀メッセージの捧呈式は四月二二日に行われた。この日は議事堂からカールトン・ハウス

に至る道路は見物人で混雑しており、午後一時過ぎには王妃と王女たちも到着し、皇太子は馬車から降りる王妃に手を貸して招き入れた。王女たちは皇太子夫妻に表敬の挨拶をした。午後二時、まず大法官と貴族院代表が皇太子妃に結婚を祝うメッセージを渡し、次いで庶民院議長と代表たちが夫妻への祝賀メッセージを渡した。皇太子妃へのメッセージの手渡しは彼女の公式接見室で侍女たちも出席して行われ、彼女は天蓋付きの座席に座って受け取り、親しいまなざしを込めて文面を一読し、代表に向かって深々と頭を下げた。その後彼女は多くの客人たちの前に初めて公に顔を出し会見に応じた。客人は入れ替わり立ち替わり午後五時過ぎまでつづいた。その夜には貴族、名士が出席した祝賀晩餐会が催され、三千人もの参加者があった。翌二三日にはロンドン市長と市上級議員代表が皇太子夫妻に結婚祝賀のメッセージを届けに参上し、皇太子侍従のチョムリ伯が仲介して夫妻を紹介した。[82] また各方面から祝辞がカールトン・ハウスによせられ、『ロンドン・ガゼット』（五月一九～二三日号）には受け取った二五通の祝辞を一挙に掲載した。六月～七月の号には祝辞とともに皇太子からの謝辞も紙面をにぎわせた。[83] 一方、ブラウンシュヴァイクの公爵夫人は四月二一日付けで王妃に宛て、娘が良き義母に恵まれ幸せに思っており、良き模範となる王妃に従って娘が義務を果たすようご指導をお願いする、と書き送っていた。[84] 王妃はキャロラインに冷淡だったとよく言われているが、結婚初期にはキャロラインのことを温かく気遣っており、その態度は翌年一月の出産のときまでつづいた。

接見後まもなく、夫妻はケムプショットの狩猟場へ出かけた。同行したのは皇太子の昔なじみの狩猟仲間たちと女性はジャージー夫人だけであった。のち一七九八年にミント卿がキャロラインから聞いた話によれば、狩猟仲間たちはたえず酒を飲み長靴のままソファで眠り大いびきをかいた。彼らの会話はおよそジェントルマンらしくなく、宮廷にいるのとはほど遠く、何か低級な売春宿にでもいるような雰囲気であり、ドイツ人のエティケットと威厳とはほど遠いものだったという。[85] ミントによれば夫妻の間の愛想づかしはこのときから高じたとみている。

五月になると一七日が皇太子妃、一九日が王妃の誕生日である。ウィンザーで両祝賀の集いをもつ話が出て、妹エリザベスの熱心な勧めもあり皇太子夫妻はその時期ウィンザーで過ごした。その集いの後エリザベスはキャロラインの開放的なうち解けた性質を褒め讃える手紙を皇太子宛に書いた。皇太子妃が「ご自身の現在の幸せと願望について、あらゆる立場の人びとに明け広げに話されるのは私たちにとってとても嬉しいことです。……兄上が彼女をとても気持ちのよい小柄の奥様に仕立て上げられるだろうと信じています」[86]。妃より二歳若いエリザベスはこの時点でキャロラインの良き理解者であったようである。同じ時期ケムプショットに滞在していたキャロラインはこの義妹宛に「私はこの地方で十分満足し幸せに過ごしています。……私はもう馬には乗りませんが、皇太子がオープン馬車で外に連れて行ってくださいます」と書いている[87]。この手紙は優しい心遣いしてくれる妹宛に、皇太子が勧めて書かせたものとみなされているが、キャロラインに妊娠の兆候があらわれていた。最初の二・三週間しか夫婦の営みがなかったという本人も驚いたことに、彼女はまもなく「子どもを身ごもった」ことを確認したのである[88]。

議会は正式な妃を迎えた皇太子を祝福したが、彼が負っている六三万ポンドを超える膨大な借金の肩代わりに気安くは動かなかった。フランスとはいぜんとして緊張関係にあり、一度に多額の追加支出を出すことはできなかった。独身時代の皇太子は王室費から六万ポンド、コーンウォール公領から一万三千ポンド、合わせて年間七万三千ポンドを受け取っていたが、ピット首相は返済を含めて年総額一二万五千ポンドを支給するという提案を行った。そのうち返済に充てる額は二万五千ポンドと考えていた。しかし返済額について設置された委員会は、負債の総額からみて向こう九年間、年七万八千ポンドずつ返済する案を示した。当然ながら皇太子は委員会案では実質減額になると激しく抗議した。結局、皇太子妃の費用五千ポンドを追加して総額一三万ポンドに増額し、この資金の支出を統括する管財人にチョムリ侍従とジャージー卿を任命することでなんとか落ち着いた[89]。

六月に入り皇太子は妃を連れてブライトンに移ることにし、六月一八日、以前から別荘として使ってきたパヴ

図 20　創建初期のブライトンのパヴィリオン。庭づくりが行われている。1815年以後ナッシュの設計により大改築され、現在の外観になっていく。

ィリオン（the Pavilion）に到着した。同行したのはジャージー夫人、チョムリ侍従であり、四人が同じ馬車に乗った。ほかの随行者はレイ大尉と召使いたちであった。[90] その後皇太子はときどき留守をしたが、キャロラインはブライトンが気に入り一一月にカールトン・ハウスに戻るまで同地で過ごした。

六月二八日には皇太子麾下の第一〇軽騎兵連隊がブライトンに集結し、郊外のゴールドストーン・ヴァレイで壮麗な閲兵と示威行進が行われた。制服を着た皇太子は見事な閲兵を行い、行進を指揮したが、皇太子だけでなく、午後一時には軽騎兵連隊の制服に身をかためたキャロラインも姿を見せ、隊列の前で騎乗して兵士の士気を鼓舞した。祝砲が鳴り響き楽隊は「ゴッド・セイヴ・ザ・キング」を演奏した。『タイムズ』はキャロラインが皇太子を支え、妃として立派に役目を果たしていることを報じたのである。確かにこの場に臨んだ彼女は満ち足りてよい気分に浸っていたように想像され、キャロライン人気を高めることにもなった。[91] 同日付け王妃宛の皇太子の手紙は、珍しいことにキャロラインについてやや詳しく言及している。「お母様、彼女はあなたの膝元にひれ伏したいと言っています。彼女は一両日中にそちらに手紙を書くと言っています。彼女はこの場所が完全に気に入りとても喜んでいます。彼女は現在の身重にともなういくらかの体調不良を除けば、心身ともに最高の健康状態にあります。国王宛てにも……（厚意をわずらわせたことに対し）……深い感謝の気持ちをあらわす手紙を書くつもりです。[92]」

王妃はその手紙に対し「そちらの海辺の風が妃によく合い、妃がとても順調に過ごされていると聞いて非常に嬉しく思います」と答えている。[93] 妹エリザベスからもキャロラインの無事を祈る親愛の情を込めた便りが相次いで届いた。[94] また妃に支給される五千ポンドもチョムリ、ジャージー卿に管理を委ねることになり、部屋付き侍女もチョムリ夫人、ジャージー夫人ら関係者四人のみに減らすことで決着がついた。うまくいけば同地で新婚夫婦の家庭的な幸せが実現できるように思われた。

彼女の懐妊の話は次第に広がり、愛人ジョーダン夫人との間に二人の子をもつ弟のクラレンス公は七月下旬に「皇太子妃がくれぐれも身体に注意されるように」と兄宛に書き送っている。[95] 八月初めには、王妃は皇太子の要請を受けて新鮮な豚肉を妃のために送り届けたほか、マイケル・アンダーウッド医師を助産医に依頼する方針を決め、同医師を通じて助産婦と乳母を手配する仕事に取りかかった。[96] 皇太子も「妃はまったく元気にしています。新たに積んだ経験をうまく生かしています」と書いている。その後尋ねてきたオランダ人スタットホルダーがキャロラインを喜ばせ、皇太子の誕生日を祝う舞踏会も催されたが、祝福行事の一つだった観劇の際、キャロラインはボックス席で終始眠り込んだという。[97]

しかしブライトンの生活でジャージー夫人が絡んで新たな亀裂が生じていた。それはキャロラインが実家宛てに書いた手紙の束を、ブラウンシュヴァイク行きが延期になり、そのうち彼も身体をこわして旅行を中止することになった。そのため預かった手紙をジャージー気付けでブライトンに送った。キャロラインの手紙のなかには、頭巾つきの長いコートを愛用している王妃のことを「年取ったベギン派修道女」などと呼び、夫についても不適当な表現が含まれていたというが、ジャージーがその手紙を王妃のもとに届けたため、内容が明るみに出てしまったのである。[98] ランドルフとジャージーの間で責任のなすり合いがつづき、『タイムズ』が記事で書き立てジャージーの行動を批判した。この問題では皇太子から意味不明の手紙が届いたとして、まったく事情がわからない実家の母親が弟国王宛に問い合わせる手紙を書いた(99)。キャロラインは後に語っている。「最初のうち私は自分の将来をレイディ・ジャージーと一緒にして考えていました。それがどういうことなのかはよくわかっていましたが、それでいいや、と自分に言い聞かせていました。……私は自分が愛している男の奴隷になることはできます。だが愛していない男の奴隷になることはできません。もとより私を愛してくれない男の奴隷になど到底なれません。それはまったく問題外です。(100)」ジャージーはしばしば夫と二人でこれみよがしに酒を飲み、夫はジャージーの言いなり、文字通り三人暮らしであった。あるときキャロラインは、ジャージーのグラスで酒を飲んでいる夫に対して、隣にいた人のパイプをもぎ取り煙を吹きかけたこともあった(101)。

一一月に入り王妃は皇太子宛に、薬剤師の妻バウアー夫人を乳母に決めたことを伝え、アンダーウッド医師の意見として出産が近づいた妃を早くロンドンに連れて帰るよう促す手紙を出した(102)。その三週間後の一一月二四日、皇太子夫妻はジャージー夫人らとともにようやく馬車でカールトン・ハウスに帰った。その後妹エリザベス、王妃が訪問し、アンダーウッドとその夫人及び看護婦をキャロラインに引き合わせた。エリザベスが「今日のように元気そうな皇太子妃を見たことがありません」と述べたように(103)、彼女が気力も充実して生気潑剌としていたことがわかる。キャロラインは一二月一日付けでドイツの友人に宛てて次のように書いている。

私はまもなく赤ん坊の母親になる予定です。出産の際の孤独な時間を自分でどう支えていけるのか今はわかりません。ただ慈悲深い神を信じるだけです。王妃はめったに訪ねて来ませんし、義妹たちも同じ程度にしか気遣ってくれません。でもイギリス人の性格については尊敬しています。私が公衆の前に出ると、このうえなく歓迎してくれるのです。……(少し前に大劇場に行ったとき)……観衆が立ち上がって国歌を歌い出したときの光景には圧倒されました。……ジャージー夫人はまだここにいます。私は彼女が嫌いです。……夫は極端に彼女の肩をもつので、その結果がどうなるかはあなたも予測できるでしょう。彼らは私の子は女児だろうといっています。皇太子は男児を望んでいます。イギリスの法律では両親は子どもの将来についてはあまりかかわらないことになっています。(104)

挙式から丁度九ヶ月をへた翌九六年一月七日朝九時過ぎ、キャロラインは一二時間を超える過酷な陣痛をへて無事に女児を産んだ。皇太子は九時四五分に発信した王妃宛の短い手紙で「大きな女児が生まれました。私が男児を望んでいたことはご存じでしょうが、できるかぎりの愛情を込めてこの女児を受け入れます」と記した。同時に国王宛にも知らせたが、皇太子は長時間に及んだ妃の陣痛の苦しみとうめき声を目の当たりにして眠れなかったらしい。(105)翌日、王妃と五人の王女たちがウィンザーからお見舞いと祝福に駆けつけた。こうして皇太子はキャロラインによって女児とはいえ、結婚の最大かつ唯一の目的だった世継ぎを無事に得ることができた。一方、キャロライン側からみると、夫は心底から愛してくれないし、ジャージー夫人が間に立ちはだかって一層こじれがちなのだが、王妃や義妹たちも最小限には配慮してくれ、外出するとイギリスの一般人・公衆が皇太子ではなく自分を大いに歓迎してくれることに支えられ、何とかここまでたどり着けたのであった。しかし出産まで何とかつづいてきた夫妻の絆も、安産を契機にまず皇太子側から緊張の糸が切れていくことになる。

第三章　失せていく夢——カールトン・ハウスからブラックヒースへ

1　不在の夫——カールトン・ハウス

九ヶ月で生まれたジョージとキャロラインの一人娘は、乳母、看護婦そしてキャロラインの温かい介護のもとに順調に生育し、ほぼ一ヶ月たった一七九六年二月一一日、二人の祖母の名を取ってシャーロット・オーガスタと命名された(1)。筆頭ガヴァネスにはレイディ・ダッシュウッドが選ばれ、高齢のダッシュウッドを助けて実質的な仕事をする副ガヴァネスをフランシス・ガース嬢（国王の侍従ジュウォル・ガース将軍の姪）が務め、乳母には王妃が選んだバウアー夫人が、ほかに看護婦や子守りが育児の仕事についていた。育児室はペルメル通りを見下ろせるカールトン・ハウスの最上階にあり、キャロラインもかなりの時間を子どもとともに育児室で過ごした。また朝の時間に外気にふれさせるため子どもを庭に連れ出すときは、近習のロバート・ハウナムが加わりキャロラインも一緒に庭に出た(2)。妃がこうして過ごした日々は、確かに未来の王位継承権者の母親として充実したものであったに違いない。しかし夫ジョージはすでに別のことを考えていた。

キャロラインが一月七日午前九時に出産した直後、皇太子は既述のように九時四五分発で両親宛に第一報を認め、産まれた女児をすべての愛情を込めて受け入れ、「神のご決定にうやうやしく服従することを確約いたしま

図 21 キャロラインと娘シャーロット

す」と、素直に喜びを伝えた[3]。しかし出産から三日後の一月一〇日、ジョージは体調を崩して健康に自信を失い、狂ったように三〇〇〇語もの遺書を書き、しっかりと封印した。この「遺書」はまさに「異常な文書」であり[4]、その全編に今は別れたはずの「最愛の妻」フィッツハーバートへの思いとキャロラインへの反感が渦巻いていた。皇太子はおそらく「遺書」の形をとって、この時点における思うままの本心を書きつづったものと言えるだろう[5]。

「遺書」の要点は次の通りである。カールトン・ハウスの屋内はわが妻マリア・フィッツハーバートが気に入るように整えたものである。この屋内にある椅子、机をはじめ家具、調度品、装飾品、陶磁器、地下室のワインほか酒類、時計、宝石、及びブライトンのパヴィリオンに購入した家具類とその隣にある馬と馬車、これらすべてのものを「わが最愛の敬慕する妻マリア・フィッツハーバート」に遺贈する。産まれたばかりのわが娘の世話と保護は、存命の間はわが父に、ことがあればわがすばらしい母に委ねる。わが妹オーガスタ、メアリあるいは弟クラレンス公、エドワード、アーネストに協力してもらう。新生児の母親である皇太子妃と呼ばれている者には、この娘の教育にけっしてかかわらせるべきではない。彼女がこれまで私に対してとってきた誤った背信行為については黙認するとしても、このような女性に娘の教育にかかわらせてはならない。キャロラインからの私信を集めた箱があり、これを見れば幼い女児の養育は、わが弟、妹たちのほか親友モイラ伯爵に委ねるべきだということがわかるだろう。「皇太子妃と呼ばれている人がもっている宝石は私の金銭で買った私のものであり、（そのすべてを）新生児に彼女の財産として与える。皇太子妃と呼ばれている人には一シリングを遺贈する。」起こりうるあらゆる困難を避けるため、わが最愛の妻で敬慕しているマリア・フィッツハーバートにすべてのものを遺贈することを宣言しておく。

図 22　カールトン・ハウスの食堂

この「遺書」が現実に効力をもつことはなかった。まもなく明らかになるように、皇太子自身がこれほど「敬慕」していたフィッツハーバート夫人のことを、後に忘れてしまうからである。一月下旬になるとカールトン・ハウスには再びジャージー夫人が侍女として居着くようになった。キャロラインは育児室で過ごすときを除いて、ほぼ一日中ジャージー夫人と顔を付き合わせることになった。夕食後まで一緒に過ごし、妃が自室に引き下がると、皇太子とジャージーは連れ立って好みの集まりに出ていくという具合であった。このころ国王夫妻に招かれたクイーンズ・ハウスの集まりで、皇太子はたびたびジャージー夫人がいるテーブルにやってきて、彼女の手を握りしめた。国王はこの様子をみて心を痛め、皇太子がつくり出したような「カールトン・ハウス・システム」は容認できないと考えたが、王妃は皇太子の意向に逆らわなかった。皇太子はキャロラインを避けるようになり、一緒に食事をとることもなく、妃のお相手はもっぱらジャージー夫人となり、かつてブラウンシュヴァイクの父親が彼女を箱入り娘として育てたように、皇太子はジャージー夫人を監視役にして妻を邸内に閉じ込めたのである。一般公衆に出回った印刷物では、皇太子妃は「国の囚人」になったと書きたてられた(6)。

皇太子は妻と同じ屋根の下には住みたくないと周囲に語るようになり、三月に入って完全に仲違いしたときもあった。だが一五日の夜には二人揃ってオペラ鑑賞に出かけ、「異常な親密さ」を見せつけたという(7)。三月下旬には縁結びの世話役を務めたマームズベリに妻と別れたいという話を持ち出した。マームズベリは皇太子妃と離別することは重大な結果と深刻な困難を生むおそれがあり、個人の感情で行動するのではなく、皇太子という立場と地位の重要性を認識して慎重に行動するようたしなめた(8)。皇太子はそれに答え、いますぐに別れるほかない、貴殿が皇太子妃の性格を理解していたのならなぜ結婚を思いとどまるよう私に忠告しなかったのか、われわれが同じ屋根の下に住んでいるかぎり彼女の本当の性格について世間に言いふらすことはできないので、彼女が居るならここに住むわけにはいかない、と述べた(9)。

キャロラインにとってもっとも大きな苦痛は、部屋に落ち着いたときは毎日いつもジャージー夫人と顔を付き合わせなければならないことであった。四月二〇日に彼女は夫宛に手紙を書き、自分と一緒に食事をして欲しいと訴えたほか、ジャージー夫人をそばから遠ざけてほしいと懇願した。手紙は侍従チョムリを通じて届けられたが、夫はやはりチョムリを通じて答えた。あなたの侍女はジャージー夫人だけでなく、侍従チョムリの夫人をはじめ七人もの女性がいるので、ジャージー夫人とだけ顔を付き合わせて食事をとる必要はない、あなたは昨春ロンドンに到着してすぐに、ブラウンシュヴァイクで受け取ったという匿名の手紙のことを持ち出し、彼女を私の良くない愛人だと思い込んでいると言った。しかし彼女は私の古くからの友人であり、私があなたとの結婚を決めたときも、その決断を促してくれたのは彼女であった、と(10)。当時の皇太子妃つき侍女の陣容は、衣装管理者（Mistress of the Robes）にタウンゼント侯爵夫人、部屋付き侍女にカーナーヴォン、チョムリ、ジャージーの三伯爵夫人、女中にブルール、ポインツ、コールマン、アースカインの四嬢、寝室係にフィズロイ、ヴァーノン、ペラム、ハーヴェイの四夫人であった[11]。

皇太子妃からはフランス語、皇太子からは英語による激しい手紙のやり取りがあったが、皇太子は五月末、別れ話を母王妃と父国王に訴えた。国王はそれに答え、君が妃と離別することは単なる個人の問題ではない、王位継承者として君の結婚は公的な行為であり、この王国が深くかかわりをもつ事柄である。君が今あげているような理由で議会が皇太子妃に罪を課すことなどあり得ないことだ、と皇太子をたしなめた[12]。五月二四日の『タイムズ』は皇太子夫妻に「離別のうわさ」ありと報じた。ある関係者は、キャロラインがカールトン・ハウスを出ることになった場合は、ハマースミスのブランデンブルグ・ハウスを使うよう提案した。後に述べるように、この住居はキャロラインが一八二〇年に大陸から帰国した後に住むことになる邸である。このころキャロラインは侍女のレイディ・カーナーヴォン、皇太子の副侍従トマス大佐らとオペラ鑑賞に行ったが、劇場に入るやボックス席にいたリーズ公爵をはじめ多くの観衆から大喝采を受けた。妃が着席すると観衆は「ゴッド・セイヴ・ザ・キング」を歌い始め、オーケストラが直ちにそれに唱和して会場を揺るがす合唱になった。終幕のときには「ゴッド・セイヴ・ザ・プリンセス」という大声のカーテンコールさえ聞かれた[13]。

ときにはモイラ伯爵（一七五四–一八二六）を間にはさんで書簡のやり取りが進むうち、キャロラインにとってジャージー夫人がカールトン・ハウスから退去することがますます重要になった。夫は彼女の不満がジャージー夫人に注がれることに大いに慌てていた。彼はカールトン・ハウスには居着かず、リッチモンド、ウィンザー、あるいはロンドン東北のコルチェスターに近いグレインジ邸を転々としていた。キャロラインの立場を気遣っていた国王は、彼女の要請を受け、皇太子夫妻を仲直りさせるため、ジャージー夫人を妃の侍女職から退かせるよう皇太子に働きかけた。その主旨を伝える六月二〇日付けの国王からの手紙がキャロラインに届き、彼女は心から喜んだ。ジャージー夫人が皇太子妃に手紙を送り、侍女の役を辞する旨伝えたのは六月二九日であった。その手紙では、皇太子妃の手紙の処理の件（既述）で新聞や世間の批判を受けたこともあり、早く身を引くべきと考

図23　皇太子と親しいモイラ伯

えていたが、皇太子の意向を考えて今日に至った、皇太子にお仕えできて誇りに思うと述べ、皇太子妃に敬意を示す言葉はまったく記さなかった。キャロラインは喜びの気持ちを国王に伝えた[14]。キャロラインの結婚生活にとって大きな障害であったジャージー夫人の介在という問題はここに解消されたのである。夫のジャージー卿も、この機会に皇太子邸の馬寮長の役を退き、後任にグウィディア卿が就任し、グウィディア卿夫人（チョムリ夫人の妹）が妃の侍女になった[15]。

ジャージーの辞任がほぼ確定したので、キャロラインはリッチモンドにいる夫宛に愛情を込めた手紙を書き、次の月曜日（六月二七日）にカールトン・ハウスで幸せを分かち合いたいので是非おいでください、と懇請した。十数行のこのフランス語の手紙は、かつてブラウンシュヴァイクでキャロラインの母の寝室係を務めていた古い友人レイディ・スタッフォードの言葉のように「これまで見たうちでもっとも美しい手紙の一つ」であった。皇太子からは珍しく、月曜日のある時間にカールトン・ハウスに行くという返事が届いた[16]。しかし時刻を妃には知らせず、夜八時に皇太子は妃とは顔を会わせずに独自に晩餐をとったのであった。この年の夏の間、皇太子はおもにドーセットシアのクリチェルとブライトンで過ごしたが、キャロラインと女児はカールトン・ハウスに留まった。一方、国王一家は八月から九月二〇日過ぎまでウィンザーを離れ、ウェイマスの海浜の別荘グロスター・ロッジで過ごしており、皇太子も一時このロッジに合流した[17]。注目してよい一つの出来事は、国王夫妻の長女シャーロットの誕生日（九月二九日）にウィンザーで舞踏会が催され、王妃の配慮によりキャロラインがそれに招待されたことである。その連絡はまず王妃が手紙でドーセットシアにいる皇太子に伝え、彼がキャロラインの侍女カーナーヴォン夫人宛の手紙で本人に伝えさせるという形をとった。皇太子もこの会に駆けつけ、翌日にはロンドンに戻った。[18] 彼はここでも長くは居着かず、サセックス西部ピーターズフィールド近郊アプ・パークに移った。

娘の育児責任者である高齢のダッシュウッド夫人の死去の知らせは、一〇月六日キャロラインから現地の夫に報告され、さらに夫から王妃に通知された。また皇太子が、解任されたジャージー夫妻にカールトン・ハウスに隣接する前年死去したコンウェイ元帥の旧宅を買い与えたことが新聞に報じられると、王妃はそれが事実なら認めるわけにはいかないと皇太子をたしなめた。[19] だが皇太子はなおジャージーに執着しており、また彼女に皇太子のことを「大いに侮辱し悪く言っている」キャロライン[20]の監視をさせる魂胆であった。皇太子は新聞がキャロラインの肩をもち、批判の矢を自分に向けるのにいらだっていた。こうした経緯をみると、九月末～一〇月初めには、ほとんど不在の夫が外から監視するという「非公式の別居」状態になっており、この形で二人の関係は辛うじて維持されていたのである。

しかし一〇月後半に皇太子がカールトン・ハウスに戻ってくると、皇太子があからさまに妻を攻撃するようになり、二人の間の軋轢は急激に高まった。皇太子の批判は次の二つにあった。一つは夏期の彼の留守中にキャロラインが、何の了承もなしに彼女の家政とかかわりのない人々を招いて晩餐のパーティを催したことにあり、カールトン・ハウスにいるかぎりそのような秩序破りは認められない、として侍従チョムリを通じて妻にきつく伝えた。いま一つはキャロラインが侍従のチョムリ夫妻の住むホートンの邸に来週二～三日訪問したい、とチョムリに申し出たので、皇太子妃を迎えるのは光栄と考えたチョムリが皇太子に了解を求めたことに端を発した。チョムリは皇太子が了承されるなら、侍従武官のトマス大佐を同行させるとまで書いた。それに対し皇太子は、妃が単独でイングランド各地を旅行したいと考えていると拡大して国王夫妻に伝え、両親の同意を得たうえで前例がないので認められない、と直接妻に伝えた。後者についてはその後手紙の往復はあったが、キャロラインも了解せざるを得なかった。[21]『タイムズ』など新聞には皇太子夫妻の不和に関する話題がしばしば報じられ、王妃は

「私が話したことがすべて新聞に出ており、私を監視するスパイが来ていると確信させられた」と嘆いたほどであった。(22)

女児シャーロットの新しい筆頭ガヴァネスとして、王室に気に入られているレイディ・エルジン（伯爵未亡人）が九七年一月から任についた。満一歳の誕生祝いはカールトン・ハウスで催され、ウィンザーの祖母、叔母たちからネックレス、ブレスレット、人形、十字架などの贈り物が届いた。キャロラインと親しくなったガース嬢の給与支給が九ヶ月も遅れ、やがて任を離れることになった。皇太子も本来ならブライトンをはじめ彼が保有する別荘に妻を伴うべきなのだが、それを拒否するからには、カールトン・ハウスに妻を縛りつけることの限界も理解していた。こうしてキャロラインの郊外の住居が公式の課題となり、四月にはチョムリの奔走で緑が広がるブラックヒースとグリニッジに近いチャールトンに住居が確保された。それはチョムリの持ち家に隣接する旧教区牧師の邸で年家賃七〇〇ポンドであった。五月一八日にセント・ジェイムズ宮殿で行われる皇太子の妹（長女）シャーロット（三〇歳）の婚礼の準備が進んでおり、キャロラインもそれに協力していた。花婿は九年前に謎の死をとげたキャロラインの実姉アウグスタの夫であったヴュルテンベルク公嗣子フリードリヒであり、まもなく公爵になり後には王位に就く人物であるが、すでに五二歳であった。皇太子は妻を出席させないつもりだったが、国王に諌められて折れた。王妃も準備に協力してくれるキャロラインに気を遣い、婚礼前日の妻二九歳の誕生日に朝食を一緒にとるよう皇太子に懇願した。しかしキャロラインによれば、この三月以来八月まで夫と顔を会わせたことがないという状態であった。(23)

2　チャールトンとモンターギュ・ハウス

婚礼の後キャロラインはチャールトンの住居が気に入り、娘のガヴァネスから妃の侍女に移ったガース、ヴァーノン夫人、ハーコート夫人、サンダー夫人（ブラウンシュヴァイクから同行）を伴って生活の本拠をここに移した[24]。週三、四日は娘の様子を見にカールトン・ハウスに出てきたが、彼女は娘とともにチャールトンに住みたいと考え、後任のガヴァネスのヘイマン嬢を娘と一緒にチャールトンの家に招いて屋内を検分させたうえで、六月二五日皇太子宛に願い出た。二日後に皇太子はその願いは認められないとチョムリを通して伝えた。皇太子の規制から離れて自由に独立して暮らしたいというキャロラインの気持ちはますます高まった。一方皇太子は自分が認めた人びとだけを受け入れるべきであり、その他の者を邸に入れてはならない、と国王の意向も入れてキャロラインに繰り返し説いた[25]。一〇月にイギリス艦隊がカンパーダウンの海戦でオランダ艦隊を撃破したのを祝って、一二月一九日にセント・ポール大聖堂で感謝の集いが行われることになった。キャロラインは参加したいと願ったが、皇太子が自分も行かないとして断った。一二月四日の午後、皇太子がカールトン・ハウスから外出のため馬に乗りかけたとき、近習の一人が駆けつけ、皇太子妃がいますぐか今日中に是非お会いして一言申し上げたい、返答は要らない、といわれていると告げた。皇太子は伝達の仕方に衝撃を受けたが、午後五時チョムリを伴って皇太子妃の居室へ出向いた。するとキャロラインはフランス語で次のように明言した。「殿下、殿下、ここで何も説明はいたしません。私は二言だけあなたに申し上げたいのです。私はこの邸に来て二年半になります。あなたは私をあなたの妻として、あるいはあなたの子どもの母として、また皇太子妃としても扱ってくださいません。私は今後あなたに何も申しません。私はもはやあなたの命令や規則に従順に従う臣下ではないことをお知らせします[26]。」

皇太子はこの日の経過を国王につぶさに書き送った。キャロラインはセント・ポール大聖堂の集いに出席したいと国王に願い出たが、国王は対皇太子の場合と同じように経費の緊縮という点から了承できないと断った。皇太子はチョムリを通じて彼女が「宣言」を行った真意が何かを確かめた。離婚を望むなら妻の方から申し出ることを期待していたが、そのような考えはないことがわかった。皇太子は彼女が別の住居で束縛のない生活を望ん

図 24　日々成長するシャーロット

でいる、と理解せざるを得なかったのである。(27) 皇太子は譲歩し、チョムリを通じて、皇太子妃が郊外に居宅をもてる、現在の支給額五千ポンドに加えて皇太子から二万ポンドを支給する、娘シャーロットは七歳になるまで母親と一緒に過ごさせるようにする、娘のガヴァネスは皇太子が任命する、という提案をした。妃はこの公正な提案に感謝し喜んで受け入れたので、あるいは二人の和解の可能性さえ見えてきた。(28) 皇太子は娘シャーロットとその付き添いたちのために、九七年の夏ブラックヒースを望むグリニッジ・パークの端にあるモンターギュ・ハウスをバクルー公爵夫人から賃借していた。ただこの邸は長く空き家になっていたので、シャーロットより皇太子妃向きだとバクルー夫人は言っていた。(29) キャロラインは翌九八年夏には住居をチャールトンからモンターギュ・ハウスに移した。娘の成長に合わせてカールトン・ハウスに出向く機会も少なくなった。当時フランスは総裁政府の時代になっていたが、旧ブルボン家の王族や貴族の多数が亡命していた。ルイ一六世の弟アルトワ伯（のちシャルル一〇世）は長らくエディンバラに滞在し、狩猟などでイギリスの上流社会とかかわりができていたが、コンデ王子とともにモンターギュ・ハウスの晩餐会に招かれたこともあった。(30)

　モンターギュ・ハウスに住居を移してから、上流階級の人士をはじめ政治家、海軍軍人など新しい訪問客がしだいに増え、キャロラインは生気を取り戻した。来訪者には王族の血統を引くグロスター公や夫と親しい政治家フォックス、若き大臣ジョージ・キャニング、海軍大臣ヘンリ・ダンダスなども含まれていた。独身のキャニングは再々訪れ二人ははた目には恋人同士のように親密になり、妃はまもなく結婚したキャニングの長子の名付け親にもなった。娘シャーロットもレイディ・エルジンに連れられてしばしば訪れ、夕食時まで元気に遊んで過ごした。しかし皇太子夫妻の別居生活は公然の事実となった。このなかで九八年一二月、皇太子からキャロライン宛てにカールトン・ハウスで一緒に晩餐を取りたい、さらにこの冬はカールトン・ハウスで過ごして欲しい、という招待状が届いた。[31] 考えた末彼女は断った。その理由は、皇太子はこのとき彼女の縁者ヘッセン＝カッセル方伯に借金の交渉をしており、その間だけ一緒に生活をという魂胆と受け取れたこと、また彼がフィッツハーバート夫人とまた縒りを戻そうとしており、二枚舌を使っていると考えたからである。事実皇太子はヘッセン・カッセル方伯から無利子で四万ポンドを借用した。[32] しかし理由はあるにせよ、和解の可能性がある機会を彼女の側から断ったわけであり、夫との付き合い方を知らないという批判を受けることにもなった。侍女キャムベルは後に、哀れなお妃「彼女がカールトン・ハウスにおとなしく留まり、静かな威厳をもって行動していたら、その運命はどれほど違うものになったことでしょう」と書き残している。[33]

図25　モンターギュ・ハウス

さて皇太子はかの遺書を書いたとき以来、ジャージー夫人も近くに留め置きながら、フィッツハーバート夫人との縒りを戻す手だてを思案していた。九八年になるとジャージー夫人との関係は清算し、フィッツハーバート夫人を再び迎えるため動き出した。このころ彼女が重病になりバースで死亡したという新聞報道が出たことから、皇太子はまたも半狂乱におちいり、自ら余命いくばくもないと言いながらアヘンチンキを大量に飲み、腕から大量の放血を行ったため、見違えるほどげっそり痩せだ。[34] 回復した彼女にたいし、あなたが来てくれなければばわが命はないと泣き落としの手紙を送った[35]。また秘密に結婚したことを国王や世間にぶちまけるという脅迫めいた手紙も送った。さらに今回は皇太子の弟妹たちも、彼の切なる願望を聞いて協力した。フィッツハーバート夫人は、皇太子がジャージー夫人ときっぱり絶縁することが前提になると明言した。皇太子はそれを確約し、奥の手である与えうるすべての財産を彼女に贈与するとした「遺書」をも示した。慎重だったフィッツハーバート夫人も気持ちを動かし始めた。弟のエドワード王子は九九年七月一七日、実際にフィッツハーバート夫人を訪ねて話し合った。彼女は皇太子の気持ちは受け入れるつもりだが、その前に一七八五年の結婚（国教会の牧師による）が、カトリック教会から正当と認められる必要があると考えていることがわかった[36]。

彼女は正妻が別にいて自分が「愛人」として扱われるのを認めたくなかった。二人の結婚の正当性について教皇庁の好意的な見解を引き出すための使節として、ウィリアム・ナッソウ司祭が派遣された。長引いたその返事を待つ間、彼女は皇太子のしつこい要求が届かないウェールズに移り住んだ。翌一八〇〇年になって正当とみなすという教皇庁の裁断をもって司祭が帰国した。だがキャロライン妃との公式の結婚があり、教皇庁も「重婚」を認めるわけにはいかず、皇太子とフィッツハーバート夫人の関係は「兄と妹のような」間柄という判断をしたのである。教会のお墨付きを得た彼女はこれまでの住居を清算し、ハイド・パーク東側ティルニー・ストリートの瀟洒な邸を購入した。二人は再び結ばれ、フィッツハーバート夫人は一八〇〇年六月、皇太子と公式に和解したことを公表する目的で大規模な朝食会を催した。着飾った女性を中心に四〇〇人もの客が集まり、午後には庭にテントが建てられ晩餐の集いは夜通しつづいた[37]。

二人の関係を公表したことに対して眉をひそめる者も少なくなかったが、彼女は皇太子の妻や愛人として暮らすのではなく、「兄と妹のように暮らしています」と語り、後にこのときから八年間が自分のもっとも幸せなときであったと述懐した。皇太子は夜にカールトン・ハウスに帰るまで、時間が許すかぎり彼女とともに過ごした[38]。ブライトンでは二人は別々の住居をもっていたが、皇太子はパヴィリオンにも彼女のための居室を設けた。一八

図 26　ブライトンのステイン地区を騎乗して楽しむ皇太子と横に徒歩で付き添うフィッツハーバート夫人とミニー（1804年）

○五年九月に皇太子に近いホイッグ議員トマス・クリーヴィ夫妻がパヴィリオンを訪れたとき、フィッツハーバート夫人が皇太子の隣りに、もう一方の隣りに弟のクラレンス公が座っていた。皇太子からフィッツハーバート夫人を紹介され、以来クリーヴィ夫人は娘たちとともに同夫人と親しく付き合うことになった。フィッツハーバート夫人は「いつも皇太子の最良の友人だった」とクリーヴィは書き残している(39)。

フィッツハーバート夫人はキャロライン妃のことは十分意識しており、自身は皇太子と皇太子妃との間を取り持つ役目を果たしたいと言っていたという(40)。一方キャロラインは、皇太子が再びフィッツハーバート夫人に熱を上げていた九九年八月、すでに去ったジャージー夫人より「はるかに強力なライヴァル」と彼女を見ており、彼女はダイヤモンドを買うため一日に二回も宝飾店に通うという浪費家だから皇太子を破産させる、と記していた(41)。しかし全体としては高く評価し、のちに彼女は「皇太子の本当の妻であり、すばらしい女性です。彼女と離別してしまったのは皇太子にとって真に悲しいことです」とキャロラインは侍女キャムベルに語っている(42)。さらに後になって、私はただ一度だけ不義を犯したことがあるが、それは「フィッツハーバート夫人の夫との間のこと」

だとさえ語った。(43)

皇太子とキャロラインの別居生活は固定化し、三歳を過ぎた娘シャーロットの住居はカールトン・ハウスの裏手にあるウォーリック・ハウスとなり、キャロラインが出かけたり、娘がモンターギュ・ハウスへ連れてこられたりの生活がつづいた。モンターギュ・ハウスのなかで一画を占めるラウンド・タワーに娘とガヴァネスを住ませる提案もしたが、皇太子は娘には不適と主張した。九九年八月末には、娘シャーロットがガヴァネスのエルジン夫人に伴われて国王一家が保養中のウェイマスに到来し、海岸の空気を吸って英気を養った。エルジン夫人からその報告を受けた皇太子は、同年一〇月キャロライン妃の要望もある程度は入れて、モンターギュ・ハウスから一～二マイル程度の場所に適当な家賃の家が見つかれば、娘の夏の住居にしたい、とエルジン夫人に伝えている。(44)その目的で選ばれたのがシューターズ・ヒルのシリューズベリ・ハウスであり、シャーロットは八歳になる〇四年まで夏はこのロッジと緑広がるブラックヒースで過ごし、母親ともしばしば合流した。モンターギュ・ハウスに九九年から翌年にかけて出入りした客にはピット首相、大法官アースカイン、ラフバラ卿、軍事大臣ウィンダム、外務次官フレール、ヘンリ・ダンダスなど政界の有力者も多く、キャロラインはこの邸に皇太子から独立した拠点をもつようになった。(45)彼らはトーリであるが、改革派で夫と親しいフォックスも姿を見せていた。

キャロラインに親しみをもつ国王はときおりモンターギュ・ハウスに訪ねてきた。〇一年四月の土曜日、ちょうど彼女が風邪をひいていたとき、国王は騎乗して王子カンバーランド公と侍従二人だけを連れて突然姿を見せ、彼女を驚かせた。王妃や王女たちにも行き先を告げずに出てきたものだった。(46)国王は、孫娘シャーロットがある程度成長したら、その教育を皇太子に任せるのではなく、直接自分の管轄のもとで行いたいと考え始めていた。(47)この意向は〇四年夏、国王がウェイマスに出かける前に、シャーロットをキューに招きたいと性急に言い出したときに示された。その連絡が皇太子をへずに国王から直接皇太子妃に来ていたため、エルジン夫人は慌てて皇太子に連絡した。シャーロットと皇太子妃のキュー訪問は八月二三日に実現した。不満でいらだつ皇太子は病気を理由に行かなかった。しかしキューにはシャーロットとガヴァネス用の住居は準備されていたが、皇太子妃用の部屋はなく、娘と同室で過ごした。この年一二月六日には国王はモンターギュ・ハウスを訪れ、二時間ほどキャロライン妃と話し込み、侍女のレイディ・シェフィールド（伯爵夫人、ノース元首相の娘）と三人で晩餐をとった。国王は上機嫌で先祖のジョージ一世がハノーヴァーからいやいやながらイギリスに来たことや、自らの在位初期のノース首相のことなど過去の話をした。(48) 翌年シャーロットの生活の本拠がウィンザーに移されると、国王の配慮でウィンザーにも皇太子妃の居室が準備されることになった。(49)

後に〇九年からキャロラインの侍女を務めるシャーロット・キャムベルは、モンターギュ・ハウスを訪ねた日のことを次のように記している。ある日妃はグリニッジで行われたクイーン・シャーロット号の進水式を見に行った。式典はすでに終わっていたが、動く絵のような優美な船を飽きずに眺めた。それから責任者たちがいるヨットに乗り、用意された昼食をとったが、出席者はアバディーン卿、フィッツジェラルド卿のほか私と妃の侍女たちだった。そこで二〜三時間過ごした後モンターギュ・ハウスに移り、やがて晩餐になった。晩餐には新たにレイディ・オクスフォード、ゲル氏、ハミルトン卿、レイディ・ジェイン・ハーリー（レイディ・オクスフォードの娘）、サー・エングルフィールド、メアリ・ベリ嬢、リヴァー卿らが加わった。(50) この妃の取り巻きのうちオクスフォード夫人、ジェイン・ハーリー、ハミルトンはホイッグ改革派ないし同党の支持者であり、ベリ嬢は妃の親しい友となる。しかしモンターギュ・ハウスに出入りする人について、皇太子が見張りを付けて確かめていた。妃自身もあるパーティを催したとき、皇太子に仕える牧師のクラークが見張り番をしていたのを確認していた。(51)

モンターギュ・ハウスにはフランス海軍との戦いで武勲をあげた海軍将校も姿を見せるようになった。キャロライン妃はブラックヒースに住むダグラス中佐夫妻と知り合い、お互いに行き来して親しくつき合った。つき合いは最初に妃がダグラス邸を訪ねたことから始まった。またダグラス邸にしばしば滞在していた歴戦の提督サー・シドニー・スミス少将もモンターギュ・ハウスを再々訪れ、妃の歓迎を受けた。スミスは夫ダグラスが艦隊勤務で不在中にもダグラス邸に滞在することがあった。妃はスミスから、遠く北米、モロッコ、フィンランドや西インド諸島のグアドループへの遠征、あるいは一七九九年のテル・アヴィヴ・ヤッフォとアッカの海戦でフランス艦隊を撃破した話などを興味深く聞いた。また若くしてフリーゲート艦を指揮するマンビィ大尉もしばしば訪れ、海戦の話で彼女を楽しませ一緒に親しそうに食事をした。キャロライン妃のところには施しを求めて訪れる貧しい親子連れも少なくなく、彼女は庶民たちとも分け隔てなく接触し、子どもを預かったりした。一八〇二年にはこのような母親から生後三ヶ月のウィリアム・オースティンという名の男児を預かった。男児の父親サミュエルはアミアンの和約によって海軍造船所を解雇され失職していた(52)。彼女はやがてオースティンを養子にするが、この男児のことが後に彼女を痛めつけることになる。それは一時親密だった妃とダグラス夫人が仲違いし、ダグラス夫人がモンターギュ・ハウスにおけるキャロライン妃の生活と人間関係について、虚構を取り混ぜて皇太子に告発したからである。

3　キャロラインと娘シャーロット

キャロライン妃はモンターギュ・ハウスを本拠にしていたが、カールトン・ハウスの居室はそのままになっており、彼女は娘と会うときや着替えが必要なときには同ハウスを訪れ、そこを起点にして好きなオペラ観劇に出かけ、ウィンザー訪問などの用件をこなした。妻と顔を会わせたくない皇太子は、カールトン・ハウスから妻を転居させようとチョムリを通して働きかけていたが、侍従チョムリはそれには頑強に反対し、妃にもそのように勧めていた(53)。また〇四年八月に国王がキャロライン母娘をキューに招いたとき、国王は妃と食事をともにし、ウィンザーにシャーロットを移すに当たり妃のための居室を王宮内に確保すると述べたが、カールトン・ハウスの妃の居室は今後も保持しつづけるよう勧めた(54)。

九歳になった娘シャーロットは、一八〇五年初めに新しいガヴァネスのレイディ・ド・クリフォード、副ガヴァネスのアリシア・キャムベル夫人とウドニ夫人とともにウィンザーに移った。教師にはその責任者としてエクシター主教フィッシャー博士、主任教師にジョン・ノット博士が選ばれ、他にも数人の教師がロンドンから招かれ、本格的な教育が始まった。学習内容は宗教教育、英語、ラテン語、古代史、英文学、近代史、フランス語、ドイツ語というように広がり、ほかに音楽、ダンス、図画もあった。彼女はラテン語がもっとも嫌いだった。シャーロットの夏期の住居になっていたブラックヒースの一画にあるシューターズ・ヒルのシリューズベリ・ハウスは閉鎖された。彼女のロンドンの住居ウォーリック・ハウスは変わらず、この家へのキャロラインの出入りは夫が禁じていたので、二人はガヴァネスを加えてカールトン・ハウスで会っていた。娘がウィンザーに移った一八〇五年の夏、キャロラインはシャーロットに面会するため定期的にウィンザーを訪問し、七年ぶりに母娘が同じ屋根の下で寝ることができた。彼女は国王にも謁見して親しくなり、国王自身も招きに応じてモンターギュ・ハウスを訪ねた。

シャーロットは明るくはしゃぎ回る愛らしい子だが、きかぬ気の子であった。四歳ころの彼女にカールトン・ハウスで接触した教育者ハナ・モアによると、「まことに賢く上品ぶった子ども」だが「気ぜわしすぎる」子どもであり、また五歳のときブラックヒースで一日を過ごしたロンドン主教ポーティアスは、「まことに人を惹きつける魅力あふれる子ども」だが、すぐに顔を真っ赤にして叫び出す、と述べている(55)。このような評価は恐らく四～五歳の子どもの欠陥を示すものではなく、もっぱら行儀作法をしつけられている元気で活発な子どもであることを示すものであろう。

エルジンは引継ぎのとき、性格や気質はとてもよく純粋で無邪気であり学習もかなり進んだ、と語ったというが、学習担当になったノット師は〇五年五月、彼女はほとんど書く力がない、スペルは間違いだらけ、三ヶ月たっても進歩がみられない、と嘆いた。彼は専門学科への関心を引き出す能力は持ち合わせていなかったが、基礎

図 27　シャーロット妃（トマス・ローレンスの画）

学習に熱心に取り組み、しだいにシャーロットの信頼を得るようになった。翌年三月、彼女は一〇歳の「遺言」なるものを書いている。それによると第一に自分が今もっている本をすべてノット師に、第二に手持ちの三つの腕時計と宝石の半分をキャムベル夫人に贈る、第三に私の有り金すべてを貧しい人々に配るようノット師にお願いする、ガガーリン夫人とルイス夫人（いずれも侍女）には十分に給与を支払い家宅を持たせるように、宝石の最も貴重なものは父と母の手に渡すべきだが、残りはレイディ・クリフォードに贈る、ウドニ夫人には何も贈る理由はない、などと書き記した。シャーロットがノット師とキャムベルになついていて、ウドニを嫌っていたこと、すでに貧民への配慮がみられたことがわかる。だが三年後ノットに危機が訪れる。ノットがシャーロットをそそのかして父ジョージとレイディ・クリフォードに反抗させようとしている、アドニ夫人を無礼な人だと言いふらさせている、と非難されたのである。ノットはそのような疑いを断固否定し、フィッシャー師もこの災いの元はシャーロットに辛く当たり暴力さえ振るうウドニにあるとにらんで、ノットを弁護したが容れられず、遂にノットは解任された。シャーロットはノットとキャムベルを養父母と公言していたほどであった。父の意向でクリフォードは一八一二年まで、ウドニはその翌年までガヴァネスとしてとどまった[56]。

一八一一年に入り大陸ではナポレオンによる戦乱が続いていたが、シャーロットは一五歳、身体は大人と言えるほど豊満に成長し、父親に似た風貌もみられるようになった。この年から八歳年上の知的な優れた美人で頼りになる女性マーガレット・マーサー・エルフィンストーン（一七八八―一八六七）と親密な手紙を交換するようになった。エルフィンストーンは海軍提督ケイス子爵（ジョージ・ケイス・エルフィンストーン）の娘、母の資産も

図 28 マーサー・エルフィンストーン（ジョン・ホプナーの画）

継承する裕福なホイッグ派の人で一八〇九年にシャーロットと知り合い、後にシャーロットの夫レーオポルトがマーサーを遠ざけるようになる一七年五月まで、シャーロットの誠実で親密な相談相手になった。マーサーは一七年六月、フランス系貴族フラハート伯爵と結婚する。エルフィンストーンは彼女の手元に残ったシャーロットの親書について、引き渡しを求めるヨーク公などの要求を拒み、シャーロットの秘密と名誉のために一切手放さなかった。この親書はやがて第四代ランズダウン侯爵と結婚した彼女の娘の手に移り、現在はランズダウン家の家族文書室に保管されている。手紙には急いでペンをとり書きなぐったと思われるものもあるが、才気にあふれており、身辺の関係者とのかかわりも包み隠さず述べられていて、シャーロットの成長過程を伝える貴重な資料である。[57]

当時のシャーロットの手紙から、父母についてはもちろん、王族の叔父、叔母たちや祖母（ジョージ三世妃）シャーロット・ソフィアについてどう見ていたか、またどのような関係にあったかを知ることができる。シャーロットはこの王族たちを「王室動物園」（Royal Menagerie）と呼んで批判的にみているが、叔母たちには頭が上がらない王妃に対しても、「シャーロットは王妃をまったく怖がらない、王妃に次から次に話題を変えて話しかけ、冗談を言い合っている。昨日は王妃の椅子に寄りかかり、夕方八時から一〇時まで王妃を笑わせ続けた」と叔母メアリに言わせたほどであった。王妃も意のままに言動するシャーロットをしだいに評価するようになった。叔父たちでは四男のカンバーランド公アーネストが王族内で最も敬遠されていたが、彼女も嫌っていた。一方、最も親近感を抱いたのはサセックス公オーガスタスであり、母キャロラインの支援者であったケント公エドワードにも一定の親近感を抱いていた。この二人の叔父はホイッグ派の支持者であり、エルフィンストーンとの親交もあって、シャーロットもグレイ伯やブルームらが核をなすホイッグの支持者になっていった。ケント公はシャーロットの没後の一八一八年、彼女の夫レーオポルトの姉ザクス＝コーブルク・ザールフェルト家のヴィクトリアを妃に迎え、後のヴィクトリア女王の父となる。後に述べるように、このヴィクトリアこそ夭折したシャーロットの生まれ変わりとみなされたのである。[58]

摂政に就任したジョージは一一年六月一九日、弟たちや多数の政治家とその夫人たちのほか、フランスの亡命王族で後のルイ一八世をも招いて摂政就任を祝う大規模な祝宴を催した。シャーロットは期待していたが招かれず落胆した。彼女は早くレイディの仲間に加わりたいと願っていたけれども、父はまだ子どもとみなしていた。摂政はもとよりキャロラインは招かなかったが、皮肉にも彼女の侍女全員を招いた。キャロラインは侍女を参加させるためにケンジントン・パレスから自分の馬車で送り出した。侍女ベリだけは妃のもとに残り、妃が寂しさをかみしめながら、巧みにピアノをひくのを聞いた。祝宴の総費用は一二万ポンドにのぼるといわれた。[59]

図29　コーネリア・ナイト嬢（アンゲリカ・カウフマンの画）

この時期まで妃はシャーロットと週一度会うことが認められていたが、一二年六月エルドン卿を通じて、今後はシャーロットがウィンザーあるいはウォーリック・ハウスのどちらに居るときも、面会は二週間に一度に限る、という皇太子の指示が伝えられた。[60] シャーロットはこの規則を遵守せざるをえず、一三年三月に、公園を馬車で通行中に祖母を見舞いにきていた母の馬車と出会い、止まって五分間母と話をしたとき、父にその了解を求める走り書きを帰りの車内で書いたこともあった。[61]

一六歳になったシャーロットは一二年二月二二日初めてオペ

ラを観に行った。義叔母ヨーク公夫人とド・クリフォード卿（ガヴァネスの息子）が同行してボックス席に入り、顔見知りの人たちと挨拶を交わし、楽しそうに見えた[62]。ガヴァネスは父の意向でクリフォードが解任され、一三年初めからリーズ公爵夫人に代わった。シャーロットは一七歳になるとほかの娘はガヴァネスを止めているのに、と不満だった。王室の医師ハルフォードのように王位継承権者の場合は一八歳までガヴァネスが必要という意見もあったが[63]、彼女の不満はエルフィンストーンを通じて父に伝わり、摂政は少しだけ譲歩し、副ガヴァネスではなく「レイディ・コンパニオン」として、王妃の読書係りを務めるコーネリア・ナイト嬢（一七五七-一八三七）を充てることにした。ナイトは海軍少将の娘で五五歳、知的な優れた女性であり、ナイトを奪われた王妃には不満が残ったものの、シャーロットはよき助言者を得たわけである。後述するように庶民院でホイットブレッド議員によって母の訴えが取り上げられ、公衆の批判が摂政に浴びせられたため、一時母娘の面会が禁止された。しかし一三年三月に祖母オーガスタが死去した後、摂政から指示され三月二六日にリーズ公爵夫人とナイトはシャーロットとともにモンターギュ・ハウスを訪ねている。ナイトによると皇太子妃は元気そうに見え、娘とはいつ会えるかわからないのでといって歓迎してくれたという。侍女はシャーロット・リンゼイ（ノース元首相の娘、一七七〇-一八四九）が務めていた[64]。

第四章　慎重な調査――「虐げられた」王妃の第一幕

1　ケント公の報告とダグラス夫人の告発

キャロライン妃がモンターギュ・ハウスに移ってしばらくたった一八〇一年、国王は彼女をグリニッジ公園の管理者（レンジャー）に任じていた。[1] この人選には王妃と王女たちがこぞって反対していたのだが、国王には不幸なキャロラインに何か公共的に認められる仕事をさせたいという考えがあった。[2] 一方、皇太子は国王が妻と親しくなることを苦々しく思っていた。

当時、広大なグリニッジ公園内に点在する家屋を、グリニッジに新設された海軍兵学校に賃貸し移管する話が持ち上がっており、公園内に以前から賃貸によって住み着いていた住人のいくらかは家屋を明け渡す必要が生じていた。国王がキャロラインを公園管理者に任じたのは、公園管理者の家屋も学校に賃貸され、海軍省からの見返りで彼女の借金がある程度解消されるという含みもあった。だが彼女には管理責任者という重荷がかかることになった。事実キャロラインが親しくしていた海軍中佐ダグラス家にも、兵学校の方から明け渡しの要求が届いた。ダグラス家は一八〇三年秋に所属する軍の指示によってデヴォンシアの軍港プリマスに移ったが、キャロライン妃とダグラス家が仲違いする環境が生じていたのである。モンターギュ・ハウスにおけるキャロラインの生活は、これまでの精神的閉塞感から解放され、落ち着ける生活の場を確立することはできたが、彼女の生活と行動は夫皇太子に厳しく偵察されていた。[3] 侍従のチョムリが、同ハウスの入口近くで訪問者を見張っていた皇太子家の書記クラークと出会ったことがあった。また第三者も、妃に仕える「召使いの何人かは、［皇太子に雇われて］彼女の行動を探るスパイだと信じる理由がある」と語っていた。皇太子のもとで妃に対する偵察行動を取り仕切っていたのは彼の秘書マクマーン大佐であった。[4]

ところが〇五年の一一月一〇日、キャロラインと親しかった義弟ケント公は一つの報告を発表した。それは一年前にキャロライン妃からお願いがあるのでブラックヒースに来てほしいという連絡があり、訪ねて聞いてみると、かつては友人だったが今は交際を断っているダグラス夫妻とシドニー・スミス氏が、不在中の置き手紙や手紙、あるいは匿名の手紙によって彼女に繰り返し交際を求めてきて困るので、うまく交際を終えられるよう力添えをお願いしたい、ということだった。ケント公はダグラス夫妻とは面識がないがシドニー・スミス少将は知っているので、そのルートで要望に応えたいと皇太子妃に伝えた。その後ケント公がスミス提督に会って事情を聞くと、スミスは皇太子妃の話とは別の事実も語った。それはスミスが差出人匿名の手紙を受け取っており、その中にスミスとダグラス夫人の間をみだらな間柄として書きたて、三人を争わせるような内容が書かれていたというのである。その手紙は筆跡と文章のスタイルから皇太子妃からのものと確信している、とスミスは語った。その四～五日後、再びスミスが来て、この件はこれ以上問題にしないでほしいと申し出てきたので、その主旨を皇太子妃に伝えたところ彼女もそれで満足とのことであった。その後沈静化していたが、この度皇太子からこの話し合いに関する情報を知らせてほしいという要請を受け、記憶しているかぎりをまとめたというものであった。[5]

しかしジョン・ダグラスの夫人シャーロットはおさまらず、夫が侍従武官を務めているサセックス公に、自分にかけられた汚名をそそぎたいと強く申し出た。弟から連絡を受けた皇太子が早速シャーロットに内容を報告するよう要請した結果、一二月三日、サセックス公の面前でシャーロットは四〇頁にのぼる長文の声明文を発表した。その内容は、ダグラス夫妻とキャロライン妃がブラックヒースにおいて最初に知り合ったときから現在に至るまでの過程を、彼女がみた妃の暮らしぶりも交えて詳細に述べ、キャロライン妃が一八〇二年に養子にしたデットフォード生まれというウィリアム・オースティンは皇太子妃自身の不義の子である、皇太子妃はそのころカールトン・ハウスで二日間ベッドについて産んだと自ら語った、と明言した。またプリマスに移った後、海外から帰国したサセックス公を迎えにロンドンに出た折りモンターギュ・ハウスを訪ねたが、不在のためカードをおいて帰った。ところが家政婦のヴァーノン夫人を通じてブラックヒースには来ないでほしい、と連絡が来た。その後手紙を出したが送り返されてきた。ところがその数日後、何もなかったように妃からジョン・ダグラス宛てにモンターギュ・ハウスに訪ねて来てほしいという案内が来て、彼が訪ねると愛想よく迎えられ話が弾んだ。昼食になり彼は何も食べられない、ワインも飲めないと言って退去した。それではまたお出でくださいと妃は述べた。その後ダグラス宛に匿名の長文の封書が三通届いた。一通には皇太子妃とわかる封印がなされ、三通とも妃の筆になるものでうち二通にはペンでみだらな絵が描いてあった。また手紙には「サー・シドニー・スミスとレイディ・ダグラスは愛人関係」などという見出しが付いていた。手紙は皇太子妃の筆跡であり、イギリス人ではないよそ者が書いたものだ、などと蔑む言葉もダグラス夫人は口にした。冷静な夫はレイディ・ダグラスにはそのようなことはないと信じている、などと長々と述べ立てた(6)。

図 30　ダグラス夫人シャーロット

ダグラス夫人がこの声明文を発表した場所はメイフェア地区にあるマクマーン大佐宅であった。同大佐は皇太子の友人モイラ卿の推薦でカールトン・ハウスに出仕するようになった人物で、当時皇太子の私的金庫の管理者を務めており、皇太子の密偵の役割も果たしていた。

図31　マクマーン大佐

なおダグラス夫人は語っていないが、スミスはしばしばダグラス家に逗留しており、キャロライン家のなじみ客でもあったが、夫ダグラスが軍務で出張し不在中にも同家に滞在したことがあり、二人は情を通じ合っていたとも言われる。このダグラス夫人の「告発」がキャロラインのその後の運命を左右する出来事の始まりとなるのだが、ダグラス夫人の「告発」は正当な根拠があったのだろうか。

妻と離別するための確かな口実あるいは理由が欲しかった皇太子は、国王にはまったく報告せずに、早速ダグラス夫人の「告発」の真相調査に乗り出した。皇太子とかかわりが深いホイッグ系弁護士サミュエル・ロミリを招いて取るべき方策を聞くと、秘密裏に皇太子妃の行動を調査する必要があると述べた。ロミリはテンプル法学院のサーロウ卿に相談したが、サーロウ卿はダグラス夫人の発表は信用できない、と消極的だった。ただ人を雇って皇太子妃の行動に関する資料を集めるがよいとも述べた。こうしてサーロウ卿の推薦により下級弁護士トマス・ロートンが秘かに調査に当たることになった。証言を求めたのはダグラス邸の使用人、皇太子及びキャロラインに仕えていた近習、家政婦、あるいは医師たちであった。

まず翌〇六年一月にダグラス家の使用人ラムパート夫妻の聞き取りが、ロートンによりダグラス夫人も同行してチェルトナムで行われたが、みるべき証拠は出なかった。[7] 次の証人は二一年間も皇太子に仕え、皇太子の結婚後は妃に同行して〇二年四月まで妃に仕え、辞任していたウィリアム・コールであった。コールは一月から二月にかけて計四回ロミリから聞き取りを受けた。この二月にピット首相が死去してグレンヴィル内閣となり、ロミリが新内閣の法務次官に就任したため一時中断があった。証言によると、妃の邸には〇一年にキャニング氏が何度も訪れ応接室の隣の部屋で一・二時間も二人きりで話し込んでいた。〇二年一月にはシドニー・スミス氏がたびたび訪れ、妃と夕食をともにし、二人は親しくなっていた。一一時ごろに侍女たちが引き下がった後もスミスは居残っていた。ある夜一二時ごろ、大きな外套に包まって公園を横切ってくる人を見たが、それはスミス氏に間違いないと思っている。またマンビィ海軍大尉も妃の家の常連の客で妃と親しかった。また肖像画を描いていた画家のローレンス氏も夜遅くまで邸内にいた、など。(8)

次の証人はこの九月で二三年間も皇太子に仕え、また一七九八年三月からは皇太子妃とともに暮らしてきたロバート・ビグッドであった。この証言は四月四日に行われ、客観的に事実を語ろうとしており、その意味で重要な証言である。一八〇一年にスミス氏がモンターギュ・ハウスに訪問カードをもって現れ、それ以来夕食に招かれるようになった。〇二年春にはダグラス夫人が邸内のラウンド・タワー(通常は妃の侍女たちが起居していた三室からなる建物)で侍女の代わりを務め三週間ほど暮らした。この期間にはスミス氏がたびたび訪ねてきた。ただ同氏が夜明けの三時か四時まで居残っていたということは知らない。この年に妃は侍女フィッツジェラルドを連れて二頭立て馬車(御者ウィリアム)でテムズ川を下ったダートフォードへ行き、夕方六時か七時ごろ帰ったことがあった。またダグラス夫人は日常的に訪ねてきたし、また妃も彼女の家を訪ねていた。しかしこの年の暮れに妃とダグラス夫人の間に行き違いが起こり、ある日夫人が涙ながらに邸を出て行くのを見た。それ以後、彼女は邸に来なくなった。ある日妃の部屋にスミス氏がいるのを侍女が見た。〇二年冬から翌年春にかけてマンビィ大尉が訪れていた。彼のフリーゲート艦がデットフォードに停泊していたときで、別れのとき大尉が妃の唇にキスをしたのが鏡に映った。彼は立ち去っていき、妃が顔にハンカチを当てていたのを見た。ここでは鏡に映ったのを見たと述べている点に注目しておきたい。(9)

次にビグッドの妻セアラも証言した。仲間から聞いた話であるが、ある日暖房の火を用意するため皇太子妃の寝室に入ったところ、シドニー氏と妃が不作法な様子でいるのを見て気を失うほど衝撃を受けた、とのことであった。この証言は伝聞であるため公式の記録には入っていない。(10)

次の証人はブラックヒースでコーヒー・ルームを経営しているフランシス・ロイドである。寝室係をしているメアリ・ウィルスンが妃の生活をもっともよく知り抜いており、彼女はスミス氏と妃の二人が妃の寝室（ブルールーム）に居たとは言っているが、彼女は妃と親密な間柄にあり口が堅い。ラムズゲイトの庭師と家主によれば、妃とマンビィ大尉が庭を歩いているのを見かけた、また四年ほど前に妃が子連れだったという話を聞いた、など他人による話を紹介した。(11)

ここに出てきた証人たちは明らかに皇太子妃に忠実とは言えない者であり、出てきた証言も誘導尋問の結果とみなされるものが少なくないが、妃の不倫を窺わせるかのような内容を含んでおり、証言内容は皇太子だけでなく国王のもとにも伝えられた。なお皇太子の女性関係や不倫はまったく問題にされていないので、性道徳の二重基準は厳然と存在していたことも確認しておこう。ダグラス夫人に始まる一連の証言が正しいのかどうか真相を確かめる必要があるということになり、〇六年五月二九日、国王はその調査に当たる委員として四人の有力閣僚を任命した。その顔ぶれは大法官に就任したトマス・アースカイン卿、国王の従兄になる顧問官ジョン・スペンサー伯、首相のウィリアム・グレンヴィル卿、顧問官かつ主席裁判官のエドワード・エレンバラであった。(12)この委員会によって、皇太子妃には知らせずに内密に、いわゆる「慎重な調査」(Delicate Investigation) が行われたのである。

2　慎重な調査——「陰謀の劇場」

委員会はまず問題の発端をつくりだしたダグラス夫人に証言を求めた。夫人は六月一日グレンヴィル卿の首相官邸で次のように証言した。大筋では彼女が先に行った声明と共通しているので、要点のみ紹介したい。ダグラス夫妻が妃と知り合ったのは〇一年一一月のことであり、その後行き来するようになった。シドニー・スミス氏は夫の二〇年来の友人であり、皇太子妃と知り合ったころイングランドに戻り、我が家に滞在するようになった。スミス氏もわれわれと同じ程度に妃の邸を訪ねていた。妃はわれわれが妃と知り合うより少し前からスミス氏と知り合っていたと理解している。またスミス氏と妃との間に不穏当な行為があったことなどまったく見たことがない。〇二年の五月か六月に妃が一人で我が家に来て、自分に何が起こったか当ててご覧と言われ、妊娠して子どもを産んだとのことだった。父親が誰かは明かされなかった。このころある貧しい女性が双子をかごに入れて預けに来た。妃は自ら双子の身体を洗ってやった。数日後、双子の父親が来て子どもを返してほしいと懇請したので父親に返した。〇二年一〇月末の日曜日に妊娠をかくすような服装の皇太子妃を見た。その後妃のもとに男の子を見かけ、妃のことをママと呼んでいた。妃はその子について夫に「デットフォード生まれの子」と話した。妃が〇二年に妊娠していたことは間違いないと断言できる。〇三年暮れにブラックヒースを離れ、その後数回訪ねたが面会を断られた。妃は自分は寝室の相手はたやすく得られる、あなたは夫とだけか、などと言われたこともある。[13]

次いで夫ジョン・ダグラスの短い証言のほか、ロバート・ビグッド、ウィリアム・コール、フランシス・ロイドによる前と同じような証言がなされた。[14] キャロライン妃の最初の伝記作者ヒュイシュはコールとロイドを「陰謀家」と呼んでおり、二人の証言は信用できないと主張している。[15] 〇二年四月にモンターギュ・ハウスを離れたコールはまさしくスパイだと言えそうである。委員会はそのほかに新たな証人、すなわち皇太子妃に近い従者たち、メアリ・アン・ウィルスン、サミュエル・ロバーツ、トマス・スタイクマン、ジョン・シカード、シャルロッテ・サンダー、及び問題の男児の母親ソフィア・オースティンを招いて証言させた。委員による質問は、ダグラス夫人の証言から浮上してきた問題点、まず妃が育てている男児が妃の実子であるのかどうか、妃がそのころ本当に妊娠していたのかという問題、次に妃の男性との交友関係、とくにシドニー・スミス少将、マンビィ大尉、あるいはヘンリ・フッド（当時グリニッジ病院長サミュエル・フッド提督の息子）という海軍関係者あるいは肖像画家ローレンスとの関係に絞られており、各人の証言は問答形式ではなく質問にそった形でまとめて報告された。

まず一〇年近くの間キャロライン妃の家政婦を務めているメアリ・アン・ウィルスンの証言。私はいま妃のもとにいる子どもが連れてこられた日のことを知っている。子どもは生後四ヶ月くらいで母親が連れてきた。その前にも双子の子どもが連れてこられた。この時期に皇太子妃の体型が普通と違っていたなど私はまったく気づいていない。妃が子どもを産んだとはまったく考えられない。サウスエンドに妃と同行したとき、マンビィ大尉がいつも妃を訪ねてきた。私は妃のベッドを整える仕事をもう一人の家政婦アン・バイに手伝ってもらって長らくつづけているが、ベッドに二人が寝たということはこれまでまったく想像できない。またそのような状況を見たこともまったくない。(16)

キャロライン妃の召使いサミュエル・ロバーツの証言。皇太子妃が子どもを引き受けたときのことを覚えているが、妃がそのころ特別な体型をしていたということはまったくなかった。妃が子どもを産んだとはまったく思えない。確か三年前にコール氏から妃のお気に入りの人が誰かいるのか、と聞かれたことがある。そのときマンビィ大尉とシドニー・スミス氏がよく訪れ夕食をともにしていく、と答えた。しかしスミス氏がほかの来客女性たちより遅くまで居残っていたことはまったくない。また妃と二人きりでいたこともまったく記憶にない。(17) この証言からやはりコールはスパイの一人であったといえよう。

キャロラインが嫁入りしたときから妃の近習を務めているトマス・スタイクマンの証言。妃が引き取った子どものことはよく知っている。女性が子どもを連れて、夫が失業したので仕事がほしいという請願をもって現れた。妃はその子どもに注目し、育てたいのでもう一度そのつもりで連れてきてほしいと言ったところ、数日後に再び訪れ、子どもは妃に引き取られた。名前はオースティン、ブラウンズロウ・ストリートで産まれたとのことだった。スミス氏はある時期には週に二~三回訪ねてきた。妃はスミス氏と二人きりで夜一一時ころまで居たことがあった。妃の寝室であるブルールームのソファに二人で座っているのを見たことがある。この妃の行為が問題になるのかどうか私にはわからない。妃に同行してラムズゲイトに行ったとき、マンビィ大尉がしばしば訪れた。夜遅くまで居たこともあった。また同じくポーツマス郊外キャザリントンのフッド氏の邸に行ったとき、一度か二度、妃がヘンリ・フッド氏と一緒に彼の馬車で外出したことがあり、二時間余りして帰ってきた。誰であれ男性がモンターギュ・ハウスに泊まったということはまったく記憶にない。画家のローレンス（肖像を描いていた）が泊まっていたこともない。妃は子どもが好きでウィリアム・オースティンと呼んで可愛がっている。[18]

妃の家政の執事・会計係として七年前から邸に住んでいるジョン・シカードの証言。現在も妃が育てている子どものことはよく知っている。生後五ヶ月くらいで連れてこられたが、それは今からほぼ四年前でラムズゲイトに行く直前のことだった。私は毎日、夕食や晩餐のときに皇太子妃に仕えており、もし妃が妊娠したなら間違いなく気づいたはずである。そのような徴候はまったくなかった。シドニー・スミス氏はダグラス夫妻とともに再々訪れていた。妃と二人で過ごしていたこともある。ほかにキャニング氏やその他の紳士も同様のことがあった。だが妃とスミス氏の間に不適切な行為があったというような疑念はまったく抱いていない。マンビィ大尉がモンターギュ・ハウスを訪ねてきたことも覚えている。ただ彼のフリーゲート艦アフリケーヌ号の船室の改装費を妃が支出したことはなく、私が注文してリネンを届けたことがあった。[19] このリネンの問題は、妃が育ててきた孤児ジョウジフ・ハウナム（一七九〇年生まれ）を訓練して海軍軍人に育て上げる仕事を、マンビィに委ねたことのお礼という意味があった。ハウナムの父ロバートはカールトン・ハウスの使用人であり、赤ん坊時代のシャーロットを庭に連れ出す手助けをしていたと先にふれた人物で、妃がモンターギュ・ハウスに移ったとき親子三人で移ってきた。しかしその三年後にロバートが、さらにまもなく母が死亡してジョウジフは孤児になっていた。妃はジョウジフに自分が父母になってあげると励まして育てた。[20] のちに若き海軍士官となったジョウジフが、妃のたっての招きを受け入れ、彼女のイタリア、地中海旅行に終始同行し妃をたすけて献身的な働きをすることは後述する。

ブラウンシュヴァイクから妃に付き添ってきた着付け係で一一年間一緒に暮らしているシャルロッテ・サンダーの証言。四年前の秋に邸に連れられてきた子どもは、妃が今も養っている。生後四ヶ月で母親が連れてきたとき、腕に赤ワインで印がつけてあった。父親はデットフォードの海軍工廠で働いている。自分は妃の着付け係なのでその時期に妃が妊娠したことはないと断言できる。モンターギュ・ハウスに住んでから妃が妊娠したことはまったくない。シドニー氏は再々、ほとんど毎日のように妃を訪ねてきた。ときには夜明け二時ごろまで残っていたこともある。だが夜遅くに妃と二人だけで部屋にいるのはまったく見たことがない。妃はサウスエンドに九番地と八番地の二軒の家を確保しており、現地に同行したことがある。サウスエンドにマンビィ大尉が指揮するアフリケーヌ号が投錨しているときには、彼が何度も訪ねてきた。彼は九番地の家の応接室で妃と話し込んでいたが、遅くまで居たことはなく晩餐後に帰っていた。応接室以外に彼が居たのは見たことがない。ラムズゲイトに行ったときもマンビィ大尉が同じように訪れていた。またキャザリントンに妃と同行したことがあり、そのときはフッド氏の家を訪ねた。妃とフッド氏は、フッド氏の一頭建て馬車で召使い一人を連れて外出したのを知っているが、二人がとくに親密であったとは思っていない[21]。

最後に子どもの母親ソフィア・オースティンが決定的な証言した。皇太子妃のところにいる子どもの母親は自分である。子どもは四年近く前の七月一一日にブラウンズロウ・ストリートの病院で産まれた。子どもを三人産んだがその子は二人目である。夫は海軍工廠で働く労働者であるが、戦争が中断されて仕事がなくなり仲間の労働者と一緒に解雇された。夫が何とか復職できるようにと願い嘆願書をもって皇太子妃にお願いにいった。スタイクマン氏が嘆願書を受け取ったが、そのような要望は扱えないとのことだった。ただ赤ん坊を抱き上げてくれ、半ギニアを貰った。また子どもをここで育てることが可能かもしれないが、もう一度出直してほしい、とのことだった。その後スタイクマン氏から何度か連絡があり、一一月六日に邸を訪ねて皇太子妃に会った。妃から子どもの年齢を聞かれ、その後子どもを離乳させるためのクズウコンの澱粉を与えられた。その後離乳をすすめ、一一月一五日に子どもを預けた。その後は度々モンターギュ・ハウスを訪れている。[22]

証言は六月一日から七日の間に四人の委員全員が出席した会で行われた。委員会は各人の証言とその記録を検証し七月一四日になって報告を国王宛に提出した。報告の要点は次のようなものであった。皇太子妃の行為について調査するよう諮問を受け、かかわりがあると見られる証人を招いて証言させ真相を明らかにするよう努めた。その証言を検証した結果結論を得たので、それを裏づける証言記録の要約を添えてここに報告する。まず「いま皇太子妃と一緒に暮らしている子どもが妃自身の子どもである、あるいは一八〇二年に妃が子どもを産んだ、と信じることには根拠がない」。その子どもについては両親、産まれた日付けがはっきりしており、〇二年七月一一日にブラウンズロウ・ストリートの病院でソフィア・オースティンが産んだ子どもであることが確認された。またビグッド、コール、ロイド、ライル夫人といった証人たちが述べたてた皇太子妃の男性との交友関係については、われわれが決定を下す問題ではない。この問題は国王陛下のご叡智に委ねたい。ただし言われている皇太子妃とマンビィ大尉の関係については、決定的な矛盾点が出てくるまでは、証言を信用しておかねばならないと考える。[23]

七月一四日付けの委員会報告が皇太子妃のもとに届けられたのは八月一一日のことであり、国王の命を受けて大法官アースカインの召使いが届けにきた。妃は早速報告書に目を通した。このとき前大法官エルドン卿と義弟カンバーランド公も同席していた。[24] 妃は翌日折り返しに国王宛に手紙を送り、委員会報告が本人に無実を証明させる機会も与えずに広められるのはきわめて不愉快であるが、ダグラス夫妻が語った嘘やビグッドやコールの憤慨させられる証言を委員会ははっきりと否定し、私の行為を無実と判断して問題はないと述べており、慈悲深い国王に感謝している、と書いた。[25] しかし彼女は法律顧問に相談し、報告と付属文書には一部に抹消した部分もあり本物かどうか疑わしい、その証拠になる署名がない、また報告の基礎になっている声明文が送られてきていないので、それらを要求する手紙を八月一七日に大法官と国王宛に送った。その手紙には、署名付きの権威がある報告と証言記録を送ってほしい、証言が行われた日付が知りたい、ライル夫人の証言記録が入っていない、私を批判した人が何人いたのか、それらがどのくらい信用されたのか、七月一四日に報告されたものが八月一一日にようやく送られてきた、もっと早く送ってほしい、などと述べた。[26] こうして改めて委員会報告と証言資料の写しが皇太子妃のもとに届いたのである。八月二九日に委員会以前のケント公の報告、ダグラス夫妻の声明文やランパート、コール、ビグッド、ロイドの証言記録が届き、九月三日に委員会資料が届いた。委員会資料にはオースティン担当の看護婦エリザベス・ゴスデン夫人、洗濯婦ベティ・タウンリ夫人、グリニッジの二人の医師トマス・エドミーズ外科医とサミュエル・ミルズ医師、侍女ハリエット・フィッツジェラルド夫人、サー・フランシス・ミルマン医師、部屋付き侍女ライル夫人（チョムリの妹）、皇太子家の侍従チョムリの証言記録が加えられ、およそ四〇点の文書からなっていた。[27]

証言したグリーニッジの二人の医師はいずれも皇太子妃がブラックヒースに来てから妊娠した証拠はなく、一〇一年春に妃の病気が長引いたとき瀉血を行いアヘンチンキも服用したことがあるが、妊娠とは無関係であったと述べた。また現在も妃の部屋付き侍女を務めるライル夫人は、スミス氏やマンビィ大尉は再々訪ねてきて、妃と話し込むこともあったが、女性たちがいなくなった後も彼らが居残ったことはなかった、ただ妃はマンビィ大尉をもてあそんでいたように思われる、などと証言していた。一方、匿名の手紙について証言を求められた侍従チョムリはその筆跡は皇太子妃のものではない、ダグラス夫人あたりがまねて書いたのではないか、と述べた。[28]

3　政治家パーシヴァルの協力

皇太子妃はこの膨大な資料を手にして、ピット内閣の法務長官だったスペンサー・パーシヴァル（一七六二―一八一二）に相談した。パーシヴァルを通してヴィカリ・ギブス、トマス・プラマー、ウィリアム・グラントら法律家の協力も得ることができた。またカンバーランド公が皇太子と仲違いしてキャロラインの味方になり、妃の気分は高揚していた。膨大な資料を検証して、「慎重な調査」に対する皇太子妃側の見解をまとめた文書が作成された。後に印刷されて一〇〇頁をはるかに超えるこの長文の文書は、一〇月二日付けで国王に送られた。これは妃の名前になっているが、実際はパーシヴァルの手になるもので、妃は彼の要望に応え事実関係についての詳細なメモをつくって彼に渡していた。その文書では皇太子妃と紳士たちとの交友関係、とくにスミス、マンビィ、ローレンス、フッドとの関係について事実の詳細な説明、弁明がなされており、自由を誇れる国であるイギリスがいまやもっとも「恥ずべき陰謀の劇場」になっていることに憤りも示していた(29)。パーシヴァルはその後〇九年には首相に就任するが、一二年五月一一日庶民院のロビーにおいて、ナポレオンによる大陸封鎖体制のため仕事がなくなり絶望状態におちいったベリンガムという名の商人によって暗殺された。キャロラインは政権についたパーシヴァルとは距離をおいていたが、頼りになる支援者を失ったのである。

委員会は報告作成後も調査を続けていた。注目されるのは九月下旬になってマンビィ大尉と画家ローレンスに証言を求めたことである。スミスは当時海外勤務中であった。マンビィはビグッドが述べた「別れしなに妃の唇にキスした、妃はハンカチで涙を拭っていた」という証言について、質問を受けた。マンビィはそのような文章は「事実をねじ曲げた下劣な発明」であり「まったく

図32　庶民院のロビーで殺害されたパーシヴァル首相（1812年5月11日）

完全に間違い」だと誓って宣言すると述べ、いかなる場合であっても妃殿下にそのような行為をすることはまったくあり得ない、と答えた。またマンビィが妃の家にしばしば寝泊まりしていたという証言についても、モンターギュ・ハウスやサウスエンド、ラムズゲイト・イースト・クリフの妃の住居で寝泊まりしたことは一度もない、そういった疑念はまったく根拠がない、皇太子妃との間に不適切なことは一切ないと断言した。[30]

キャロライン妃と娘シャーロットの肖像を描いていた画家ローレンスは、その仕事中にモンターギュ・ハウスに寝泊まりし、妃と二人きりで妃の寝室や応接室に居たこともあった、というコールの証言について答えた。〇一年の初めごろその仕事が夜遅くまでかかったので、モンターギュ・ハウスに何度も泊まった。しかしいつも妃の侍女たちと一緒に過ごしており、たまたま短時間妃と二人きりになったことが一度だけあったと記憶している。皇太子妃との間にやましいことは一切ない、と厳粛に宣言する、と。[31]

キャロライン妃にかけられた不義の子と不義密通の疑いは、ようやくいわれなき事実と認められるようになってきたが、ブラウンシュヴァイクでは彼女の肉親に不幸が起こっていた。ナポレオンとの間の〇二年アミアンの和約は長続きせず、〇五年九月にはイギリス、オーストリア、ロシアは合同してフランスとの全面的な戦争に突入した。一〇月に入りナポレオン軍はウルムの会戦でオーストリア軍に大損害を与えて撃破し、陸戦では圧倒的優位に立った。一方同じ一〇月、ネルソン率いるイギリス艦隊はトラファルガル沖海戦でフランス・スペイン連合艦隊を撃破したが、ネルソン自身はこの戦いで戦死し亡骸となって帰国した。翌〇六年八月、プロイセン王フリードリヒ・ヴィルヘルム三世はフランス軍と対決する方針を決め、プロイセン軍の総司令官に妃の父ブラウンシュヴァイク公を任命した。このころ父公爵はキャロラインがイギリスで告発されているという話を聞き、一体どうなっているのかと声を荒げたという。ナポレオン軍の勢いは止まらず、プロイセン軍は一〇月にイエナとアウエルシュタットの戦いで敗れ、公爵も重傷を負って失明し、ブラウンシュヴァイクは占領された。和睦交渉はナポレオン側が公爵にプロイセン軍との決別を迫ったため成立せず、公爵は翌一一月病が悪化して死去した。このとき公爵にはフランス人の女優が付き添っていたというエピソードもある。[32]

行き場を失った公爵夫人オーガスタはスウェーデンに逃れたが、援助を引き受けたイギリスのフリーゲート艦に拾われ、翌〇七年七月弟ジョージ三世とキャロラインを頼ってイギリスに移住する。かつてさほど親密ではなかった母娘がモンターギュ・ハウスでしばらく一緒に暮らすようになった。元来義姉オーガスタとは冷たい間柄だった王妃も、落ちぶれて頼ってきたオーガスタに気を遣い、国王夫妻主催の歓迎会を催した。しかし皇太子は微妙な立場に立たされた。[33] のちに述べるが、公爵を引き継いだ妃の弟フリードリヒ・ヴィルヘルムもイギリスに移って来て、しばらく滞在する。[34]

一〇月初めに自分の無実と名誉回復を訴えた長文の文書を送ったが、それから二ヶ月の間、キャロラインのもとには何の反応も届かなかった。一つには長文の文書が本人の自筆ではなく、彼女の顧問（彼女は counsel と呼んでいる）によるあまりにも論旨明快なみごとな文章であったため、当局は本人の手紙を待っていたのかもしれない。彼女は九週間たった一二月八日国王宛に手紙を書いた。その手紙では、さきに送った長文の文書を受け取ったという連絡は顧問に届いているが、これまで何の見解も伝わってこない、私の敵たちの悪意に満ちた中傷は調査によって完全に正体を見破られたので、無実であると確信している。国王のご英断を期待したい、陛下の足下に跪きます、と述べた。[35] 決着は年を越すことになった。ホイッグ内閣はこのような問題にはかかわらないとしながら、〇七年一月二五日の閣議録で皇太子妃には今後の生活を慎重にとだけ見解を述べた。[36] その後国王は妃宛てに手紙を送り、委員会の報告と妃の法律顧問による文書を検証した結果、妃が妊娠し子どもを産んだというダグラス夫人の証言は間違いであると確認した、その他交友関係について、皇太子妃という高い地位にふさわしい行動を心がけてほしい、と述べていた。[37]

ダグラス夫人はキャロラインを陥れるため誇大に嘘をついたことは間違いない。夫人は上流志向が強い女性だったとみられ、おそらくキャロライン妃と張り合っていたに違いないのである。ダグラス夫人の告発が根拠のないものであることは明らかになったが、事態はまだ落着しなかった。キャロラインは一月二九日いまの麻疹が治ったら来週月曜日に国王にお目にかかりたいのでウィンザーに出向きたい、と申し出ると[38]、国王から折り返し待っているとの返事がきた。ところが二月一〇日付けで国王から手紙があり、皇太子が関係資料を顧問弁護士に渡していま検討しており、この問題で先に進めないでほしいと言ってきたので、面会の日取りは決められない、と取り消してきたのである[39]。ライダー議員が語るところでは、皇太子は「別居でなければ離婚を主張していた」といい、今後キャロラインを宮廷には入れない、と言っていた[40]。折り返し妃は委員会の審議は終わりすでに無実は証明されているのに、さらに皇太子の顧問弁護士の審議を待つというのは耐えられない、と国王に手紙を書いた[41]。彼女はパーシヴァルら顧問たちと相談の末、二月一六日に国王宛に長文の手紙を書き、自分の無実と名誉をまもるための残された道は、一連の資料をすべて公刊すること以外にないと考える、と決心を述べた。パーシヴァルも資料の公刊に積極的であり、彼らの後ろ盾を得てキャロラインは気丈になっていたのである[42]。それはやがて“Book”という書名で印刷されたが、この時点では公刊されなかった。国王は王室内のトラブルを公にさらすことに強く反発しており、皇太子は有力な顧問に支えられたキャロラインの決断にあわてて公刊に反対し、パーシヴァルの政界の友人たちも公刊をためらったからである[43]。

ただし国王は王室内のトラブルとみなしていたが、国王自身が大法官を含む四人の閣僚による委員会を設置し調査を命じたことによって、すでに公的な事柄になっており、公衆の目にさらすのは避けられない事態になっていた。国王はそれを無視して事実を闇に葬ろうとしていたのである。この調査資料はパーシヴァルの編集により彼の死後一八一三年に初めて公刊された（書名は本書末尾の参考文献欄を参照）。また後に譲るが同年の庶民院において支援者ホイットブレッドらによって資料の一部が公表され、熱っぽい議論がなされることになる。

グレンヴィル内閣は〇七年三月に国王と対立して辞職し、ポートランド内閣に代わった。前内閣とは異なり、新内閣にはキャニングをはじめキャロラインに親近感をもつ閣僚が含まれていた。皇太子妃にかかわる問題を円満に解決しようと考える国王は、新内閣に慎重な調査に関する資料を直ちに吟味し見解を示すよう要請した。内閣は四月二一日、その検証結果を次のような閣議録で発表した。皇太子妃にかけられた二つの問責事項のうち彼女の妊娠と出産は完全に事実でないことが証明された。また非難の焦点になった彼女のそのほかの行為については十分納得できる反証がなされており、述べられた証言は信用に値しない。現在皇太子妃は王宮と王室への立ち入りを禁じられているが、妃に対する嫌疑は晴れたのだから、すみやかにその禁を解き、彼女の地位にふさわしい形で王宮と王族に迎え入れられるべきである、と述べていた。[44] 慎重な調査とその成り行きはすでに新聞に報じられ、一般市民の間で興奮が起こっていた。五月にキャロラインがオペラ観賞に行ったとき、劇場周辺は大騒ぎになり、群衆が妃を拍手喝采して迎えた。[45]

一方委員会資料と報告を手にした皇太子は閣議の決定を受けた後、五月初め国王宛に長文の文書を送り、キャロラインをすみやかに王室に迎え入れるべきだという内閣の方針と国王からのカールトン・ハウスの妃の居室を復活させよという要請について、考慮する意向を示した。調査の結果が一般市民に知られるようになると、キャロラインを排除したまま放置している皇太子への非難が高まっていた。またフィッツハーバート夫人への風当たりも強くなり、彼女は表に出るのを控えるようになり、養女にしたミニー・セイモア（一七九八年生まれ）の養育に力を注ぐようになった。[46] カールトン・ハウス及びシャーロットが住むウォーリック・ハウスへの立ち入りを禁じられていた皇太子妃は、六月一一日に久しぶりに王室に迎えられた。こうした状況に押され、皇太子はカールトン・ハウスに代わる皇太子妃の住居として、かつてジョージ二世妃アンスパッハのキャロラインが住んでいたケンジントン・パレスの北東部の一画を提案した。この一画には寝室のほか、二つの応接室、食堂、庭を見渡せる回廊があり、改装が行われて翌八年春からキャロラインの市中の住居となった。妃はこの由緒ある住居において枢密院議官で海洋法学者サー・ウィリアム・スコット、さきのグレンヴィル内閣で閣僚を務めたウィリアム・ウィンダムなどトーリの政治家や有力者と知り合い、ある日には庶民院に出かけて議事を長時間傍聴した。

またウィリアム・ゲル、ケッペル・クレイヴン、アントニー・セント・レジャーが廷臣として仕え、侍女にはシェフィールド伯爵夫人、グレンバーヴィー夫人およびリンゼイという三姉妹（ノース元首相の娘）が揃うことになった。ここでシャーロットと定期的に会うこともできた[47]。一方、出自が明白になった「不幸な子ども」オースティンについて、国王と皇太子は一致して、シャーロットがモンターギュ・ハウスを訪ねたとき、オースティンとは会わせない、という方針を決めた[48]。

キャロラインは「喜劇がやっと終わり幕が下りた」と述べたというが、「喜劇」と呼ぶのはたとえユーモアであるにしても、甘すぎる認識であったといえる。確かに一般公衆は彼女のオペラ観賞の際に示したように「虐げられた皇太子妃」に同情し、エールを送った。〇七年六月四日の国王六九歳の誕生日の祝賀会には皇太子妃も招かれ、彼女も王族の一員になったことを喜んだが、このとき皇太子夫妻はまったく言葉を交わさず、二人揃って出てきたときもお互いにそっぽを向いていたという[49]。皇太子妃によると夫妻が顔をそろえたのはこれが最後の機会となった。彼女に親愛の情をもってきた国王も資料公刊の動きをきっかけに親密さは表面的なものになり、「御しがたい嫁（姪）」という印象をもつようになった。彼女の支援者はパーシヴァルらトーリの政治家、それに一般市民たちであった。夫皇太子は一層かたくなになり、王妃と義妹たちもより冷ややかになった。皇太子はこの時期から一歩身を引くようになったフィッツハーバート夫人一筋ではなくなり、メイヤーという名のコールガールともかかわり、またウェイマスのまかない屋の女性を妊娠させたといわれ、皇太子としての名誉が問われかねない状況であった[50]。さらにこのころから皇太子はハートフォード侯爵夫人イザベラに熱を上げ、マンチェスター・スクエアにある彼女の邸に再々訪ねるようになっていた。同夫人は皇太子より三歳年長ですでに孫がある知的で魅力的な女性であり、皇太子はかなり高齢の夫侯爵を副侍従に就かせていた。彼女はかつてのジャージー夫人のような存在になったわけである。翌一〇年にはフィッツハーバート夫人に代わってレイディ・ハートフォードが愛人の位置を占めることになる[51]。

4　摂政時代に入る——皇太子の「最愛の妻」去る

キャロラインの母オーガスタが娘と同居していた〇七年七月から一ヶ月半の間に、国王夫妻をはじめ王族や閣僚、あるいは孫のシャーロットが代わる代わる訪れ、モンターギュ・ハウスは賑わったが、皇太子は訪ねることができなかった。王妃や妹たちも行かないように進言していた(52)。九月に入って母はモンターギュ・ハウスに隣接するチェスターフィールド・ハウス（ブランズウィック・ハウスに改称した）に移り、母娘がお互いの家で交互に夕食をとるようにした。母は新しい家に弟ジョージ三世を招き、ドイツ風の晩餐でもてなした。一方大陸では皇帝ナポレオンの勢威は拡大し、同年六月に東プロイセンでロシア・プロイセン連合軍を破り、七月にはロシア皇帝アレクサンドル一世とティルジットで和約を結んだ。二日後にプロイセン王国もフランスと講和を結び、その領土からワルシャワ大公国とウェストファーレン王国が分断され、プロイセンは領土の大半を失った。またロシア、プロイセンはともにフランスと同盟してイギリスに対抗することになった。この戦争の過程でハノーヴァーもプロイセンに占領され、ハノーヴァーの閣僚ミュンスター伯もイギリスに亡命してきた。

キャロラインの弟ヴィルヘルム公爵はなおブラウンシュヴァイクで頑張りつづけ、〇九年四月に父を弔う黒服の「どくろ騎士兵団」を結成して反ナポレオンに立ち上がり、六月にはザクセン王国に進軍してライプツィヒを占領したが、優勢なフランス軍の反撃を受けオーストリア軍の方へ退却した。彼は「黒公爵」（Black Duke）のあだ名を贈られていた。オーストリア軍は七月ワグナムで敗れて降伏したけれども、彼は従わずに兵団は北ドイツの海岸まで行軍し、そこで彼と彼の軍勢一六〇〇人はイギリス艦隊に救出され、八月にイギリスへ移ってきた。彼は最初は母が居るブランズウィック・ハウスに逗留したが、まもなく市中ヴォークスホールのベルモント・ハウスに移った。彼は翌一〇年春にはイギリス軍に加わり、イベリア半島におけるフランス軍との戦いで活躍した。

図33　摂政の新しい愛人ハートフォード侯爵夫人イザベラ

ナポレオンの勢力が衰えた一三年にはブラウンシュヴァイクに復帰し、ウィーン会議において公国は承認された。しかし一五年には再び復活したナポレオン軍の攻撃を受け、勇敢だった公爵もカトル・ブラの戦いで六月一六日に戦死した。母オーガスタはブランズウィック・ハウスを息子公爵の子に遺贈するという遺言を書き、自分は一〇年一〇月に市中のハノーヴァー・スクエアにあるパーマストン卿宅の部屋を借りて移っていった[53]。のちにもふれるが、母はこの部屋で一三年三月二三日、七八歳の生涯を閉じた。

ジョージ三世にとって、末娘アミーリアが重い病に伏し一八一〇年一一月に他界したのは耐えがたい衝撃となり、病に伏すようになった。二七歳のアミーリアは内密で国王の侍従フィズロイ将軍と婚約しており、この少し前に国王に告白した。王室婚姻法は王女たちにも重くのしかかっており、アミーリアが罪の意識に深く苛まれていたことが、その死を早めたようであった。彼女に対し摂政は自分が即位したら結婚を認めると言っていたという[54]。年末になると国王の回復には悲観的な診断が出るようになり、首相パーシヴァルは議会の開会式も近づいており、皇太子に摂政就任の覚悟を促していた。一一年二月五日、枢密院議官全員、カンタベリ大主教、大法官、ヨーク大主教らが出席し、カールトン・ハウスで皇太子ジョージの摂政就任式が行われた。賑々しい摂政祝賀の祝宴がカールトン・ハウスで催されたのは、さきに述べたように六月一九日であった。祝宴はフィッツハーバート夫人に決定的な悲哀を味わわせる出来事になった。彼女はすでに〇九年に皇太子からのブライトンへの誘いを断り、皇太子と距離をおいていたが、彼女は招待状を受けとった。今回は出席するつもりで宮廷の知り合いを通じて参会者の状況を尋ねてみると、摂政やのちのフランス王ルイ一八世をはじめ名士が座るテーブルにはハートフォード夫妻が着くことになっており、フィッツハーバート夫人はその他大勢と一緒だということがわかった。彼女は摂政にそれを確認すると、あなたの席はないという冷たい返答だった。結局彼女は姿を見せず、二人はまもなく決別する。(55)女性遍歴を重ねてきたジョージにとって、フィッツハーバート夫人は一時期「最愛の妻」「真の妻」ではあったが、結局のところ「永遠の妻」ではなかったのである。

摂政に就任し王位に近づいた皇太子はキャロライン妃をどのように処遇する考えをもっていたのだろうか。グレンバーヴィーは一一年一月六日の日誌のなかで、妻の妹で妃の侍女シャーロット・リンゼイが聞いた話として次のように記している。「皇太子は自分が王位を継いだなら、皇太子妃には王妃の冠はけっして授けない、それゆえ王妃として接見することはけっしてないと決定し、それを宣言した。(56)」意固地になった皇太子がキャロラインを王妃から外す方針を決めていたことを示しており、皇太子妃に深刻な問題を突きつけていたのである。しかし国王戴冠式に出席させないあるいは王妃の戴冠を行わない形で、公式には認めないとしても、公式な妻であり次期王位継承権者シャーロットの母親である彼女を、一般国民、民衆、あるいは議会の多数は「王妃」として実質的に認めるに違いないだろう。

王族の間では摂政（皇太子）だけでなく、その弟、妹たちにもスキャンダルが広がっていた。かつて理解者として親しくしていた義弟カンバーランド公は「慎重な調査」の後、娘シャーロットがモンターギュ・ハウスに来たときはオースティンをこの家に入れないように、とキャロラインに強く忠告した。妃はこれに反発し彼に厳しい手紙を書き、二人は対立状態になった。仲違いした妃は、のちに控えの間においていた義弟の胸像を壊してしまった。(57)アミーリアより上の義妹ソフィアはガース中将と深い仲になり、〇二年に秘かに男児を産み、ガースもその男児を認知していた。ところがこの男児の実の父親は実兄カンバーランド公だという驚くべき話を妃はケント公から聞いた。さらにその上のエリザベス妃もカーペンター将軍の息子カーペンター氏の子どもを産んだという話があった。この話を妃に語ってくれたのは信頼する侍女へイマン嬢であるが、やや謎に包まれている。(58)エリザベスはのちにヘッセン＝ホムブルク方伯フリードリヒと結婚する。

5　キャロライン妃とホイッグ

キャロラインは有力な顧問トーリのパーシヴァルが○九年一〇月に首相に就任したため、二人の間はこれまでより疎遠になり、代わりの相談役が必要になった。パーシヴァルが一二年五月に暗殺された後、六月から以後一六年に及ぶリヴァプール伯（一七七〇－一八二八）によるトーリ政府の時代が始まる。リヴァプールは彼女にとって御しがたい政治家であった。彼女はケンジントン・パレスに住むことが多くなり、この時期に新たに頼りになる侍女としてグレンバーヴィー、リンゼイ姉妹のほか、第五代アーガイル公の娘レイディ・シャーロット・キャムベル、ハミルトン公の妹レイディ・アン・ハミルトン、及びメアリ・ベリ嬢が入れ替わりに彼女を支えた。グレンバーヴィーとリンゼイの父はかつての首相ノース（のちギルフォード二代伯）であり、政界にも知り合いが多かった。[59]リンゼイを通じて妃と知り合い、新しい相談役・法律顧問になるのがホイッグ議員ヘンリ・ブルームであった。ブルームは一時議席を失ったが、ほかにもホイッグ議員サミュエル・ホイットブレッド（一七六四－一八一五）、トマス・クリーヴィ、あるいはチャールズ・グレイ伯が彼女の熱心な支援者となった。元首相のグレンヴィル卿も彼女を取り巻く支援者の一人となった。[60]摂政がトーリと手を結ぶようになり、キャロラインがホイッグと結びつく構図に変ったのである。

ホイットブレッドら親キャロライン派の議員たちはキャロラインがおかれた不遇な状態をなんとか改善できないかと動き始める。この時期に彼女の家計の赤字＝借金は四万ポンドを超えていた。一三年二月一〇日の『モーニング・クロニクル』紙上に、摂政に宛てたキャロラインの手紙が掲載され、にわかに人びとの関心を呼び覚ました。手紙の主旨は、自分と王位継承権者である愛する娘との間がますます遠ざけられた現状に強い不満を述べ、娘が自由で寛大な国民に愛される徳性高い立憲君主に成長していくよう配慮してほしい、というものだった。しかしこの手紙はいきなり新聞に持ち込まれたのではなく、最初一月一四日に侍女キャムベルの手でリヴァプールとエルドンを通じて摂政宛てに届けられたものであった。翌日リヴァプールは手紙を未開封のまま送り返した。キャロラインは一六日この手紙を再びリヴァプール宛てに送った。今度は何の返事もなかったので、一九日に新たな手紙を送ったが、なしのつぶてであった。さらになぜ返事がいただけないのかと二五日に手紙を送った。摂政は二〇日に手紙を読んだといわれるが、返事を書く気はなかった。こうして最初の手紙が支援者の働きかけで新聞に載ることになったのである。[61] 記事になった妃の手紙を受けて改革派議員フランシス・バーデットは、もし現摂政が死亡するか、（現国王のように）不能力になった場合、代わりはどう対応するのか、という問題を庶民院で提起した。この問題は取り下げられたが[62]。

摂政は手紙には答えずに、直ちにその内容を検討し報告書にまとめるよう枢密院に諮問した。枢密院議官二三人は二月一九日から検討に入り、二三日には見解をまとめた。その報告では、シャーロット妃に関することは国の重要な関心事であり、家族の一員でありかつ王室の一員という性格をもつ妃の安寧と幸福のために、皇太子妃とシャーロット妃の接触は今後も制限されるべきである、と摂政の意向に添った報告をした[63]。権力の座についた摂政は一段と力強くなっていたのである。キャロライン妃はこの報告の写しを議官の一人シドマス子爵から届けられた。それを受けて彼女は三月一日付けで庶民院議長宛に手紙を送り、自分をシャーロット妃から遠ざけることの報告がどのような証拠、資料に基づいて作成されたのか、その資料を精査してほしい、私がこの国に来て以来のあらゆる行動について、議会の叡智と正義にかけて徹底的に調査してほしい、それに基づき私が無実なのかそれとも罪人なのかをはっきりさせてほしい、と要請したのである[64]。キャロラインの一連の行動は、支援者のホイッグ派議員ホイットブレッドらの理解と支持を得たものであった。

議長が三月二日の議会で手紙を読み上げると、ただちに支援者のホイットブレッドが立ち、皇太子妃の問題を

図34　ホイッグ議員サミュエル・ホイットブレッド

真剣に考慮すべきだと主張した。だが枢密院議官の一人カースルリー外相（ロバート・スチュアート）がいま議論すべき問題ではないと答え、ひとまず預かりとなった。[65] ところがこの手紙が新聞に報道され、議会がどのように取り上げ討議するかが公衆の関心の的になった。四日には「途方もない数の群衆が議院前の通りに集まり」、午後五時には建物内部の通路まで押し入ってきた。議会では会議の延期が提案されたが、否決され、討議に入った。通路の群衆を排除せよという意見が出たが、議論は群衆の圧力を受けたままで始まり、ホイットブレッドは一八〇六～〇七年に行われた調査、報告書、閣議が示した見解などすべてを公表すべきである、と主張した。これは彼らの予定の行動であり、議会には委員会の報告書、〇七年四月二二日の閣議の見解、皇太子（摂政）宛の皇太子妃の手紙（娘シャーロットとの面会が極度に制限されていることへの不満を含む）などが提出され、討議資料として印刷されることになった。[66] なおこの資料の一部はアッシュが公刊した『ブックの精神』（一八一一年）で紹介されていた。

庶民院における討議は三月一五日、一七日、二二日、二三日、二四日と引き続き延々と行われた。討議は妃の支援者ホイットブレッドがリードする形で進行し、その主要な論点は「慎重な調査」によって確認された皇太子妃の無実をこの議会でも確認せよ、必要ならばダグラス夫人などを招いて議会でも調査せよ、ということであった。偽証者とみなされたダグラス夫人から汚名をそそごうとする請願書も届いた。皇太子妃側に立ったのは妃とは直接かかわりがないコクラン・ジョンストンらと、キャニングであったが、摂政側のカースルリーは、「皇太子妃を弁護するという仮面をかぶって、摂政殿下に対して個人的な、不適切な、自由に背く、不公平な、かつ議会主義から外れた攻撃をしかけている」とやりかえした。[67] その討議に関連して二二日には貴族院においても親キャロラインのエレンバラ卿（枢密院議官）が妃を擁護する発言を行い、同じ議官アースカイン、グレンヴィル、スペンサーらが答えるひと幕もあった。(68) こうした議会の討議とそれが新聞に報道されて広く国民に知れわたり、キャロライン妃への国民的同情と支援の機運は高まったが、彼女がおかれた状況にはとくに変化はなかった。一方、問題のシャーロットの縁談は進行しつつあったが、この件については次章に譲る。

大陸の戦争は一三年一〇月のライプツィヒの会戦でナポレオン軍が大敗をきっし、翌一四年三月にはパリも占領され、四月にナポレオンは退位してエルバ島に配流された。ヨーロッパにようやく平和がよみがえったのである。皇太子妃の弟ヴィルヘルムは故郷に帰りブラウンシュヴァイクの再建にとりかかった。摂政は連合国側の勝利を記念して、六月にともに戦った列国の指導者をロンドンに招き祝賀会を催した。ロシア皇帝アレクサンドル一世、プロイセン王フリードリヒ・ヴィルヘルム三世をはじめオラニエ公父子（公子は後述するようにシャーロットの縁談の相手）、メッテルニヒら多くの政治指導者、軍人、及びその妃や夫人たちがロンドンに集まった。彼らは五月七日に英軍艦でロンドンに到着し、一一日には摂政からオペラに揃って招待された。このオペラにキャロラインも侍女キャムベルらをともなって出かけ、彼女が劇場に入ると人びとは歓声を上げ喝采がつづいた。彼女たちが摂政や客人たちとは反対側のボックスに着くと、反対のボックスの摂政と列国の君主たちが立ち上がり妃の方に頭を下げて挨拶をしたので、妃の側も挨拶を返すという一幕があった。(69) 摂政は列国の指導者に遠い場所から妃を紹介することで体面をつくろったのである。

一四年六月にはこの列国の指導者を一同に集めて戦勝祝賀会、歓迎会が計二回開催された。キャロライン妃はこの祝賀会にシャーロットとともに出席したいと摂政に申し出た。これに対して摂政に代わって王妃が返信を送り、六月に列国の指導者を歓迎する会が二回催され公開されるが、摂政が出席するので皇太子妃はこの応接室へ立ち入ることはできない、また「確固とした不変の決定として、摂政は公的、私的を問わずいかなる場合であれ皇太子妃とは会わないことに決めている」と伝えてきた。皇太子妃と王妃との間に書簡の往復が数回あったが、事態は変わらなかった。しかし庶民院では六月一日メスエンが、皇太子妃の応接室への立ち入りを禁ずるよう摂政殿下にアドヴァイスしたのは誰かを明らかにすべきだと主張し、その訴えを摂政殿下に届けると主張した。一連の書簡がホイットブレッドやメスエンらの助言を受けて皇太子妃から庶民院議長に届けられ、同三日の庶民院の討議のなかで公表され、討議の記事が新聞にも掲載されたため、またもや皇太子妃への不当な処遇が国民的注目を浴び、摂政に対する世論の風当たりはますます強くなった。(70)

事態が動かないため、ホイットブレッドらは新たに皇太子妃の処遇を改善し、慢性化している妃の家計を改善するため、現在の年額三万五〇〇〇ポンドの供与を五万ポンドに引き上げることを強力に提案した。摂政殿下もこの増額には反対でないと政府側のカースルリーも認め、増額案は七月四日に庶民院において満場一致で了承され、法案作成にかかった。ところが翌五日、増額を決められた庶民院には深く感謝するが、厳しい現状から国民の負担のことを考え合わせて、増額は辞退し従来通り三万五〇〇〇ポンドを受け取るという妃の書簡が議長に届けられた。そのため妃への年金法案は空転する形になった。(71)

金銭を支出することを除いて、キャロラインを皇太子妃として扱うのを拒否する摂政側の態度はますます意固地になっていた。七月二一日の庶民院ではティアニー議員が「皇太子と皇太子妃が同室で会えないというのは重大な問題とは言えないが、国王と王妃が同じ王座に並んで座れないというのはもっとも大きな災厄である」とあえて明言した。(72)悪循環が繰り返されるだけで時は流れた。キャロラインの身辺でも実母は前年ロンドンで他界し、弟は復活したブラウンシュヴァイクに帰っていた。キャロラインはすでにこの時期にはイギリス王室への希望を失っており、シャーロットの将来も考慮に入れて、ヨーロッパの平和到来を機にブラウンシュヴァイクを足場に大陸へ向けて出国することを考えていたのである。

第五章　薄命の皇女シャーロット――その結婚と夭折

1　シャーロットの急逝

本章では摂政ジョージとキャロライン妃のひとり娘シャーロットに焦点を合わせ、彼女の結婚問題、レーオポルトとの幸せな結婚とその後に起こった予期せぬ夭折について、また彼女への追悼と顕彰の国民的動きについて述べていきたい。世継ぎの皇女シャーロット・オーガスタは一八一七年一一月五日午後六時、四〇時間を超える苦しい陣痛の末に男児を死産したが、その夜半に母体の容態は急変し、六日早暁に忽然として二一歳の生涯を閉じた。一〇月九日に出産はあと九日か一〇日後と発表されており、予定日を過ぎて男児は成長し過ぎていたのである。産後のシャーロットはひとまず平静に見え、カンフル剤の甘い水薬を飲み、ベッドに座ってトーストとチキン・スープをとったほどであった。リチャード・クロフト、ストックマーの両医師はしばし安堵したが、それもつかの間、彼女は夜半過ぎにひどい吐き気、胸の痛み、悪寒に襲われ、鼓動がたちまち不規則になり、夫と医師たちが見守るなか午前二時半過ぎに不帰の人となった。(1)　結婚当初から摂政ジョージに冷たい仕打ちを受けて「虐げられた」母親キャロラインは、出国して当時はイタリアのペーザロに滞在していた。すでに述べたように彼女は母から引き離され、父からは母との関係でしばしば冷たく当たられることがあったが、前年五月理想と思われた夫レーオポルト（ザクス＝コーブルク公の三男、のち一八三一年よりベルギー王、一七九〇-一八六五）と結ばれて幸運をつかんでいた。

シャーロットは「イングランドの娘」と呼ばれ、王室にとって救世主になるのではないかと期待されていた。桂冠詩人ロバート・サウジー（一七七四-一八四三）はシャーロットの結婚を称えた詩の一節で次のように詠んでいた。

あらゆる住宅でそなたは力強く祝福されている
見晴るかすすべてのところで祝福されている
東の端から西の端までそなたは愛されるだろう
日の光がとどく所すべてに幸せをもたらしてくれるであろうから
そしてゆくゆくは、シャーロットの名声は
かの偉大なエリザ［エリザベス一世］の黄金の名前を凌ぐようになるだろう(2)

異常に陥っていたジョージ三世は七年前から隔離状態にあり、シャーロットの父摂政ジョージの弟六人も、次弟のヨーク公フレデリックを除いてまだ公式な妃がなく、乱れた私生活とスキャンダルと浪費で国民的支持を失っていた。彼女の祖父ジョージ三世は確かに政治的には改革に反対してきた保守主義者であり、大権を行使して二四歳のピットを首相に就けたこともあった。他方すでに述べたように摂政はかつてホイッグ改革派と親しい関係にあり、改革の進展を期待することも可能であった。ナポレオン戦争後、議会改革を求める国民的運動が高まっており、改革の推進は確かに差し迫った課題となっていた。しかし議会をいらだたせ国民的不信をいやが上にも高めたのは、「ペル・メルの豚」とあけすけに悪罵された希代の伊達男摂政ジョージの並はずれた浪費癖と膨大な負債であり、また果てしない女性スキャンダルであった。国民の多くが「虐げられた」キャロライン妃に心を寄せていたなかで、幸せな結婚生活に入った世継ぎの皇女シャーロットは、暗雲が立ちこめていたイギリス王室にとって期待の星とみなされた。一八一六年五月に結婚した二人はサリー州のクレアモント・ハウスに居を構え、世継ぎの王子の誕生を目前に控えて、彼女個人としても、不安のなかにも幸せの絶頂にあったはずである。(3) 彼女の急逝は、王子の死産と重なり、王族はもちろん政府、国民一般にも、まったく予期していなかった二重の衝撃を与えた。

シャーロットの訃報に接したロンドン市長は、セント・ポール大聖堂の鐘を打ち鳴らさせ、直ちに市上級議員の臨時会議を招集して、迫っていた恒例の市長就任祝賀行事の準備中止を決定し、市内の多くの劇場や商店は扉を閉ざした。紋章院総裁は七日、シャーロットへの国民的哀悼は九日(日曜)から始めると公表した。九日はウェストミンスター・アビーをはじめロンドン市内各地の教会でシャーロット追悼の祈りが捧げられた。衝撃は地方へも電撃のように広がり、国民を哀悼の渦に巻き込んだ。例えばブリストルやドーヴァーでは追悼する群衆が各地で集まり、劇場など娯楽施設は扉を閉じた。ニューカースルでは教会の鐘が一時間も鳴り響き、ポーツマスの軍楽隊からケインブリッジの教会のオルガンまで演奏はピタリと鳴りやんだ。カンタベリ、ベリ、マンチェスター、リヴァプールの諸都市でも公的行事はすべて中止され、商店、劇場も閉鎖された。待ち望まれていた慶びのニュースの予期せぬ二重の暗転に、市民たちは呆然としていた。(4)

一一月七日付け『タイムズ』の社説は、「悲嘆にくれた心情とその表現が、これほど強烈にあらゆる人びとに広がった経験はいままでまったくなかった。……これほど衝撃的に広がったことは記憶にない」と明言し、(5) 母キャロラインの法律顧問ブルームは「深い悲しみと大きな失望感」について、「まさにイギリス中のすべての家庭で最愛の子を失ったかのような状況であった」と備忘録に書き記した。レーオポルトがロシア軍傘下にいた関係から、夫妻と親しかったロシア大使夫人ドロテーア・レーヴンも、「国民や家族の歴史においてこれほど心から

図35　正装したレーオポルト（ローレンス画）

の哀惜の念を起こさせた出来事は見いだせない。街頭ではあらゆる階級の人びとが涙を流し、教会は追悼の人で満ちあふれ、多くの商店は二週間もの間店を閉ざし、上下を問わずあらゆる人びとが絶望状態におちいった」と述べた。ウェリントン公もまた、シャーロットの友人であった姪に「彼女の死はこの国にとってこれまでまったくなかった大きな不幸だ」と語った。[6]『タイムズ』は続報で、イギリスの追悼の動きを好意的に紹介したパリの新聞記事を載せ、さらに「わが妃の死去を悼む心情は日増しに大きく人びとの心を支配しつつある」と述べ、「国王や女王はその権力を正当かつ誠実に行使して社会に幸福を広げることにある」が、彼女の死がとくに悼まれるのはその模範とすべき家庭生活にあった、と論じた。[7]

シャーロットの葬儀は一一月一九日、ウィンザーのセント・ジョージ礼拝堂で執り行われた。彼女とその死児の遺体をおさめた棺は一八日、二台の霊柩馬車でクレアモント・ハウスからウィンザーへ夜を徹して運ばれ、午前二時現地に到着した。死児の遺体は直接礼拝堂へ、シャーロットの遺体はひとまず彼女の居室があったラワー・ロッジに安置された。翌朝、多くの市民たちが棺の一般公開につめかけたが、安置された部屋が狭かったため人びとの不満をかった。王室の慣例に則り夜八時半、荘重な葬列行進はラワー・ロッジからセント・ジョージ礼拝堂に進み、レーオポルト公子を喪主に、カンタベリ大主教、叔父のヨーク公、クラレンス公をはじめ、首相リヴァプール卿、国璽尚書、枢密院長ほか官職保持者、貴族など多数が参列して葬儀が執り行われた。[8]だが祖母王妃シャーロット（翌年死去）はバースで保養中、父摂政もロンドンから動かなかった。「虐げられた」母ははるかイタリアであった。父はシャーロットの予期せぬ死の直後（八日）に、産科主治医クロフトに対しその献身的な奉仕に感謝の言葉を伝えた。しかし分娩の際の措置は適切であったのか、人工的措置を講ずべきではなかったかという世間の声は高く、責任感にさいなまれた五六歳のクロフトは、三ヶ月後の翌年二月一三日にピストル自殺した[9]。悲劇は重ねられたのである。

だが、シャーロットの死がこれほど惜しまれ、悲しまれ、追悼の渦を巻き起こしたのは、若くして夫婦の模範を示した魅力的で無垢な王位継承予定者が、その嗣子とともに夭折したことのみによるとは言えないであろう。皇太子・摂政ジョージの度重なる不行跡がすでに国民の不信を募らせていた。その上シャーロットを失った後の次期王位継承候補者、すなわち父摂政の弟ヨーク公をはじめクラレンス公、ケント公、カンバーランド公にはまったく嗣子がなく、また彼らの不行跡と不品行もまさに周知の状況にあり、崇敬しがたい王位の継続が予想される事態に国民は深く失望・慨嘆したに違いない。また多くの国民は、すでに述べたような夫の冷たい仕打ちを受け、王室に安住の場を失い大陸に出奔してしまった母キャロラインの悲運と重ね合わせ、二重の悲劇と受け止めたに違いない。さらにナポレオン戦争後の深刻な不況下にあって、一八一六〜一八一七年には議会改革を要求する急進主義運動が高まりつつあった。当局はそれに過剰に反応して厳しい弾圧・極刑で対峙し、一八一七年に仕事にありつけない労働者たちがイングランド中北部で一連の「革命的行動」を起こしたとき、その指導者を逮捕し裁判にかけた。ダービィにおける彼ら三人の処刑の日（一一月七日）はシャーロットの死とほぼ重なった。社会に不満を抱く労働者・民衆や急進主義者たちは、このまさしく「労働者・民衆の悲劇」を「シャーロットの悲劇」と結び合わせて捉えることはなかっただろうか。民衆は「シャーロットの悲劇」をどのように受け止めたのであろうか。本章ではこれまでの論述をふまえ、民衆史的視点も加えながら、シャーロット王女の結婚と夭折、その追悼の状況を述べていきたい。

2 シャーロットの青春とキャロライン

一八一一年一月九日、シャーロット一五歳の誕生祝賀会が母の居室ケンジントン・パレスで催された。ウィンザーから駆けつけた本人と母のほかソフィア王女、イギリスに在住する叔父（母の弟）ブラウンシュヴァイク公、ヨーク大主教夫妻をはじめ、侍女レイディ・カーナーヴォン、レイディ・シャーロット・リンゼイなど女性たちが出席した。キャロライン妃の話題の中心は内外の政治情勢にあり、摂政の政府を支持することや親しいキャニングの再登場に期待を寄せていることなどが語られた(10)。

図36　キャロライン妃の侍女シャーロット・キャムベル

思春期に成長したシャーロットが異性に関心を示し始めたのは彼女が一五歳のときである。王位継承権者としての彼女の結婚は政府や国にとっても一大重要事項であることは論を待たない。初恋の相手はこの年夏の休暇でウィンザーに来ていた皇太子連隊の青年将校ジョージ・フィッツ・クラレンスであり、叔父クラレンス公と愛人ジョーダンの息子であった。ウィンザーで出会った彼らは、はらはらする叔母たちの反対を振り切ってグレイト・パークで乗馬を楽しんだりした。しかしこの淡い関係も休暇が終わり、ジョージが原隊に復帰するとともに幕を閉じた。ところがまもなく軽騎兵隊の青年将校チャールズ・ヘスと知り合う。これまた父の次弟ヨーク公の私生児（公妃フレデリカの子どもは早死）であり、小柄ながら社交的で如才なく、魅力に富む青年だった。彼はシャーロットに対して積極的であり、恋文を書いたり小物を贈ったりした。ガヴァネスのレイディ・クリフォードは二人の親密さに気づきながら六週間ほど放置し、その後になってシャーロットに彼と会うのを禁じると申し渡した。シャーロットはそれに反発し反抗したので、ガヴァネスには手に負えなくなり、母キャロラインに援助を求めて連絡してきた。彼女はヘスとシャーロットを彼女の住居ケンジントン・パレスに連れて行き、付き添いなしで二人を会わせ、さらに自分の寝室に二人きりで残すという冒険策を実行したのである。キャロラインらしい危うい策が結果として奏効し、ヘスはポーツマスの彼の隊に帰っていった。その後も二人の文通はつづいたが、再び燃え上がることはなかった。[11]

一八一一年から一四年にかけてキャロラインの侍女をつとめたシャーロット・キャムベル（第五代アーガイル公爵ジョン・キャムベルの娘、一七七五―一八六一）は、キャロラインとシャーロット母娘、及びその老母オーガスタのことを書き残しているが、キャロラインもこの「前世紀の老母」と一緒のときは「ユーモアを失っていた」という。[12]一〇年のキャロライン四二歳の誕生日のこと、キャムベルも含めなじみの人びとが集まり、老母オーガスタと娘シャーロットのほか弟ヴィルヘルム公爵も姿を見せた。キャムベルによると、ヴィルヘルム公は優雅でハンサムと言ってよい男性だが、眉が深くやや陰気な風貌の持ち主であった。陽気なシャーロットが笑うとその声は音楽のように響いた、などと記している。[13]

図37　シャーロット妃の住居ウォーリック・ハウス

一一年九月に孫娘が訪ねてきたとき、老祖母は「あなたは太り過ぎてきている、日焼けしすぎている」などと語りかけ、シャーロットからユーモアに欠けていると評された。その時期には老母の「健康状態はきわめて悪化し正式な晩餐はこの二週間とっていない」状況であり、体力も衰えていた。[14]

シャーロットのレイディ・コムパニオンに指名されたナイト嬢は、一八一三年一月二三日からウォーリック・ハウスで仕事に就いた（第三章3を参照）。シャーロットにとってウィンザーのラワー・ロッジの退屈さにくらべてこの住居の方が恵まれていた。彼女の学習はつづいており、午前一一時から一二時はショート博士による読書指導、一二時からはスイス人教会の牧師スターキィ師からフランス語、その後ドイツ人教師キーパーによるドイツ語の授業があった。ただキーパーはスパイだといって彼女が授業を拒んだことがあった。夕刻には彼女が奏するピアノやギターの音が響いた。二七日にナイトとともにウィンザーに行き、三一日にウォーリック・ハウスに戻り、翌二月一日にはケンジントン・パレスで母皇太子妃による晩餐会にガヴァネスのリーズ伯爵夫人、ナイトとともに出席した。ナイトがはじめて妃に紹介され、妃から抱擁された。顔ぶれは弟公爵、侍女シャーロット・キャムベル、カーナーヴォン、ヘイマン嬢であり、ヨーク公麾下の楽団も来ていた。三日はヨーク公の邸に招かれ、やや手狭な応接室で王妃と王女たちにも会った。次の日にシャーロットは同じようにカンバーランド公邸に招かれ、その翌日二月五日にカールトン・ハウスにおける摂政主催の晩餐会に出た。摂政はこのときナイトに向かって、皇太子妃がシャーロットの世話をしないと非難し彼女の所業をあれこれと批判した。皇太子の方が妃をシャーロットから遠ざけたのが真実であることは広く知られていたにもかかわらず、である。さらに摂政は妃がシャーロットは摂政の子どもではないと脅している、とさえ語ったという。この会はナイトにとっても愉快なものではなく、その夜シャーロットは、摂政からよりも母の方からはるかに親切にしてもらっているのに、二人の不幸な仲違いから母との親密な関係を父から危険視されている、とナイトに不満を語った。シャーロットは母との面会を制限されながらも、王室内で地位を認められつつあったことは疑いない。(15)

皇太子妃の摂政宛の手紙がホイッグ派の『モーニング・クロニクル』に掲載されたのは、カールトン・ハウスの晩餐会の数日後のことであった(第四章5を参照)。それは娘が相応しい社交の場へ参加することを認めず、世間に知られないようにしていること、及び妃が娘と会うのを制限されていること、さらに深刻な問題は妃がその地位を認められていないこと、について強い不満を述べたものであった。この手紙はほぼ一ヶ月前に皇太子妃から摂政宛てに、またその写しをリヴァプール首相へ送られたが、未開封のまま返送されたので、また送ったところ妃からの手紙はいっさい受け取らないというリヴァプールの添え書きをつけて再び返送されてきた結果、新聞に持ち込まれたものであった。さきに述べた二月初めのケンジントン・パレスからカールトン・ハウスへとつづく摂政や叔父たちの歓待ぶりは、この水面下のやりとりに慌てて対応したものであったことは疑いないであろう。しかし手紙が公表され、皇太子妃とシャーロットへの同情と支持が高まり、摂政非難の声が高まると、摂政はシャーロットに対し次の母との面会を取りやめ、母の行動について調査が終わるまで面会を禁止すると指示してきたのである。調査するといっても「慎重な調査」のこと以外には何もなかった。さきに述べたように庶民院においてホイッグ派による皇太子妃を擁護する提案が出て論議が行われていた。かわいそうにシャーロットはあおりを食ってふさぎ込み、どこにも外出せず、リヴァプール夫人が慰めに来て演劇やオペラ鑑賞を勧めてもまったく応じなかった。まだふさぎ込んでいた三月二三日、祖母オーガスタが死去し、彼女は是非死者に会いに行きたいといって騒ぎ立て、ガヴァネスたちに止められた。さきに述べたように、ようやく二五日に摂政からモンターギュ・ハウスの母に会いに行くよう指示があり、翌二六日リーズ公爵夫人とナイトが付き添い母を訪ねたのである。ナイトによるとこの日は「静かで気持ちのよい一日を過ご」すことができ、妃はまたいつ会うことが許されるかわからないので、といって温かく優しかった。(16)

3　シャーロットの縁談と結婚――オラニエ公嗣子とレーオポルト

フランス革命とそれにつづく戦争は世継ぎの皇女シャーロットの縁談にも大きな影響を与える。一七九〇年代には、イギリスは革命のオランダへの浸透を防ぐため、オランダを支援したが、一八一〇年代になると、ナポレオンの脅威に対抗して、オラニエ・ナッソウ家が治めるオランダと南部ベルギーを統合することにより、ネーデルラント連合国を立ち上げる計画が提起され、イギリスはその計画の立役者となっていた。イギリス政府はネーデルラント連合国との同盟の絆を固めるため、同盟条約のほかに王族間の結婚政策を考え始めていた。ここにシャーロットとオラニエ公嗣子との縁談が浮上する。[17]

信頼する相談役エルフィンストーンはすでに一三年二月、この当局お気に入りの計画が急展開する形勢に気づき、シャーロットに注意を促していたが、一七歳の彼女は「ウィンザーと政府の陰謀を歓迎するようなことはいっさいしない」とまずは勇敢であった。[18] 彼女は先に出会った父親のオラニエ公に良い印象をもっていなかった。[19] 彼女より四歳年長のオラニエ家嗣子ウィレムは、当時ウェリントン麾下でイベリア半島のピレネー地域に転戦していたが、一三年八月戦勝の報告にロンドンに急派されてきた。リヴァプール首相主催の晩餐会が催され、シャーロットも招かれたが、オラニエ公父子と出会うのをおそれ、体調不良を理由に欠席した。嗣子はすぐにイベリアへ帰っていった。[20] その後王室侍医ヘンリ・ハルフォードが訪れ、オラニエ公嗣子の長所をシャーロットに長々と説明し、王室と国民を満足させる皇女の花婿候補者はきわめて少ない、と説いた。[21] また摂政も意外に優しく、こちらの意図を強制するつもりはない、そなたに相応しい夫を探したい、大陸にいる立派な青年公子でそなたに会いたいという人があれば招きたい、選ぶのはそなただと語りかけた。[22] シャーロットはエルフィンストーンを通してホイッグ貴族グレイ卿に相談する。グレイは、シャーロット王女の結婚は国と国民にとっても重要な意味をもっており、また摂政には絶大な権力がある、父親には娘の縁談で忠告したり推薦したりする義務があり、二一歳までは親に拒否権がある、だから摂政の意向は尊重すべきであるが、望まない結婚を強制する権力は持っていない、と冷静な一般的見解を述べた。[23]

シャーロットがこの縁談は沙汰やみになったと思っていた矢先、一一月ウィンザーからロンドンに戻ると、再び「ウィンザーですべて約束ができていたにもかかわらず、またも私は苦悩と災いにとりつかれています。今朝、オレンジの激しい攻撃を受けたのです、公子がオランダに帰る途中イギリスに立ち寄るとのこと、父が彼を紹介する大きな晩餐会を催すというので絶対間違いありません」[24]という事態になった。マーサーは彼女のため一二月一〇日に上陸する公子を見るべくプリマスに急行し、公子の容姿を一目見て、ほめ言葉を彼女宛に書いてきた。シャーロットの気持ちもかなり和らいだ。二人を引き合わせる晩餐会が催され、二三歳のウィレム公子は盛装したシャーロットの右隣りに座った。夕食後の歓談中にシャーロットは父から別室に呼ばれた。気持ちを訪ねられ、いやなのかという問いにそうではない、と答えたので、父は承諾したと思いこんだ。翌一二月一二日、摂政は上機嫌で婚約した二人を祝福したが、結婚はネーデルラント連合国の将来の見通しがつくまで待つよう説いた。(25)

公子がオランダに去った後、シャーロットは思い悩んでいた。結婚したらイギリスとオランダの両方に家を構える必要があると公子が語ったからであり、自分はイギリスの世継ぎの妃であり、離れ離れという事態が予想された。キャロラインもオラニエ公子との結婚には反対していた。オランダに住まねばならないとしたら、「虐げられた」母キャロラインはイギリスに留まる理由を失うだろう、父は母をますます遠ざけ離婚を迫り、父が再婚したとすれば新たに王子が生まれ、シャーロットは忘れ去られることになるだろう、国際政治に揺さぶられる父の「操り人形」にはなりたくない、不遇な母を置き去りにしていくことはできない、などと彼女は考えた。(26)

父母の間は、すでに述べたように一三年二月に母の手紙が新聞に掲載され、三月には庶民院で「慎重な調査」の報告書が公表されたことから一段と緊迫化していた。キャロラインにこのような行動を示唆し、長い手紙の原文を用意したのは彼女の支持者ブルームであった。摂政はその手紙を開封せずに返送し、リヴァプール首相も摂政側で画策したが、三月にはそれが議会で公表され、庶民院で白熱した論議が行われた。ホイットブレッドらホイッグを中心に、キャロラインとシャーロットの地位の安泰と平穏な生活を保障すべきだという意見が多かった。キャロライン問題ではホイッグ・改革派が妃を支持し、トーリ・保守派が摂政側につくという構図が生まれていた。議会周辺には摂政を非難し両妃を支持する市民・民衆が集まり気勢を上げた。エルフィンストーンはキャロラインにやや批判的だったが、シャーロットは傷心の母の境遇を思いやりながら、良くも悪しくも彼女は私の母だからと弁護していた。(27)

翌一八一四年四月、ナポレオンは退位しエルバ島に蟄居する。オラニエ公子との婚約は既定のものとなり、結婚後のシャーロットがイギリスに住めるかどうかが焦点となっていた。シャーロット、オラニエ公子、摂政、ナイト嬢、ソールズベリ主教、リヴァプール首相の間で合議の上、国王、あるいは摂政の許可がなければシャーロットは連合王国から離れることはない、許可を得て外国に居住する場合もその期間は限定される、との協約の成立を見た。[28] だがグレイ卿が述べたように、オラニエ公子はシャーロットがイングランドに住めるという保証を与えたわけではなかった。[29] 一方ヨーロッパに平和がよみがえり、同年六月、対ナポレオン戦争を共に戦ったロシアのアレクサンドル一世、プロイセン王フリードリヒ・ヴィルヘルム三世、またメッテルニヒらが、多くの部下や妃たちとともに来英し、摂政は歓迎の祝宴を催した。来客の中にオラニエ公子のほか、ツァーの麾下にあったザクス・コーブルク家のレーオポルトも加わっており、レーオポルトはロシア大使館に近い一室に滞在していた。さらに候補者となるプロイセン王の甥フリードリヒもシャーロットの前に現れ、二人はこの夏に親しく交際する。[30]

他方、やはりネーデルラントとの連帯強化を目論むロシア皇帝と妹のオルデンバラ大公夫人は、彼らの妹アンをオラニエ公子の妃候補と考えており、オラニエ公子とシャーロットの縁談の引き裂きを考えていたようであった。皇帝はホイットブレッドが薦める縁談には乗らないようにとシャーロットに語りかけるなど、的外れの発言もした。[31] 事実二年後の一六年、オラニエ公子はアンと結婚する。

このころからシャーロットの気持ちは大きく変わる。彼女は、自分からオラニエ公子と結婚したいと言いだしたと父が理解しているのは間違いで、自分から言い出したことはまったくない、と父摂政宛に書いた。[32] だがオラニエ公子との縁談にこだわる父との関係は悪くなり、ある朝父は教育係のフィッシャー主教を伴って突然ウォーリック・ハウスに現れ、オラニエ公家との礼譲を尊重し婚約破棄などしないよう説得した。シャーロットは断ったが、祖母王妃はすでに花嫁衣装を調え始めており、それまでにも対話することが多かった叔母メアリから、外国要人が帰国したらすぐオラニエ公一家を招き婚礼を行う予定だと告げてきた。[33] シャーロットは意を決し、六月一六日オラニエ公子宛に、あなたがご自分の国を背負っていく人であることを理解して、私がこちらで位につくときには帰国できる保証があればあなたのご意志に沿いたいと申したが、その後とくに母に関する不測の出来事が起こり、目下イギリスを離れることはできないし、また将来の婚約の履行もできない、この縁談はこれで終わりにしたい、と書き送った。(34)

妻に対する処遇と彼女の不満が庶民院と新聞紙上で大きく公表され、世論の厳しい批判を浴び、群衆から罵倒されるまでに至った摂政は、ここで状況の立て直しを企てる。彼はシャーロットが強情なのは彼女に忠実な侍女たちに責任があるとみなし、侍女の全面入れ替えを計画した。七月一二日夕刻、彼は従者を連れてウォーリック・ハウスに現れ、まず人払いしてシャーロットに侍女の総入れ替えを通告した。さらにカールトン・ハウスに住むのは今後五日間に限る、それ以後はウィンザー・フォレスト中心部にあるクランボーン・ロッジを住居にし、週一度王妃に会う以外には誰とも会ってはならない、と通告した。話を聞いたナイトはシャーロットを落ち着かせようとしたが、興奮は止まらなかった。彼女は急いで着替え飾り帽子をかぶって母の元に駆け出した。チャリング・クロスまでひたすら走り、そこで貸し馬車を雇い母の市中の住居コンノート・ハウスにたどり着いた。キャロライン妃はブラックヒースを引き払いコンノート・ハウスに移るつもりであった。しかし母はブラックヒースの方にいて不在だったため、協力者のホイッグ議員ブルームやホイットブレッドと面会するため議会へ馬車を走らせた。この二人もグレイも不在だったため母の住居にとって返した。エルフィンストーン、ナイトらが後を追いかけて到着。ブルームが駆けつけるとシャーロットは彼に飛びついて両手を握り、「私はいま家出してきた」と語った。その後キャロラインと侍女リンゼイが到着した。シャーロットは一部始終を語り、一同はしばし途方にくれた。(35)

その後摂政が使者を次々と送り込んできた。しかしシャーロットら中のグループは彼らを玄関の間に留め置き、ヨーク公さえ留められた。やがて彼女が信頼するサセックス公が到着しはじめて内に招き入れられた。中で議論

図38 シャーロット妃(リチャード・ウッドマンの画、1816年)

がつづけられ、シャーロットは母と一緒に暮らしたいと粘ったが、彼女が自宅カールトン・ハウスかウォーリック・ハウス以外で一日たりと泊まるべきではない、世継ぎの地位を護るべきだ、というブルームの提案に沿って夜明けにカールトン・ハウスに戻った[36]。やがてシャーロットは新しい侍女を加えてウィンザーのクランボーン・ロッジに移った。

その間母キャロラインが外国へ出ることを知り、八月八日の出国前に母を訪ね一時間ほど話し合って別れを惜しんだ。二度と会えないことを悲しみ、また哀れな母を思いやり深い悲しみに沈んだ[37]。母からオラニエ公子の弟の話が出たが、一度婚約して破棄した人の弟など考えられない、今は結婚のことは考えたくない、と母に書き送った[38]。母の出国に悲しんだが、その秋から翌一五年にかけて彼女を取り巻く状況は明るくなり、父は依然としてオラニエ公子を捨てなかったものの、花婿候補はプロイセン公子フリードリヒ(王弟の子)とレーオポルト(三男)に絞られてきた。彼女は初め前者に傾いていたが、一五年になるとレーオポルトを待つようになった[39]。フリードリヒは一七年アンハルト・ベルンブルクの公女ルイーザと結婚する。摂政もやがて一六年初めにはレーオポルトを候補と考えるようになり、一六年二月、ベルリンにいたレーオポルトを招き、ブライトンのパヴィリオンにシャーロットと王妃及び叔母たち一同が集まり婚約が成立した。「私はコーブルクと一緒になれるのを大変喜んでいます。彼は真に誠実に私を慕ってくれ、私は本当にこの上なく彼に満足しています」と、三月一日付けエルフィンストーン宛ての手紙に書いている[40]。

婚礼は父の病のため一度延期されたが、五月二日、歓迎する群衆が早朝から街頭と周辺を埋め尽くすなか、カールトン・ハウスで執り行われた。新居は郊外サリーのクレアモント・パークの中心に位置する豪壮なクレアモント・ハウスとなり、美しく成長した「イングランドの姫君」が不幸な母に代わって幸せをつかんだ、と多くの国民は二人の結婚を祝福したのである。[41] 五月六日に父摂政の訪問を受けたのち、二人は一六日には市中に出てキャメル・ハウスに逗留して王妃、王族への挨拶をこなし、オペラに出かけて堪能した。六月二三日にコヴェント・ガーデン劇場で『マクベス』を鑑賞したとき、若い二人に気づいた観衆から「ゴッド・セイヴ・ザ・キング」の声があがり、終幕にはカーテンコールがわき上がった。[42] 一六年一二月にはブライトンで過ごした。翌一七年四月三〇日、レーオポルトは一人でカールトン・ハウスに姿を見せ、妻の懐妊を義父に伝えた。[43] 二度の流産をへていただけに、レーオポルトの喜びは一通りではなかった。

図39　クレアモント・ハウスの景観

一七年五月の結婚一周年にはヨーク公夫妻、オーストリア大使、ロシア大使、バイエルン大使、カースルリー夫妻ほかを招き晩餐会とコンサートを行った。エルフィンストーンも招かれていた。その直後に画家ローレンスがシャーロットの肖像を描くため逗留したとき、二人の生活を手紙に書いている。まず二人で朝食をとる、次いでシャーロットはローレンスの前に座り夫は裏庭に出て身体を動かす、ついで彼女は低い二頭立て馬車で周辺を回り夫は付き添って歩く、午後遅く彼女は再びローレンスの前に座り夫は狩りに行く、次いで晩餐とデザートの後二人は揃って応接室へ行き、そこから若々しい二人の歌声が響いてきた。しばらくして他の者も加わりゲームを楽しんだ。クレアモント・ハウスは「調和と平和と愛に包まれていた」のである。レーオポルトも少佐に昇進した。[44]

一方、出国した母キャロラインはブラウンシュヴァイクをへてミラノに到着しコモ湖畔にしばらく落ち着いたが、娘の結婚の時期にはシチリアをへて地中海をわたりイェルサレムまで長期旅行中であり、一六年九月にコモ湖畔に戻った。長期旅行中から侍従・護衛役の元イタリア軍人ペルガミとの親密さが噂になり、シャーロットも深く悩んだ。彼女の手元には、『あるイギリス人旅行者の日誌、皇太子妃の目を見張らせる出来事と挿話』という著者不詳の小冊子が届いていた。その著者は後章で述べる皇太子妃の部屋付き女中として旅に同行していたルイーズ・デュモンであった。[45]

図 40　ボックス席でオペラを観賞するレーオポルトとシャーロット

レーオポルトとシャーロットの夫妻は国民的な人気の的となり、二人がオペラ鑑賞などに姿を見せると、群衆が大歓声をあげた。初々しく清新な王位継承者の幸せに大きな期待が寄せられていたのである。しかし彼女は出産が近づくと、打ち明け相談できる母はなく不安に駆られるようになった。一七年一〇月に書いた「最も親愛なる母」宛の手紙は、将来への不安の言葉が綴られている。「それでも、ああお母さん、私の小心な想像力で不確かな将来のことを思いめぐらすとき——不確かな将来を思いめぐらすとき、希望に満ちあふれているはずの時期に暗い見通しに目をこらすとき、暗い陰が私の勇気を曇らせるのです。……なぜ私は慈愛に満ちた母の優しい声から遠ざけられているのでしょうか。私の母はどうして、未経験で動揺し沈み込んだ娘の心に活気を注ぎ込むことが許されないのでしょうか。私の周りには忠告を与え導いてくれる友も、親族もいないのです。[46]」

ひとり物思いにふけるとき、母から引き裂かれた孤独感にとりつかれ、幸せも消え失せるかのようであった。

この手紙は一ヶ月後の死を予測しているようにさえみえ、シャーロットの死は「虐げられた母」と重なり合うものであった。

一七年一一月の幸せの頂点から、死産にともない突然訪れたシャーロットの早世は、この章の始めに述べたように計り知れない衝撃を与えた。「シャーロット妃とその嗣子の徳性が摂政とその弟たちが犯してきた罪行を帳消しにしてくれるだろう」という、コベットらの期待は破れてしまったのである。(47) 愛人との間の私生児しか子どもがいなかった摂政の「独身」の弟たちは、嗣子を求めてわれ先に「結婚」に突き進んだ。三男クラレンス公(のちウィリアム四世)、四男ケント公、六男ケインブリッジ公の三人が翌一八年、それぞれドイツから妃を迎えたのである。

4 二つの追悼――不況下の民衆運動とその犠牲者

シャーロットが死去し国民的な追悼の渦が巻き起こった一八一七年は、ナポレオン戦争後の不況、失業者増が深刻化し、改善の望みを抱きがたいイングランド中部と北部の労働者層が変革を求めて運動を起こしたときであった。しかしその運動は困窮した労働者自身のみによって起こされたものではなく、仲間に潜入して運動を扇動し、その動きを内務省当局に誇大に伝えていた「オリヴァー」などスパイが深くかかわっていた。なかでも一七年六月の「ペントリッジ革命」の指導者とされ、ダービィの裁判で死刑を宣告され、同一一月七日に処刑されたジェレミア・ブランドレス、アイザック・ラドラム、ウィリアム・ターナーは確かに「オリヴァー」におどらされていた。ターナーは処刑台にのぼったとき、「これはすべてオリヴァーと政府が仕掛けたものだ」と叫んだ。(48)

レイ・ハントが編集する急進誌『エグザミナー』は、シャーロット急逝の報を受けて、一一月九日号の大部分をその追悼と急逝に至る状況の描写に充てたが、翌週号では三人の処刑＝民衆・労働者の悲劇と結び合わせ、「シャーロット妃の逝去とその不当な利用――ダービィにおける悲しむべき処罰」と題して論評した。慕われ期待された妃の死に対して心からの追悼の言葉を惜しむものではないが、そのために「幾百万ものわが同胞がいまおかれている惨めな悲しむべき状態から目をそむけてよいのだろうか」。「平民（plebeian）であれ王子・王女であれ、人間の苦しみは同じではないか」、王子・王女の苦しみを重んじ平民の苦しみを軽んじるのではなく、人類の苦しみは同等でなければならない。ダービィで行われた裁判と処刑が、腐敗した非立憲的な政府によってオリヴァーと結託して企まれたことに強く抗議する、と。しかもシャーロット追悼キャンペーンによって、腐敗した政府が行った労働者・民衆の処刑という現実を覆い隠していると批判した。(49) さらにダービィ裁判の経過と判決を詳細に報じてきたT・J・ウーラー発行のより急進的な『ブラック・ドウォーフ』（*The Black Dwarf*）は次のように論じた。「シャーロット妃の急逝後すぐに、ダービィで絞首刑が行われるという血なまぐさい光景に接するのは、大きな衝撃である。妃の急逝によってすべての業務を休むよう指示されているのに、死刑執行吏だけがその残忍な仕事を遂行するのは義にかなったことなのか。平和産業に用いられる用具はすべて使用休止を命じられているときに、人を殺戮する斧を振り上げるとは。……公式報告によれば、ブランドレスはこの陰謀の発端について何も話していない。そのうえ彼はつぶやいた。〈オリヴァーが私をここに連れてきた。オリヴァーと政府が画策しなかったなら、私はここにはいなかったはずだ〉と。(50)」妃急逝の二日後の死刑執行に強い抗議の声を上げ、労働者・民衆の命が尊重されないことに激しく憤ったのである。

シャーロット追悼のうねりに「水を差す」このような激しい言説はどのようにして生まれたのだろうか。労働者・民衆の運動はどのようにして始まり、また過酷な「弾圧」がいかになされたのかを、若干振り返ってみよう。

戦後の一六年になると、多数の復員兵士も加わって不況は深刻化した。ロンドンでもイーストエンド、テムズ川のドックとその水辺には失業者があふれていたが、ノッティンガムやダービィの靴下メリヤス編業地域、ランカシアの綿工業地域では仕事を求める労働者たちの間に不穏な空気が広がっていた。事態の改善を政治改革に求めるグループはハムプデン・クラブを結成し、「改革の父」カートライトやバーデットを導師と仰いでいた。

小グループの活動の始まりは一八一六年にあったが、翌年に入り一七年三月一〇日、ストックポートとマンチェスターの失業中の織布工たちは、急進派労働者ジョン・バグリ、サミュエル・ドラマンドの呼びかけに応えて、摂政殿下への請願書を携えロンドンへ向けて毛布を羽織り、「飢餓行進」を行った。いわゆる「ブランケッティアズ（Blanketeers）」である。請願書には具体的な要求はなく、綿工業がおかれた窮状の改善を訴えていた。彼らはダービィシアで引き返したが、少なくとも一人エイバル・クッドウェルはロンドンにたどり着き、三月一八日摂政宛の請願書をシドマス内相に渡した。(51) スパイのオリヴァー（本名W・J・リチャード）が内務省に情報を届け始めたのも三月二八日からであった。彼はその後四月～五月、五月下旬から六月にかけてイングランド中部・北部地域を回り、集会に顔を出しては扇動しその情報を内務省に伝えていた。(52)

この一連の運動の頂点になるのは六月九日夜の「ペントリッジ革命」なる出来事である。失業中の元メリヤス編工ジェレミア・ブランドレス（「ノッティンガムの隊長」と自称し、そう呼ばれていた）を指導者として、ペントリッジ（ペントリッチ）の村で二～三〇〇人が矛などの武器を持って蜂起し、ノッティンガムに向けて行進した。彼らの目的はさらに勢力を結集してロンドンに行進し、政府を倒し共和国を樹立するという壮大なものであった。だが降りしきる雨に志気を削がれ、離散者が出始めたところにキンバリーで警戒中の軍隊と出会い、武器を捨てて四散した。これが事実とすれば無謀としか言いようのない事件であるが、オルグとして扇動していたオリヴァーは、各地で人びとが蜂起の準備を整えている、ロンドンでは七万人が蜂起を目指しており、その成否はノッティンガム地域の民衆の結集いかんにかかっている、と煽っていた。(53)

地方とロンドンのこうした「不穏な」状況は議会の秘密委員会で調査され、第一次報告が一七年二月、第二次が同六月に両院に提出された。第一次報告は述べる。一八一六年秋から冬にかけてロンドンのスパフィールズに不穏な群衆がしばしば集結し、差し迫った救済を求め、「普通選挙権と議会の毎年改選による議会改革を要求するだけでなく、現存する制度を全面的に打倒する」と主張している。彼らは「イギリス人よ、武器を取れ」と訴え、テムズ川にかかる橋を壊し、ロンドン塔とイングランド銀行を占拠する、と訴えている。全国津々浦々でロンドンからの蜂起の合図を待っている。ランカシアとノッティンガムシア、ダービィシア、レスターシアが地方の拠点である。一一月一五日のスパフィールズ集会では三色旗が用意され、各地で大量の矛が製造されたという情報もあった。以上の報告をまとめた秘密委員会の委員四人には、外相カースルリーも入っていたが、「カースルリー、役人、十分の一税、囲い込み、税金、主教などまったく要らない。無用なガラクタだ」と書かれた批判ビラが大量にまかれた[54]。フランス革命とジャコバン主義の影響がいかに大きかったかを示している。

第二次報告は一七年三月の「ブランケッティアズ」の動きに触れ、一万人近くがナップザックを背負って行進したこと、マンチェスターの蜂起計画は不発に終わったこと、六月のダービィシアとノッティンガムシアの境界付近での蜂起（ペントリッジ蜂起）について、その計画、目的は恐るべきものであるとし、平穏を維持すべく方策を講じる必要がある、と述べた。ここにはスパイも蜂起首謀者の名も出てこない。その後首謀者を逮捕するため人身保護法の一時停止が提案された。庶民院においては対立する主張が説かれた。一つはこの出来事はスパイのオリヴァーらに踊らされたものであり、厳罰は不要という主張である。他方でオリヴァーが同地方に現れる前からすでに蜂起計画があった、という反論が出て白熱した議論が続いた。その結果、提案はほぼ二対一で可決された[55]。なおペントリッジ蜂起を「中流階級の援助なしに完全にプロレタリアが起こした反乱」ととらえるE・P・トムプスンは、オリヴァーなどスパイが暗躍しなくても、小規模な蜂起は起こり得たとみている[56]。

六月八—九日の蜂起はペントリッジだけでなく、ヨークシアのハダーズフィールド近郊の「フォリ・ホール」でも起こった。この指導者たちも逮捕され、七月にヨークで裁判に引き出されたが、陪審員が有罪の評決を出すのを断固として拒否したため、全員が釈放された。しかし一〇月、ダービィ裁判にかけられたペントリッジの被告三五人の場合は幸運ではなかった。当局は各地から四〇〇人もの陪審員を集め、十分な根回しをしていた。結局若い一二人は釈放されたが、残り二三人は大逆罪により有罪の評決を受けた。うち六人は禁固刑、三人は流刑一四年、一一人は終身流刑にそれぞれ減刑された。残る三人、先にあげたブランドレス、ターナー、ラドラムには絞首刑が執行された（死亡後首を切り離す）のである。[57] 前述のように『エグザミナー』や『ブラック・ドウォーフ』が、シャーロット王女追悼・顕彰一色の風潮に強い抗議の声をあげたのは、このような状況に対してであった。

5　シャーロットの追憶

二一歳で夭折したシャーロット妃に対して、追悼の国民的うねりが「これほど衝撃的に広がったことは記憶にない」と『タイムズ』をして言わしめた理由は、以上述べたことでほぼ尽きるであろう。若くして夫婦と家庭の模範を示した魅力的で無垢な嗣子の予期せぬ死産と急逝というこの上ない悲劇は、確かに大きな衝撃と同情を呼び起こすものであった。この悲劇はまた「虐げられた」母キャロラインの悲劇と重ね合わせて、人びとに一層大きな同情と愛着を抱かせた。さらに期待のシャーロットに代わる王位継承候補者たちは、みな身持ちが悪く、心ある国民の顰蹙を買っていた。叔父たちへの王位継承は心ある人びとにとって耐え難いことであり、それだけに妃とその嗣子の夭折が一層惜しまれたのである。[58]

図 41　ウィンザーのセント・ジョージ礼拝堂内につくられたシャーロットを追悼する記念碑

追悼・顕彰のキャンペーンでは多くの記念メダルや記念物もつくられているが、もっとも注目されるのは、ウィンザーのセント・ジョージ礼拝堂内のアーズウィック礼拝堂に一八二四年、シャーロットを追悼する大理石の立派な記念像がつくられたことである。これは一般公衆から一人当たり一シリング以下という募金によって実現したものであり、国民的追悼の心情がいかに大きかったかを今に語り継いでいる。この像は横たわるシャーロットの遺体とその死を悼んで跪く二人が大きなシーツで覆われ、シャーロットはその上を二人の天女を伴って天国へのぼっていくという構図になっており、天女の一人は死児を抱いている。時は移って二〇年後の一八三七年、シャーロットの身代わりと言うべき一八歳の清純な女王ヴィクトリアが登場する。国王を権力者としての存在から家庭の中の存在に変貌させ、まさしく「君臨すれども統治せず」の国制を定着させる女王である。シャーロットの夭折はこのようにして大衆的立憲君主制の基礎固めに貢献するという遺産も遺した。(59)

シャーロットの結婚と急逝の時期は、不況下にあって失業者があふれ労働者、民衆の間に不安と不満が鬱積していたときであった。ロンドンでも小規模な反乱計画が立てられたが、ラダイト運動の中心であったノッティンガム、ダービィ、レスターとその周辺及びランカシアにおいて、ジャコバン的な蜂起の動きがみられた。当局によるスパイを用いた弾圧とダービィにおける過酷な裁判は、多くの改革派・急進派に反政府感情をつのらせ、シャーロットの急逝の二日後に執行された絞首刑は、シャーロット追悼のうねりに水を差すものとなった。追悼・顕彰のキャンペーンによって、労働者・民衆への弾圧と彼らの悲劇が抹殺されつつある状況に、急進改革派は厳しい抗議の声を上げたのである。この民衆急進主義運動は二年後のマンチェスターのセント・ピーター教会前広場における「ピータールー事件（虐殺）」に発展していく。シャーロットの急逝は民衆史にとっても、忘れがたい出来事となったのである。

人文書院
刊行案内

2025.10

食権力の現代史
——ナチス「飢餓計画」とその水脈

藤原辰史著

なぜ、権力は飢えさせるのか?

史上最大の殺人計画「飢餓計画（ハンガープラン）」ソ連の住民3000万人の餓死を目標としたこのナチスの計画は、どこから来てどこへ向かったのか。飢餓を終えられない現代社会の根源を探る画期的歴史論考。

購入はこちら

四六判並製322頁　定価2970円

リプロダクティブ・ジャスティス
——交差性から読み解く性と生殖・再生産の歴史

ロレッタ・ロス／リッキー・ソリンジャー著
申琪榮／高橋麻美 監訳

不正義が交差する現代社会にあらがう

生殖と家族形成を取り巻く構造的抑圧から生まれたこの社会運動は、いかにして不平等を可視化し是正することができるのか。待望の解説書。

購入はこちら

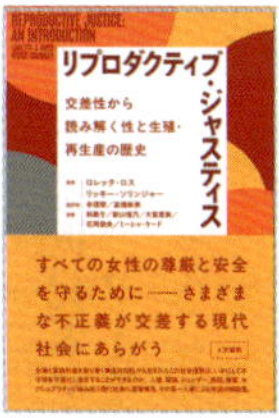

四六判並製324頁　定価3960円

人文書院ホームページで直接ご注文が可能です。スマートフォンで各QRコードを読み込んでください。注文方法は右記QRコードでご確認ください。決済可能方法：クレジットカード／PayPay／楽天ペイ／代金引換

新刊

脱領域の読書
——あるロシア研究者の知的遍歴

塩川伸明著

知的遍歴をたどる読書録

長年ソ連・ロシア研究に携わってきた著者が自らの学問的基盤を振り返り、その知的遍歴をたどる読書録。

学問論／歴史学と政治学／文学と政治／ジェンダーとケア／歴史の中の個人

購入はこちら

未来への負債
——世代間倫理の哲学

キルステン・マイヤー 著
御子柴善之監訳

世代間倫理の基礎を考える

なぜ未来への責任が発生するのか、それは何によって正当化され、一体どこまで負うべきものなのか。世代間にわたる倫理の問題を哲学的に考え抜いた、今後の議論の基礎となる一冊。

購入はこちら

魂の文化史
——19世紀末から現代におけるヨーロッパと北米の言説

コク・フォン・シュトゥックラート著
熊谷哲哉訳

知の言説と「魂」のゆくえ

古典ロマン主義からオカルティズム、ハリー・ポッターまで——ヨーロッパとアメリカを往還する「魂」の軌跡を精緻に辿る、壮大で唯一無二の系譜学。

購入はこちら

映画研究ユーザーズガイド
――21世紀の「映画」とは何か

北野圭介著

映画研究の最前線

視覚文化のドラスティックなうねりのなか、世界で、日本で、めまぐるしく進展する研究の最新成果をとらえ、使えるツールとしての提示を試みる。

購入はこちら

四六判並製230頁　定価2640円

カントと二一世紀の平和論

日本カント協会 編

平和論としてのカント哲学

カント生誕から三百年、二一世紀の世界を見据え、カントの永遠平和論を論じつつ平和を考える。カント哲学全体を平和論として読み解く可能性をも切り拓く意欲的論文集。

購入はこちら

四六判上製276頁　定価4180円

戦争映画の誕生
――帝国日本の映像文化史

大月功雄著

映画はいかにして戦争のリアルに迫るのか

柴田常吉、村田実、岩崎昶、板垣鷹穂、亀井文夫、円谷英二、今村太平など映画監督と批評家を中心に、文学や写真とも異なる映画という新技術をもって、彼らがいかにして戦争を表現しようとしたのか、詳細な資料調査をもとに丹念に描き出した力作。

購入はこちら

A5判上製280頁　定価7150円

新　刊

マルクス哲学入門
―動乱の時代の批判的社会哲学

ミヒャエル・クヴァンテ著
桐原隆弘／後藤弘志／硲智樹訳

重鎮による本格的入門書

マルクスの思想を「善き生」への一貫した哲学的倫理構想として読む。複雑なマルクス主義論争をくぐり抜け、社会への批判性と革命性を保持しつつマルクスの著作の深部に到達する画期的読解。

購入はこちら

顔を失った兵士たち
―第一次世界大戦中のある形成外科医の闘い

リンジー・フィッツハリス著
西川美樹訳　北村陽子解説

戦闘で顔が壊れた兵士たち

手足を失った兵士は英雄となったが、顔を失った兵士は、醜い外見に寛容でなかった社会にとって怪物となった。塹壕の殺戮からの長くつらい回復過程と形成外科の創生期に奮闘した医師の実話。

購入はこちら

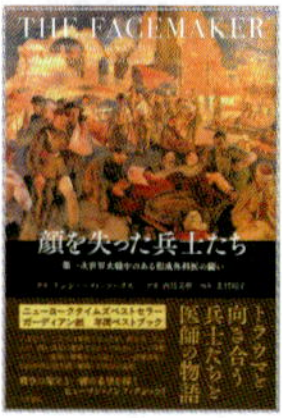

お土産の文化人類学
―地域性と真正性をめぐって

鈴木美香子著

身近な謎に丹念な調査で挑む

「東京ばな奈」は、なぜ東京土産の定番になれたのか？　そして、なぜ菓子土産は日本中にあふれかえるようになったのか？　調査点数1073点、身近な謎に丹念な調査で挑む画期的研究。

購入はこちら

第六章　キャロライン妃の出国と大陸旅行

1　なぜ大陸へ

ナポレオンによる戦乱が終結した一八一四年七月二五日、キャロライン妃は首相リヴァプール宛に次のような手紙を送った。長年にわたって奪われてきた摂政殿下ジョージ（夫）と彼女の間の平和を取り戻すために、また世継ぎの娘シャーロットがオラニエ公嗣子との縁談を断った理由の一つに母親の現在の不安定な状態があると考えるので、その障害を解消させるために、イングランドから出国し故郷の弟ブラウンシュヴァイク公のもとを訪ね、大陸を旅行する決心をした。さらにこのほど議会が彼女への供与を認めた年間五万ポンドの歳費は返上し、従来のまま三万五〇〇〇ポンドを受け取ると述べ、そのほか現在の住居の後始末についても言及していた。[1] リヴァプールは七月二八日付の返信で、手紙を摂政殿下に見せたところ、殿下は皇太子妃が出国し実家の弟ブラウンシュヴァイク公を訪ねるほか、自分が気に入った所に旅行し住居を構えるという計画について異存はない、またシャーロット妃とオラニエ公嗣子との縁組が破談になったのは皇太子妃のせいではない、またケンジントン・パレスの妃用の居室は現状のままにしておいて差し支えない、との意向であったと書き送った。[2]

返信を見て小躍りしたキャロラインは、ジュネーヴ滞在中の元侍女レイディ・シャーロット・キャムベル（のち旅行中にしばらく妃の侍女を務める）宛に、「終わり良ければすべて良し、好きなところで誰とでも会えるようになる、私は本当に幸せ」と書いた。(3) すでに出国の準備を整え、二五日にはロンドンの住居コンノート・ハウスを引き払っていた彼女は、八月九日サセックス州ワーシングからフリゲート艦ジェイスンでドイツに向けて出国した。同行者は侍女、侍従、召使いなど十人ほどであった。(4) 一七九五年四月に従兄のジョージのもとに嫁いでから一九年余りの歳月が流れ、彼女はすでに四六歳であった。

キャロラインはなぜ出国を決意するにいたったのか。それは幸せな出国だったのか。さきの首相宛の冷静な内容の手紙と同時に、彼女は親しい支援者で歳費増額にも尽力した野党ホイッグ議員ホイットブレッド宛にも、出国の決意を伝える別れの手紙を送っていた。彼女はそのなかで彼と同僚議員ブルームに、これまでの暖かい支援に感謝の言葉を述べた後、出国の理由をさらに突っ込んで次のように書いた。「感受性と誇りをもっている人なら誰も、[現在の私のような] 皇太子妃としての地位をないがしろにされる境遇に永く耐えていくことはできません。また一人の私人としても、公私いずれの場にも私が姿を見せるのは我慢できないと言われており、それほど君主 [夫] から嫌われているのです。皇太子妃としてそのような不名誉と屈辱に耐えることはできません。摂政殿下とその同族が、[一八〇五年以来] 内閣と議会が私に対する不義の罪などまったく濡れ衣であることを公認しているにもかかわらず、敵対者や裏切り者たちの間違った非難にそって、私を罪人扱いしていることにももう耐えることはできません」と。(5) 野党派議員や貴族たちの支援を得て重圧にけなげに対抗していたようであったが、皇太子妃としての存在を否定するような仕打ちにもはや耐えられなくなっていたのである。ホイットブレッドは妃の決断を聞いて驚きはしないが、これまでの妃を囲む暖かい社交の場が失われるのは大きな苦痛だと答えた。(6)

さきに述べたように、この年六月には対ナポレオン戦争の勝利を祝ってロシア皇帝、プロイセン王ほか列国の君主、指導者がロンドンに集まり、祝賀会が催されたが、キャロラインは夫と王妃から宮殿応接室への立ち入りを一切禁じられ、また夫からは公私いずれの場でも二度と会わないと申し渡されていた。さきのリヴァプールの書簡では列国の君主らが妃を訪問することに摂政殿下は何の妨害もしなかったが、彼らの方が訪問せずに帰国した、という夫の釈明も書かれていた。[7] このように疎外され厄介払いされてきた皇太子妃が、イギリス王室とこの国を捨てる気持ちになっていたことは明らかであり、シャーロット妃への思いを残しながら、決別に踏み切ったのであった。

だが彼女は夫がジョージ四世として即位したのち、住み着いていたイタリアから一八二〇年六月ほぼ六年ぶりに帰国した。それゆえ「出国」は結果として長期の大陸旅行となったわけだが、決別したはずの彼女がなぜ帰国を決意し、実際に帰国することになったのだろうか。彼女は出国の際「虐げられた」(injured)皇太子妃の屈辱としがらみから解放されると小躍りしたけれども、その判断は甘すぎた。摂政側は彼女を厄介払いした上で、その身辺にスパイを送り込んで私生活を偵察させ、離婚のための口実を探し求めていたのである。偵察活動は、イギリスから同行した侍従、侍女たちが相次いで帰国し、その代わりを現地で採用し始めた時期から活発になる。やがてキャロラインが、従者として雇い入れた元軍人のイタリア人バルトロメオ・ペルガミ(またはベルガミ Bartolomeo Pergami, Bergami)と親しくなったとの噂が広がる。離婚の口実をつかみたい摂政は、一五年からハノーヴァー公国のヴァティカン公使オムプテーダを密偵として送り込み、妃の使用人を買収して彼女の生活をつぶさに偵察させ、一八一八年にはその秘密調査を組織的に行ったのである。法律家をミラノに派遣し、外国滞在中の皇太子妃の「不義」をあばく目的で、妃に同行した元使用人や召使い、出入りの業者、近隣の住人、宿屋の従業員、あるいは妃を乗せた船長(ほとんどがイタリア人で庶民)を内密に招いて証言させ、膨大な「証拠」資料を「緑の袋」に入れてロンドンに持ち帰った。当時キャロライン妃はミラノ近郊からアドリア海岸ペーザロ近郊に移っていたが、このミラノの内密の動きを聞いてオーストリア政府に止めさせるよう請願も送った。[8] ミラノ委員会が行った内密の調査とその方式をみると、第四章で述べた一八〇五年〜〇七年の「慎重な調査」を彷彿とさせ、それのより徹底した形の二重写しであることがわかる。調査はさらにキャロラインが王妃として帰国した後の一八二〇年に、公開の場で行われた貴族院の「裁判」において繰り返され、ここで頂点に達し、かつ議会の歴史に不名誉な重苦しい汚点を刻むことになった。「キャロライン王妃事件」は、「不幸な結婚」、「慎重な調査」、ミラノ委員会の調査、をへて貴族院の「裁判」――「王妃に対する刑罰法案」すなわち「キャロライン・アミーリア・エリザベス王妃からこの王国の王妃としての肩書き、大権、権利、特権及び免除特権を剝奪し、国王とキャロライン・アミーリア・エリザベスの結婚を解消させるための法律」を貴族院に提出して採択させようとする――という四つの連関する出来事を軸に検証してはじめて、その全容を明らかにすることができるのである。

本章ではこのミラノ委員会の前提になったキャロライン妃の出国と大陸旅行について、従者たちとその異動を確かめながら、ミラノ委員会と帰国後の貴族院の「裁判」において論議の焦点になった、彼女の不義・密通の物語がどのようにして生まれたのかを、彼女の行動の実態と密偵の暗躍ぶりを確かめながら解き明かしていきたい。

2　大陸旅行と従者たち――ブラウンシュヴァイクからイタリアへ

キャロラインの出国をめぐって、「虐げられた」状態からの解放という喜びとは裏腹に、出国前から深刻な懸念が吹き出していたことにまず注目しよう。それは支援者ホイットブレッドとブルームが、彼女の出国の決心に水を差すような懸念を伝えてきたものであった。それは次のように警告した。皇太子妃が長期間イギリスを留守にすれば、摂政が再婚でき、新たな王子を得られるように、摂政と内閣が妃との離婚を押し進め、シャーロットの王位継承権を剝奪するという問題が起こり得る。そうなればイギリスは混乱ないし内乱におちいり、皇太子妃は騒乱の責任を問われることになりかねない、というものであった。すでに出国のためワーシングに滞在していたキャロラインは、かねて親しかった与党の有力者キャニング宛にホイットブレッドからの警告の主旨を伝え、自分が身を引いて出国するのは「摂政殿下、シャーロット妃、この国、及び私自身の平和と静穏のため」であり、もしホイットブレッドらが懸念するような事態が起これば、自分と娘の権利を護るため直ちに帰国することになる、この手紙を首相にぜひみせてほしい、と書き送った。(9) キャニングの返信には、首相はそのような懸念が現実化するとは考えられないと述べたとし、また必要があればキャロライン妃はいつでも遠慮なく帰国できる、と書かれていた。(10) この懸念について、キャロラインは出発直前の八月七日、レイディ・キャムベル宛の新たな手紙の末尾に、「私はこの出国のことでホイットブレッドとブルームによってひどく悩まされています。でも他言は無用に」と書き加えた。(11) イギリスに決別しようとしているキャロライン妃の心の片隅に、もし皇太子妃・王妃の地位、あるいは娘の王位継承権が脅かされる事態が生じたときには帰国する、という考えが出発時からあったことに注目しておきたい。

キャロライン妃が一四年八月九日にワーシングを発ったとき、彼女の同伴者は侍女のレイディ・シャーロット・リンゼイ（ノース元首相の娘）とレイディ・エリザベス・フォーブズ、侍従のサー・ウィリアム・ゲルとアントニー・バトラー・セント・レジャー、侍医のヘンリ・ホランド医師、近習のフィリップ・クレイヴェル、家令のジョン・ジェイコブ・シカード、召使い・小姓のジョン・ヒエロニマスとフィリップ・クラックラー夫妻（ドイツ人）、御者のチャールズ・ハートラス、それに全行程を同行した養子扱いのウィリアム・オースティン少年であった。(12) 一行は八月一八日にブラウンシュヴァイクに到着、弟ヴィルヘルム公爵の歓迎を受け、月末まで同地に滞在した。その後冬をナポリで過ごす計画のもとにイタリアに向けて出発するが、この時点では翌春にはブラウンシュヴァイクに戻り、故郷に生活の本拠を置くつもりだった。だがナポレオンの百日天下による戦争の再発と弟の戦死によって、翌年には叶わぬ夢となった。

ブラウンシュヴァイク滞在中に一行から離れる者が出た。リンゼイがスイスで療養中の姉レイディ・グレンバーヴィのもとへ発ち、レジャーが病気でイギリスへ帰った。レジャーの代わりにケッペル・クレイヴンが加わり、また侍従武官としてヘス大尉（義弟ヨーク公の私生児、娘のシャーロット妃と交際したことがあった）が加わった。

キャロラインはコーンウォール公爵夫人の服装で、八月二九日にブラウンシュヴァイクを出発、ピルモントまで弟の見送りを受けたのち一路南下し、ゲッティンゲン、フランクフルト、ハイデルベルクをへてシュトゥットガルトに到着した。同地でヴュルテンベルク王フリードリヒ一世（義妹シャーロットの夫、前出）の歓待を受けた。その後スイスに入り、チューリヒ、ルツェルンをへてベルンに着き、同地でやがて娘シャーロットの夫となるザクス＝コーブルク家のレーオポルト王子の姉でロシアのコンスタンティン公爵夫人の訪問を受けた。その後ローザンヌをへて九月二五日にジュネーヴに到着した。(13)

ところでブラウンシュヴァイク滞在中にドイツ人の部屋付き女中レイツェンが病気のため外れ、やむを得ずアネッテ・プレジンガーを雇い入れた。しかしキャロラインはプレジンガーの品行に不安を抱き、ジェネーヴのキャムベル宛に行儀正しいレイディ付き女中をひとり見つけてほしい、と手紙を書いていた。(14) ジュネーヴにおいて、キャムベル経由で推薦されてきたのがルイーズ・デュモン（Louise Dumont イギリスでは Demont と綴られた）であり、キャロラインに気に入られ、一七年一一月まで筆頭の部屋付き女中をつとめた。「デュモン嬢はとても良い娘さんです。まったく化粧をしないのですが。けれど万事うまくいっています」とミラノからキャムベル宛の手紙に書いた。(15) のちに詳述することになるが、デュモンはミラノ委員会で証言し、さらに貴族院の「裁判」の際にも証人となって、キャロラインの「不義」を「証明」するもっとも重要なキーパーソンとなった。自ら深く敬愛していたという女主人を裏切ったのである。彼女の実家はジュネーヴからレマン湖北岸を三〇マイルほど上った小村コロムビアにあり、母は夫が死亡したのち彼女を連れて再婚したので、父違いの妹がいた。この妹マリエッテ・ブロンものちに侍女として仕え、姉が外れたのち、代わって部屋付き女中となり、その後も終始キャロラインに付き添ってイギリスに来ることになる。(16) 小姓のクラックラー夫妻は妻の出産が近づいたため、離れてイギリスへ帰った。(17)

一行は再びローザンヌに戻り、ここでデュモンが部屋付きの勤務につき、やがてアルプスを越え、一〇月八日にミラノに到着した。オーストリア政府は一行を歓待し、皇帝の侍従であるジッツィリエール伯爵は市内の名所を案内した。のちにキャロラインが語るところでは、伯爵はキャロラインに対し、今後イタリアで暮らすにあたって、大家族を取り仕切る術を心得ていて、雅な生活を経済的に運営していく要になる人物が必要だ、と熱心に勧めた。彼女もそれに同意し、伯爵が推薦する人物を受け入れることにした。この人がバルトロメオ・ペルガミであり、ピノ伯爵の配下にいたミラノ近郊出身の軍人であり、戦争終結とともに自由の身になっていた。ピノ伯爵配下のときと同じ待遇で、侍従として雇い入れたが、やがて信頼を得て実質的な「侍従長」(superior kind of courier)の役割を背負うようになった。ペルガミに対する妃の信頼は後述するベリ嬢宛の手紙が語っている。[18] 彼にはミラノ近郊に住む妻がいたが、姿を見せたという記録は見あたらない。

ミラノを一〇月一八日に発った一行は、フィレンツェをへて、月末にローマに着いた。ローマではスペインの元国王夫妻の表敬を受け、また教皇にも拝謁した。さらに南進して一一月八日にナポリに到着、連絡していたナポリ王ジョアシム・ミュラ夫妻(元フランスの元帥、夫人はナポレオンの妹)から大歓迎を受け、ナポリは嫌いと言いながら、予定通り翌年三月まで滞在する。ナポリでは物価は比較的安いが、広大な住居の借り上げ賃や南国の風に浮かれた仮面舞踏会などで出費がかさみ始め、資産管理を依頼しているロンドンの不動産業者モーゼス・ホーパーにロンドンに残してきた住居や家具の処分を依頼している。[19] 部屋付き女中の仕事はプレジンガーとデュモンが務め、他の従者に変化はなかったが、ブラウンシュヴァイクから連れてきた三人の歩兵のうち一人が飲んだくれのため送り返した。その補充の兵士の人選をペルガミに依頼し、元ピノ伯爵の配下にいて、ペルガミ家の召使いをへてミュラ王の厩舎で働いていたテオドーレ・マジョッキ(Theodore Majocchi)を一月初めに馬番として採用した。[20] マジョッキは一行がペーザロに居を定めた直後の一八一七年八月末、他の召使いと喧嘩して持ち場を離れたため、一〇月に解雇されたが、実質的にはペルガミの配下として二年九ヶ月間働いた。後述するように、マジョッキは金銭で買収されてキャロラインを裏切り、ミラノ委員会と貴族院で作為が見え透いた証言をし、不都合なところは「覚えていない」(Non mi ricordo) を繰り返したキーパーソンの一人である。

　ナポリ滞在時から、ペルガミがキャロライン家の行事や支出のかなりの部分を仕切っていたようである。[21] キャロラインはペルガミを信頼し頼るようになり、二人は親密になった。この親密さは、後にイギリス当局側についた批判者や証人たちの攻撃の的になった。後に詳述するが、オムプテーダ男爵はすでに一五年一月二四日には、キャロラインの「密通」の話を作り出す作業を始めていた。後のミラノ委員会における証人たちは、この時期に、キャロラインが成長しすぎたウィリアム・オースティンの寝室を彼女のもとから別室に移したことについて、それはペルガミとの自由な密通を可能にするためだった、などと証言した。この証言について同時代の伝記作者ヒュイシュは根拠がないと主張する。[22] またキャロラインはナポリでミュラ王の歓迎に応えて仮面舞踏会を催したが、後に批判者たちは次のような証言をした。キャロラインは何度もマスクや衣装を変えて現われ、もっぱらペルガミをパートナーに選んで踊った。またペルガミが早くに会場を出て帰ってしまったので、彼女はペルガミの後を追っていきホールに戻るよう説得したが、ペルガミは戻ろうとしなかった。彼女はわびしく落ち込んで会場に戻った、などと。ここでもヒュイシュは「想像力たくましい頭脳が生み出した作り話」と断じている。[23]

図42　バルトロメオ・ペルガミ

　一五年二月には一行から離れていたシャーロット・リンゼイが兄ノースとともにナポリで合流し、賑やかになった。しかしまたブルームからの手紙が、夫側が離婚を策謀し再婚の方策を練っていると伝えてきたため、予定通り北イタリアに戻り夏をコモ湖畔で過ごすか、あるいは一気にイギリスに帰るか、とキャロラインは悩み考えた。[24] 結局当初の予定通り、三月一一日キャロライン一行はローマに向けてナポリを出発した。そのときナポレオンがエルバ島から脱出したとのニュースが届き、また暗雲が立ちこめ始めたが、三月一五日、ローマ郊外の港チヴィタヴェッキアから英軍艦クロリンド号でジェノヴァに向かった。キャロラインはクロリンド号上からエルバ島を望見しながら、ロンドンの元侍女で親友メアリ・ベリ宛に、ホイットブレッドとブルームの判断がどうかはわからないが、「この地上で私を受け入れてもらえる場がロンドン以外になくなったときには、確実にイギリスに帰るでしょう。けれども、今はすべてのことがシバの女王のように非常にうまくいっています」と書いた。さらに追伸で「私はナポレオンの配下だった軍人を従者に加えています。この人は私にとってまったくの宝であり、誠実で思慮深く、この人を召抱えつづけるつもりです。シカードは彼が入ってきたことをとても喜んでいます。彼はミラノの出身で、……いま［イギリスに帰った］シカードに代わって彼の仕事を継いでいます」とペルガミとその役割について述べ、娘から楽しい手紙が三通届いている、早くに娘と再会できるように天のおぼし召しを、と手紙を結んだ。これほどイタリア生活を享受していたのだが、「ナポリは心底から嫌いで、そこに二度と戻るつもりはない」とも書いている。[25]

図 43　ペルガミの妹オルディ伯爵夫人

キャロラインの外国滞在が長期化するにしたがって、イギリス人の侍女や同行者たちは次々に彼女のもとを去っていった。ナポリを発つとき、侍女レイディ・フォーブスとゲルはしばらく同地にとどまったのち帰国するため、ヘスはイギリスへ、クレイヴンはパリへ行くため、それぞれ一行から離れた。また途中のリヴォルノでリンゼイとその兄ノースがイギリスへと旅立った。二五日にジェノヴァに到着し、海沿いの美邸デュラッツォ・ディ・スコグレッティに宿所をおいたが、そこにリンゼイの姉レイディ・グレンバーヴィ夫妻が現れ、しばらく同行することになった。グレンバーヴィの記述に

図 44　ヴィラ・デステの全景

よれば、皇太子妃の従者のうちイギリス人はホランド医師とナポリの取引銀行家の妻ファルコネット夫人だけであり、この二人も離れると決めていた（後者はスイスの子どものところに行く）、という。[26] またキャロラインの要請を受けて、ジュネーヴに滞在していたキャムベルが、六人の娘とそのガヴァネスを伴ってジェノヴァに合流し、六月にミラノで別れるまで侍女の任についた。キャムベルはのち一八一八年三月にミラノで牧師ベリと再婚する。一方、キャロラインの要請を受けたイギリス海軍士官ジョウジフ・ハウナムが加わった。さきに述べたが、ハウナムは両親を失った後キャロラインに育てられ、彼女に忠実な青年であった。[27]

しかしキャムベルの後任のイギリス人侍女が見つからなかった。ジェノヴァからミラノへ馬車で移動したとき、キャロラインと並んで同乗したのはデュモンとオースティンのみで、ペルガミは騎乗して従った。キャムベル一行は別行動で遅れてミラノに着いた。[28] 一〇日ほどヴェネツィアに旅行してミラノに戻り、キャムベルがミラノから去った数日後に、ペルガミの妹でオーストリア人の零落貴族オルディに嫁いでいたアンジェリカ・オルディ（オルディ伯爵夫人）が侍女として加わった。オルディ夫人は宿屋経営で生計を立てていたといわれる。オルディ夫人は寡黙でイタリア語さえよく話せず、知性に欠けていたが、従順でキャロラインに最後まで付き添ってロンドンに来ている。[29] 一行がヴェネツィアに旅行した際、宿泊したホテルでキャロラインが自分の首飾りをはずしペルガミの首にかける、彼はそれをすぐにはずしてキャロラインの首にかける、といった遊びをしたとホテル従業員が証言している。[30]キャロラインの小宮廷においてペルガミの影響力が大きくなっていたのは間違いない。

キャロラインはミラノ北方の景勝地コモ湖のほとりに住居をおくことにした。最初に住居をおいたコモ近郊のヴィラ・ヴィラーニでは、かつてイングランドのブラックヒース在住時に経験したのと同じように、多くの名士や近隣の住民が来訪した。彼女が六月一八日のワーテルローの戦いについて耳にしたのもこの時期であり、その二日前のカトル・ブラの戦いで弟ブラウンシュヴァイク公が戦死したことを、客人として頻繁に訪れていたハノーヴァーのオムプテーダ男爵から聞き、衝撃を受けた。妃はまだオムプテーダを疑っていなかった。[31]故郷で暮らすという当初の夢は遠のき、年若くして継承した甥の摂政を務める気持ちも一時あったが、諦めた。やがてコモ湖西岸にあるピノ伯爵夫人所有の邸宅ヴィラ・ガローヴォを一五万フランで購入した。この邸宅は風光明媚の地にあり、皇太子妃の邸宅に相応しくするため、画家モンチェリに依頼して絵画を飾り内装を改め、周囲の整備にも資金を投じ、ヴィラ・デステ（Villa d'Este）と命名した。この新居で近隣の住民を招いたパーティを催し、地元の詩人ベリーニが頌詩を贈るなど幸先は良かった。[32]ここに居をおいた四ヶ月の間に、ペルガミ家の一族の多くの者がキャロライン家に仕えるようになった。母リヴィアがしばしば家事に携わり、弟のルイジが兄を手伝う従者、妹のマルティニ夫人がリネン係になり、さらに従兄弟二人も炊事場の事務、警備員、その息子の一人も乗馬従者となっていた。[33]

また地中海旅行から帰った後の一八一六年一一月から、ナポレオン軍麾下の将校だったジゼッペ・サッキも従者に加わり、その後盗みで解雇されるまで、ほぼ一年間務めた。サッキも後述するように、妃を裏切って証言したキーパーソンの一人である。[34]

3 地中海からエーゲ海へ――チュニス、アテネ、イェルサレム

ヴィラ・デステには一一月初めまで住み、キャロライン一行は冬を迎えて同一二日、イギリス地中海艦隊を利用して再び地中海への旅に乗り出した。一四日にリヴァイアサン号（ブリッグズ艦長）でジェノヴァを出港し、一路南下してシチリアに向かいパレルモに一〇日間、メッシーナに五週間滞在した。翌年一月六日、クロリンド号（ペチェル艦長）でメッシーナを出てシラクーザに停泊した。当初ペチェル艦長はキャロライン一行を運ぶのを拒んだ。それは、軍艦は乗客を運べないことによる費用の問題、及び身分の低いペルガミと一緒の食卓につくのはこまる（ブリッグズ艦長から引き継いだもの）、という二つの理由によるものだった。彼女はその意見を受け入れ、艦長とは生活を区別することにした。結局ペチェルは船室をキャロラインに開放してくれ、それをオルディ夫人用、デュモンと妹のマリエッテ・ブロン用の部屋に分け、彼女も独自の食卓をおき、専用の料理人をおいた。(35) ペルガミの娘チロ・ヴィットリン（一八一四年生まれ）がミラノから同行しており、キャロラインが可愛がりしばしば膝の上においた。(36)

忠実な元海軍士官ハウナムは、しかしペルガミをよく思っていなかった。彼はある日、キャロラインの小宮廷を第二級のイタリア人でうめてしまった、とペルガミに食いついた。ハウナムは家政を掌握したペルガミを嫌い、対立は次第に激しくなった。(37) しかし今やこのキャロラインの小宮廷はペルガミがいてこそ、何とか円滑に運営できる状況になっていた。キャロラインは、艦長たちに蔑視されたことをきっかけに、頼りにするペルガミに貴族の肩書きを与えたいと強く思うようになった。シラクーザを出てカターニアに停泊していたとき、同地から一〇マイルほど南方に男爵領に属する所領が売りに出ていることを聞き、ペルガミのために即座に購入した。彼はその領主として、まずキャロラインからバロン（バロン・ペルガミ・デラ・フランチィナ）と呼ばれ、家令の地位に

ついた。[38] またカターニアでキャロラインは画家を雇い、トルコ風の衣服を着た彼女とペルガミ、さらにヴィットリンの肖像を描かせた。[39]

キャロラインの冒険の長旅はこれから始まる。一行は当時シチリア地区の小艦隊の指揮官だった海軍将校フリン大尉に指揮を委ねた三本マストの商船（ポラッカ）で、地中海対岸のチュニスに渡った。このポラッカをジョージ三世用のヨットから名称を借用してロイヤル・シャーロット号と呼んだ。チュニスではイギリス領事オグランダーの世話になり、また現地のムスリムのパシャ、マムース・バショウの歓待を受け、パシャの宮殿に逗留した。チュニスに一ヶ月滞在したが、その間キャロラインは、ナポリとサルデーニア出身の奴隷たちの解放に貢献した。これは最初、フランス領事が本国の指令で奴隷の解放を交渉していたが、海軍力を持つイギリスがナポリとサルデーニアの王の意向を受けて仲介に入り、エクスマス提督がパシャに対して、英領セント・アンティオコ島を侵犯したチュニス人の処罰を要求するとともに、「奴隷はすべて例外なく解放」するよう要求した。キャロラインはすでに奴隷の解放を喜ばしいと歓迎する意向をパシャに語っていたが、政治問題にはいっさいかかわらないと明言していた。提督の要求に対し、パシャは脅しには屈しないと激怒したが、しばし考えて皇太子妃のご意向には逆らわない、サルデーニアの奴隷たちは妃に預ける、と言明した。提督は慌てて、この問題は妃と関係ないことだと応じた。この事件が彼女の一行をチュニスから早々に退去させることになったが、その後提督も介入から手を引き、奴隷は解放されたのである。[40]

四月初め、キャロライン一行は借り上げた三〇〇トン足らずのロイヤル・シャーロット号でギリシアへ向かう。船長は持ち主のヴィンケンゾ・ガルジーロが務めたが、指揮にはフリン大尉が当たり、ハウナムも協力した。三月二二日にチュニス港を出帆するとき、停泊するイギリス艦隊から二一発の祝砲が打ち上げられた。二九日にはマルタ島に検疫のため寄港し、三一日にいよいよ地中海を一路東に乗り出し、三日目に岸壁がそそり立つキティーラ島に到着したが、上陸せずにミロス島へ進んだ。ミロス島を四月五日に出帆し、八日にアテネに到着した。

アテネ市街は港から約四マイル離れていたので、イギリス領事が手配した数頭の馬で市街に行き、設備がもっとも整っていたフランス領事館に逗留することになった。キャロラインは早速翌日から好奇心を発揮して史跡を訪ね、さまざまな催しに加わった。彼女は同地の負債者監獄に収監されている三百人の痩せ細った人々の話を聞き、その負債を支払ってやり、釈放させた。アテネの長官も従者を連れて何度も表敬訪問に来た。二四日にアテネを発ちコリントへ、さらにデルフィ、スパルタなど歴史的都市を訪れた(41)。

その後ギリシアを出てエーゲ海を北東に進み、トロイに上陸して遺跡を訪ねた後、六月五日にはダーダネルス海峡を通ってマルモラ海に入り、七日にイスタンブールの港に着いた。イスタンブールの市街に入るとき、妃は雄牛が引く牛車に乗りデュモンと妹ブロンだけを横に座らせ、他の一同は徒歩で進んだ。最初に逗留したのはイギリス大使館であった。キャロラインはトルコのエキゾティックな文物に触れて興奮し、金襴の刺繍がある衣服などを狂ったように買い込み、別便でイタリアに送った。しかし到着後まもなく疫病が蔓延したため、市街から一五マイルほど離れたヨーロッパ外交官の別荘地ビウテールで大部分を過ごした(42)。しかしトルコの太守はヨーロッパ人の王族を煙たがる傾向があったので、長居はせず一六日には同地を発ち、トルコ西岸を南下してイェルサレムへ向かった。聖地巡礼の目的を立て、船中で一行の名称を「聖キャロライン騎士団」(the Order of St. Caroline)と決め、ペルガミをその団長(Grand Master)と称した。パレスティナ沿岸に着き七月二日サン・ジャンヌ・ダクル(アッカ)に上陸、さらに南下してヤッフォに上陸したが、地域を治める太守に巡礼の許可を求めるためアッカに戻った。太守は最初のうちは申し出を断ったが、熱意に動かされて許可し、五枚のテントと必要なだけの馬、護衛の将兵、案内人、荷物運搬用のラクダを貸与してくれた。七月八日夕刻六時、二〇〇人ほどに膨れあがったキャロライン一行はイェルサレムに向けて出発した(43)。

夏になり日中は暑いので夕刻と朝の時間に歩き、ナザレをへて一二日午後九時にイェルサレムに着いた。イェルサレムではカプチン派修道院内に逗留した。聖地では聖墓参拝をはじめダヴィデ王の家、ソロモンの教会遺跡など、多くの聖なる場所を訪れ、往事を偲んだ。その後警護の兵士を増やし、聖者の跡を追ってヨルダン川西岸からジェリコまで行き、またイェルサレムに戻った。一七日にイェルサレムを発って帰路に入り、翌日ヤッフォに到着し、すでに待機していたロイヤル・シャトロット号に乗り、地中海を西に向かった。キプロス、ロードス、クレタの島々に停泊しながら、シチリアのシラクーザにたどり着いたのは八月一九日であった。帰路の地中海の船旅は真夏になり晴天がつづいたので、一行は、船のデッキにテントを張って日中はデッキで過ごすことが多かった。この状況を、ミラノ委員会及び貴族院における「裁判」で、船主ガエタノ・パトゥルゾと船長ヴィンチェンゾ・ガルジーロが、衣服もろくに着けずに彼女とペルガミが手を取り合っていたとか、砲門の上にペルガミが座りその膝の上に彼女が座っていた、などとキャロラインの「不義」を証言した。(44) キャロラインによる後のメモでは、「私は衣服を脱ぐことなどまったくせずに、そこに［テントの中に］休んでいた。私と一緒にデッキにいた人たちも同じようにしていた」と述べている。(45) 追想録の著者ヒュイシュは二人の密通の物語は、「実際に起こったことというより、想像力に富んだ頭脳が生み出したものであった」と述べている。(46)

図 45　キャロライン一行のイェルサレム巡礼。『イェルサレムへの新たな巡礼』に掲載

シラクーザはパレスティナを出てから最初のキリスト教地区であったが、上陸に当たって厳重な検疫が課せられ、一行全員が検疫を終えるのに四〇日を費やした。その間キャロラインには隔離された小住宅があてがわれた。八月二七日に水先案内人を得てシラクーザを出航しようとしたとき、アルジェリア人の攻撃を受ける怖れがあるという情報があり、オーストリア海軍のフリーゲート艦の申し出を受け入れ、同艦に乗り換えて出港した。三一日にメッシーナに到着、再び検疫を受けて九月七日にメッシーナを発ち、一五日無事にローマに到着した。

ローマではイタリア政府関係者や同地在住のイギリス人名士たちの歓迎を受け、またローマ教皇にも拝謁した。一七日にローマを発ち、陸路でフィレンツェ、パルマ、ミラノをへて二一日にヴィラ・デステに帰り着いた(47)。

ほぼ一〇か月ぶりのヴィラ・デステだったが、留守中に様子がかなり変わっていた。大きな変化は邸内に劇場ができていたことだった。その劇場で祭りが催され、キャロラインとペルガミが愛人同士となって一幕の劇を演じたので、また彼女の乱行として喧伝されることになる。しかしヴィラ・デステに戻って判明した最も深刻な事態は、これまで再々顔を出していたオムプテーダ男爵が、キャロラインの行動と生活を探る密偵・スパイだったことであった。キャロラインはようやく帰ってきたものの、ヴィラ・デステに長く住む気持ちは消えていった。彼女はこの時期ミラノ近郊の一所領バローナを二二万フランで購入し、後にこれまでの忠勤に報いるためペルガミに贈与した。この所領はヴィラ・バローナと名づけられ、彼女と一行もしばらく滞在した(48)。

同年一一月には再びヴィラ・デステから旅に出た。一行はしばらくルガーノに移り、翌一七年二月にはバローナを発ちバイロイト在住の妃の叔父を訪ね、ミュンヘン、カールスルーエ、リンツをへてウィーンに入った。キャロラインはオーストリア政府に対し、オムプテーダによる密偵行動によって受けた侮辱と引き起こされた不安を述べ、政府側の満足できる返答を求めた。ウィーン駐在イギリス大使ステュアート卿は姿をくらまし、何の挨拶もなかった。キャロラインは大使の所在がわからないと知らせてきた手紙を、そのままロンドンのキャニング宛に送った。二年半前に初めて訪ねたときの歓迎とは打って変わり、オーストリア政府の扱いは冷淡で、ロンドンの摂政政府と緊密な連絡があることが明白に感じられ、彼女は早々にウィーンを離れた(49)。このときキャロラインはまだ気づいていなかったのだが、ステュアートは外相カースルリー卿（ロバート・ステュアート）の内密の指示を受け、キャロライン妃の「不義」あるいは「皇太子妃にあるまじき行為」の実態をつかむ作業をオムプテーダ男爵と進めていたのである。カースルリー外相を軸としたこのスパイ活動は記録で見るかぎり、一八一六年一月には始まっていた(50)。

妃はその後トリエステでは大歓迎を受け、一七年四月末にヴィラ・デステに戻ったが、ヴィラ・デステもオーストリア当局の監視がさらに強化され、残していた召使い、従者たちの様子がよそよそしくなっていた。キャロラインはヴィラ・デステを棄てる決心を固め、イギリス、オーストリアの当局の監視から自由な、新たな安住の地を求めることにした。[51] 次の安住の地として選んだのはローマ教皇領に属するペーザロである。ヴィラ・デステは売りに出し、八月にアドリア海に臨むペーザロに到着し、やがて郊外の相応しい場所に居を定めた。最初はペーザロ郊外一マイルほどのヴィラ・カプリリに仮住まいしていたが、すぐ近くの所領を二五〇〇フランで購入し、五〇〇〇ポンド以上かけて補修を加え、ペルガミの娘に因んでヴィラ・ヴィットリアと名付けてこれを本拠にした。キャロラインは、その後一九年八月から半年間フランス南部と帰りにローマで過ごしたが、それ以外は二〇年三月にイギリスへの帰国を決めるときまで、このペーザロ郊外に生活の本拠をおいて、干渉から解き放たれ、南国の明るい空と海のもとで元気を取り戻した。[52] ヴィラ・デステは一九年五月にようやく売れて負債の一部は返済できた。[53]

4　追跡する密偵——オムプテーダ男爵

1　外相カースルリーの指示

一八一六年九月にヴィラ・デステに帰ってきたキャロラインは、地元の警察から邸がスパイに取りつかれている、という連絡が入り衝撃を受けた。彼女の留守中に、彼女の寝室や居間のかぎが開けられ、くまなく調べられていたのである。それを指示し操っていたのがフリードリヒ・オムプテーダ男爵であり、この時点で彼を密偵として雇っていたのが、ハノーヴァー政府のミュンスター伯爵（キャロラインの昔の家庭教師の息子、戦時中イギリスに亡命していた）とウィーンでキャロラインの前から姿を消した駐オーストリア大使ステュアート卿であった。

ハノーヴァーの男爵でローマ教皇庁への使節を務めているオムプテーダは、一四年末にキャロライン一行のナポリ滞在中からしばしば姿を見せており、またジェノヴァに戻ったときも現れ、彼女も歓迎してしばしば食事をともにした。彼女はオムプテーダが妃への挨拶と護衛のために出仕していると思い込んでいたが、彼の真の目的は、ロンドンからの指示を受けて、キャロラインの生活と行動を内偵しロンドンに報告するためであった。(54) エドワード・パリーは、ペルガミについて評した一五年一月二四日付けオムプテーダ男爵の次の報告に注目する。ペルガミは「身長六フィートをこえるアポロのようなすばらしい堂々とした容姿の持ち主であり、彼の見かけの美しさには皆ひきつけられている」。すばらしい容姿で頼りになりそうなペルガミを見て、キャロライン妃の愛人＝ペルガミという虚構の筋書きを作って噂を広げたのが事の始まりであり、レステリ、マジョッキ、サッキ、クレーデなど妃の従者たちをそそのかして密通の物語を仕立て上げようとした、とパリーはとらえている。(55)

図46　外相カースルリー卿

筆者が調査した記録を追うと、彼はすでに一五年三月一日付で、ナポリからフランス語の手紙を送り、キャロラインとペルガミの親密さについてロンドンに報告し、また同年一二月、ミラノからヴィラ・デステにおける妃の生活について書き送った手紙が残っている。(56) 彼によってキャロラインとペルガミの親密さがいち早くロンドンに伝えられたのである。(57)

オムプテーダに託された使命は、外相カースルリーが駐オーストリア大使ステュアートに送った一六年一月二一日付けの内密の指示文が語っている。われわれがオムプテーダらの協力によって進めている目的は次の二つだとカースルリーは明確に説く。一つはスキャンダルで体面を傷つけた妻から摂政殿下を救い出すため、何人も疑えないような確定的な証拠を集めること、それにより離婚が可能となるものでなければならない。いま一つは離婚まで行けなくても、キャロライン妃のイギリスへの帰国を摂政殿下が正当に拒否できるような一群の証拠を集めることである。(58) 摂政側の立場がここにきわめて鮮明に説かれており、離婚できない場合でも帰国させない、という断固とした方針を固めていた。外相の指示に対するステュアートの返信は、まずオムプテーダを通じてキャロライン妃の私生活について証拠集めに努めている、「このまことに汚くまことに不名誉な仕事」への協力者を得るのは容易でない、オムプテーダがいまナポリ王のミュラ(一八一五年五月にオーストリア軍に敗れ、逮捕・処刑された)の知り合いというふれ込みで妃に出仕できると主張している男を買収し、偽の鍵を使って室内を調べさせる計画などを提案している、と述べた。さらに妃のもとにいるまともなイギリス人はハウナム大尉だけで、他には身分の低いイタリア人しかいないので、イギリス人の協力者を得るのは難しい、仲間に引き入れる次の最もよい標的は妃に仕える二人のスイス人女中である、とステュアート自身の意見を記している。(59) この最初の男は後にマジョッキを買収したことが判明するジゼッペ・レステリ(一六年八月から雇用、厩舎長)とみられ、後述するクレーデ(馬匹係)も買収されており、男爵による買収計画のあらましが推察される。またスイス人女中とはデュモンと妹ブロンであり、デュモンはステュアートとオムプテーダが狙いをつけていたキーパーソンであったことがわかる。法律顧問ブルームは一六年七月の時点で皇太子妃を訴える法的手続きがすでに始まっており、昨年ジェノヴァに妃を運んだフリーゲートの艦長ペチェルが「決定的な証拠」を提供した、と語っていた。(60) 政府がペチェルを国王側の証人として貴族院の「裁判」に招いたことは後述する。

2 オムプテーダの暗躍

キャロライン一行がギリシアからイェルサレムへ旅行している間に、オムプテーダはヴィラ・デステ内外に現れ、キャロラインの私生活とペルガミとの関係を聞きただそうとした。そのため、留守居をしている従者、侍女に働きかけ、女主人を裏切って情報を出すよう強要した。イタリア人の使用人たちは皆それに応じなかったため、オムプテーダはドイツ人に狙いをつけ、一八一四年一二月のナポリ以来務めている調馬師・御者モーリス・クレーデとさきに述べた問題が多い部屋付き女中アネッテ・プレジンガーを買収したのである。一行が旅から帰っていた一六年一〇月の祭りの日のこと、ヴィラ・デステの炊事場に一人の男が侵入する事件があり、ペルガミが勇気を奮って捕まえコモの警察に突きだした。その男がクレーデであり、キャロラインの住居の鍵を模造する目的で不審な行動をしていたのだった。コモ総督の前で彼はオムプテーダに金銭で買収されていたことを告白した。プレジンガーはクレーデの手引きをした。二人は一六年一一月初めに解雇された。プレジンガーは身持ちが悪くクレーデの子を身ごもっており、実家へ送り返された(61)。

失職したクレーデは、解雇された翌日、自らの非を詫びてまた復帰できるよう仲介してほしいと懇願する手紙を、妃の配下のトマシア騎士宛に送ったことが知られている。その中で、自分とアネッテは皇太子妃への出仕の仕事から昨日解雇された。オムプテーダ男爵にたぶらかされて、自分の最良の女主人でありもっとも寛容な妃を裏切ってしまい、恥をさらした報いであることを告白する。それは一年ほど前のことで、皇太子妃がイェルサレムの方へ出発する一ヶ月ほど前に、アムブローズ・チェザーティなる人物を介して、オムプテーダ男爵から皇太子妃の寝室を調べるため、彼女の居室の鍵を手に入れてほしい、と強く要求された。最初はそのような悪巧みには加担できないと断っていたが、たびたび金を渡され、言うことを聞かねば破滅させるなどと脅され、弱い人間なので男爵の要求に応じた。そのとき邸内の状況と妃と関係がある人物について詳しく尋ねられた。いま正真正銘深く悔いているので、何とか取りなしてほしい、と述べている(62)。

解雇された二人は翌年ハノーヴァーに招かれ、六月二一日、キャロラインとペルガミの関係について証言した。プレジンガー(二六歳)はナポリやヴィラ・デステで、妃の寝室の大型ベッドに他にも誰か寝た形跡があったなどと述べた。プレジンガーは出仕している間に二回妊娠しており、妃がデュモンを採用したのもプレジンガーに問題があったからであった。クレーデ（二四歳）はペルガミについて次のように証言した。ペルガミは侍従として入り男爵になった。キャロライン妃はペルガミと一緒に歩いただけでなく、同じテーブルで食事をとり、同じ馬車に乗って外出した。二人が親密になってから、召使いたちが次々にやめていった。妃とペルガミの部屋が近接していたことは誰もが知っていた。彼は小宮殿の主のようであった。コモ湖に二人きりで小さなボートに乗っていたこともあった。またペルガミ一家のものが次々に邸で働くようになった(63)。以上の証言から、若輩のクレーデは確かにペルガミを妬んでおり、ハノーヴァーの保護のもとで質問者が望む回答を与えたものと言えよう。この二人は後にミラノ委員会にも召喚されて証言した。

オムプテーダの策動ぶりについて、一七年三月七日ミラノ発の『クーリエ』紙の記事を載せた『タイムズ』は、次のように伝えている。皇太子妃はコモを去って当地に住んでいるが、多くの話題を提供している。ハノーヴァーのローマ大使オムプテーダ男爵が、当地に長居する明白な動機もないのにとどまって、皇太子妃を困らせている。「妃は、オムプテーダが当地に長居しているのは、権威あるドイツの宮廷でイギリス公使から妃の行動を監視するよう指示されているからだ、と思うようになった。」彼女はオーストリア政府にこの問題について問い合わせの手紙を送ったが、オムプテーダは動くようには見えない。妃もイギリス政府で親しいキャニングに手紙を出し、「明らかに監視されていることに不満を述べ(64)」、こちらに不安を与えないようにしてほしい、そうでなければイギリスに帰るという意向もちらつかせていた。記事ではさらに、妃はヴィラ・デステの購入に五千ポンドかけ、改修・整備にその同額近くをかけたが、不愉快な目にあったのでコモに再び住むつもりはないとの意向である、と伝えている(65)。

『タイムズ』はミラノの朝刊紙から引用した続報を伝えた。妃の留守中に不正に鍵をせしめ、妃の汚点を求めて室内を調べまわすなどの悪質なことを行ったにもかかわらず、帰省した妃の前にそしらぬ顔で表敬したオムプテーダに対し、妃に忠実な海軍士官（ハウナム）がミラノとコモの中間に位置するバルタシーマで対決することを申し入れた。オムプテーダは決闘の場所をスイスに移すよう提案し逃げの策に出た。男爵の悪質な事件が発覚した直後に、妃が主催した大きな会にミラノ知事や主だった名士が出席したとき、妃はこのことをすべて知事に話した。知事はまさに「恥ずべき行為」と憤り、決闘申し入れのことも聞き、彼は紳士として遇するに値しない、と語った。やがてオーストリア政府の侍従カンテナウ伯爵がコモに来て、この事件とハノーヴァーとの関係はよく知らない、男爵は悪質なことは行っていないと自ら証明すべきだ、と述べた。しかし男爵は何らの弁明も行わず、ハウナムとの対決を避け、一ヶ月以上も後に延期してフランス国境に近いドイツ領内を指定するなど逃げの手を打ったため、カンテナウ伯爵はそのような人物は信頼できないと宣言した。ミラノに戻った伯爵がハノーヴァーの男爵をオーストリア領内から追放する命令を出した、との連絡が妃のもとに届いた。(66) 決闘申し入れに関するハウナムとオムプテーダ間の一連の往復書簡は、のちに貴族院の「裁判」中に、『タイムズ』が全文を掲載した。(67) こうした経緯からみて、オーストリア政府はこの時点では、イギリス摂政政府からキャロラインの身辺調査、あるいは彼女と距離を置くことなど、懸念されるほどの強い要望や指示は受けていなかったと判断される。

一八一七年にはさきの二人以外にも、オムプテーダの指示によりハノーヴァーで証言した者がいる。その証人はキャロライン一行が一七年三月にカールスルーエを訪れたときの宿の女中バーバラ・ケイスラー（あるいはクレス）、二二歳である。彼女は八月七日に金銭を渡されハノーヴァーから招集を受けて証言し、妃の部屋は一〇号、ペルガミの部屋は一二号だったが、一二号に妃が寝るからと広幅ベッドに変えさせられた。夕刻に一二号室に水をもって入ったら、ペルガミがベッドに横たわり、妃は衣服を着けてベッドに座っていた。妃は急いで起きあがった様子だった、などと述べたという。(68) 摂政側はこの証言を重視し、ケイスラーは貴族院の「裁判」の際にも証人として招かれた。(69)

またキャロライン一行が地中海からパレスティナへ旅に出た後、男爵はミラノにおいても証拠集めをした。一六年一月にはヴィラ・デステの内装にかかわった画家カルロ・ボッシに宣誓させ、証言させせた。彼は庭で妃とペルガミが抱き合ってキスをしていた、などと述べた。さらに三月にはコモの劇場経営者コロムビと眼鏡・服飾商タッチョにも宣誓させ、妃とペルガミの部屋の間のドアは鍵がかかっていなかった、という証言を引き出した。(70)

このように一八一八年秋のミラノ委員会による組織的な証人調査が始まる前に、密偵オムプテーダの暗躍によってキャロラインとペルガミの密通に関する証拠集めはすでに進行し、密通は既成事実のようになっていた。また一八一四年から一六年までのキャロラインの旅行について紹介し、思い出やエピソードを加えた小冊が、一七年にミラノ近郊ルガーロで出版されていた。著者は部屋付き女中をつとめたデュモンであり、まず英語で刊行され、その後イタリア語、フランス語版が続いて出たとみられているが、刊行後ほどなく妊娠中のシャーロット妃のもとにも届き、彼女は母親の行動に思い悩むことになった。(71) ミラノ委員会がキャロラインとペルガミの関係についての内密の本格的な調査を始める前に、二人の密通という既成事実がすでに作り上げられており、それに対応して後述するように、キャロラインは帰国の決断さえしていたのである。

第七章　ミラノ委員会――「虐げられた」王妃の焦点

1　ミラノ委員会とこれまでの評価

ミラノ委員会は一八一八年九月から六ヶ月にわたって妃の身辺にいたイタリア人（庶民）を証人として招き、集めた膨大な尋問記録をロンドンに持ち帰り、摂政政府に報告した。二〇年一月に前国王が死去しジョージ四世が即位した後、もしキャロライン王妃が帰国しなかったとしたならば、この膨大な資料は日の目を見ることなく、おそらく文書庫のなかに埋もれていたに違いない。しかし摂政とその政府は王妃が帰国すると、この調査資料を基礎にして王妃を離縁するための「王妃に対する刑罰法案」を貴族院に提出し、成立させようとした。貴族院ではミラノ委員会が招いた証人のなかから重要とみた人物を選んでロンドンに招き、ごく少数の新たな証人を加えただけで、ミラノの場合と同じ証言をさせたのである。それゆえミラノ委員会の報告資料は貴族院の「裁判」の原典に当たり、「キャロライン王妃事件」の核心を語るきわめて重要な史料である。もとより後者の「裁判」においては、新たに招集された王妃側の証人と証言が加わることになる。

それゆえこの事件を扱う研究者は同委員会に大きな関心を寄せ、通常の場合、貴族院における「裁判」との関連で論究してきた。研究史の冒頭に位置するイタリア人研究者クレリチ『分別のない王妃――イギリス王妃ブラウンシュヴァイクのキャロラインの悲劇』（イタリア語版一九〇四年、英訳版一九〇七年）は、いくつかの明らかな誤りを含んでいるが、イタリア側の史料調査に重みがあり、イタリアにおける彼女の足跡やペルガミの晩年など、本書によって初めて明るみに出たことも少なくない。しかしシャーロット妃をキャロラインの私生児とするなど、偏見に取りつかれた大きな誤りがあり、全体のバランスにも欠けている。[1] クレリチを意識したメルヴィルによる二巻本の大著『虐げられた王妃――ブランシュヴァイクのキャロライン』（一九一二年）は、全巻を書簡史料で詳細に語らせており、参照すべき箇所が多く史料的価値がきわめて高く、またバランスがとれたキャロライン像を描出している。[2] ただ、ひたすら書簡で語らせただけに、抜け落ちた空隙があるのは事実である。パリーによる『キャロライン王妃伝』（一九三〇年）が、ミラノ委員会に先立つオムプテーダ男爵らによるスパイ行動を重視し、「ミラノ委員会の完全な歴史はまだ書かれていない」と述べた[3]のは正鵠を射た主張と言える。

その後刊行されたキャロラインの評伝、研究書は枚挙にいとまないほどだが、妃の旅行と大陸在住時とミラノ委員会に関する研究には深化が見られなかった。[4] その間に上梓されたアスピノール編の皇太子ジョージ及びジョージ四世の書簡集計一一巻は、ミラノ委員会に関連する書簡やメモも相当数収録しており、実態の解明に少なからぬ貢献をした。[5] その水準を大幅に引き上げたのは、フレイザーの新著『御しがたい王妃――キャロライン王妃の生涯』であり、ウィンザー王室文書館の所蔵史料を駆使して、「悩み苦しんだ王妃と彼女を悩ませた人について、率直ではあるが同情を込めた肖像」を描き出した。[6] だがこの新著でも、ミラノ委員会の調査に関する比重のおき方、及びその前提となるオムプテーダ男爵らによるスパイ活動についての分析・論述は不十分であり、とくに反王妃側の重要証人となる召使いサッキとデュモンが、敬愛していた女主人を裏切ってなぜ証言するに至ったのか、は何ら解明していない。サッキとデュモンの問題は、王室文書館所蔵の王妃側史料の検証によって本書が初めて明るみに出すことになるが、この検証がなければ彼らの証言を信用するほかないであろう。N・スウィートは最新の論文で「王妃の裁判に連なっていく秘密の活動の物語は、大部分はまだ語られていない」と言い切っている。もっともスウィートが明らかにしたのは、ミラノ委員会の三委員の一人ブラウン大佐にかかわることのみであった。[7] 本章ではミラノ委員会についての研究状況を踏まえ、その調査の実態がどのようなものであったのかを可能な限り確かめ、実態の調査を深めれば深めるほど、証言の虚構性が浮かび上がってくることを明らかにし、あわせてキャロライン妃の行動も追っていきたいと思う。

2 シャーロット妃の急逝と委員会の発足

オムプテーダが暗躍していた一八一七年には、キャロラインの望みを打ち砕く新たな衝撃的な出来事が起こった。それは摂政と彼女の一人娘シャーロットの急逝であった。第五章で述べたが、シャーロットは、両親の深刻な仲違いという不幸を背負って育ったが、持ち前の明るさをもって王位継承者として成長し、一六年五月、ザクス＝コーブルク・ザールフェルト公の三男で気だての優しいレーオポルトと結婚した。サリー州のクレアモント・ハウスが二人の新居となり、その幸せそうな生活から、王室、政府はもちろん国民の多くが、現在の乱脈がつづく王族に代わって清新な後継者が誕生するのを期待するようになった。ところが一七年一一月五日夜、苦しい陣痛の末男児を死産し、その数時間後の翌早暁に本人も他界した。シャーロットの予期せぬ急逝は、期待されていた王子の死産も加わって王族、政府関係者のみならず、広く国民に大きな衝撃を与えた。[8]

シャーロット妃の急逝のニュースがペーザロのキャロラインのもとに届くには三週間ほどを要した。摂政はキャロラインとの関係はいっさい断っており、レーオポルトは気が動転していた。首相リヴァプールに促されて、レーオポルトはようやく従者に姑宛の短い連絡文を数行書かせた。この手紙がローマ、ナポリに向かう国王の配達人に託され、ペーザロに届けられる。ハウナムがキャロライン宛の手紙を受け取ったのは、一一月三〇日の早暁のことで、配達人はシャーロット妃の急逝を伝えるものだと告げた。ハウナムはキャロラインが起床する時間まで待って寝室のドアをノックした。妃が顔を出したので「お伝えすることがあります。今朝、国王の配達人が来ました」と告げると、妃は「ああシャーロットが出産したのでしょう」と応じたので、ハウナムはしばし黙り込んだ。すると妃は「彼女が病気なの」「危険な状態なの」とたたみかける。結局、最悪の場合の覚悟もできているという妃の言葉をきいて、ハウナムは手紙を渡した。妃はそれを開封して読んだ後、ハウナムに返し、「ああ可愛そうなシャーロット」と大泣きに泣いた。しばらくしてやや冷静になり、「これで私の最後の希望がなくなってしまった。だがイギリスもまた大きなものを失った」と語ったという。(9)

同日、ハウナムはイギリスのゲル宛に、皇太子妃は衝撃を受けて手紙を書く元気がない。彼女はイギリスへは帰らないと決心した、と書き送っている。(10)キャロラインの落ち込みようは深刻で、彼女の診療に当たっていた二人の医師フシナニとガッティによると、その衝撃で彼女は「激しい頭痛と胃痛」に襲われ、診察に行くと妃一人だけかまたは四歳のヴィットリンと一緒にベッドに横たわっていた、という。またかつて妃の侍女をつとめ、親交がつづいていたリンゼイ宛にも、毎日のように悲しみの便りが届いた。(11)

キャロラインはシャーロットの訃報を聞いた後、イギリスの友人に宛てて次のように書いた。「いま私はイギリスへ行きたい気持ちでいっぱいです。愛しいシャーロットの墓の上で思い切り泣きたい。そしてもう一度誠実な友人たちと交わって楽しみ合いたいと思います。この二年間、オムプテーダと彼の密使たちによって、またいまは最近ミラノに着いた新たなスパイによって、たえず困惑させられて来ました。この敵たちの目的は私の幸せをすべて破壊し、私の死を早めさせることにあるようです。私はイギリスに戻り、私を非難している人たち全員と対決することに決めました。(12)」

シャーロットの死去は、摂政側にとっても一つの転機になると思われ、妥当な理由を見出せれば、キャロラインとの離縁は困難ではなくなったと思われた。しかし、この一八一七年は戦争終結後の深刻な不況のまっただ中にあり、イギリス国内の社会情勢は憂慮すべき状況にあった。すでに一六年秋からロンドンと工業地域において、苦境にあえぐ労働者層が「武装蜂起」を企てているという噂が流布し、当局は警戒していた。こうした運動の梗概はさきの章で述べたので繰り返さないが、民衆騒擾の動きは当局に雇われたスパイ、オリヴァーによって実態以上に大げさに当局側に通報されていた。その結果ダービィの法廷で裁かれ、死刑を宣告されたブランドレスら三人の「ペントリッジ革命」の指導者たちは、シャーロット妃の死去の翌日一一月七日に処刑されたのであった(13)。

やや平静に明けた一八一八年の三月、摂政は副大法官ジョン・リーチとはかり、法律の専門家を内密にイタリアに派遣して皇太子妃の不義密通の証拠を集めさせる方針を決めた。オムプテーダらによる虚構に満ちた断片的な報告がついに事態を大きく動かすことになったのである。摂政は一八年七月、大法官とリヴァプール首相に対し、極秘のうちにミラノでキャロラインとペルガミの密通の確たる証拠を集めるよう指示した。八月初め、リーチはミラノに派遣する委員として、摂政の顧問を務める弁護士ウィリアム・クック、同じくリンカンズ・インの弁護士ジョン・アラン・パウエル、ウィーンのイギリス大使館付き武官トマス・ヘンリ・ブラウン大佐の三人を選び、八月八日付けの手紙で正式に依頼した。クックは破産法の専門家で著書もある老法律家であり、引退の身であったが、代表格として引き受けた。パウエルは若い気鋭の弁護士であり、オムプテーダからリーチに送られてきた報告を見て、証拠はきわめて不十分であり二人の密通は証明されていないと思った。ウィーン駐在のブラウンはイタリア、フランス語に堪能で証人尋問には不可欠な人物だった。さらにミラノ知事の元秘書サルダナ男爵の助言でイタリア人弁護士フランチェスコ・ヴィメルカーチとその事務所の協力も得ることにした(14)。別行動で密かにミラノに向かった三人は、九月一五日にクックとパウエル、翌日にブラウンが到着して顔を合わせた。同二四日にヴィメ

図 47　ミラノ委員会の主役となったパウエル

ルカーチも加えてブラウンの住居で初会合を行い、委員会の目的について合意した(15)。キャロラインの顧問弁護士ブルームは、摂政と彼の顧問たちの動きをすでに四月に感知していた(16)。

3　キャロライン妃に背いた証人たち

王室文書館に保管されているミラノ委員会関係の膨大な文書をひもとくと、一〇月二六日から翌年五月一二日までの間に八五人、後日一人追加して計八六人の証人を召喚し、キャロラインとペルガミの関係について証言させたことがわかる。証言記録はイタリア語が原本で、まずフランス語に次いで英語に訳されている。委員会では証言の信憑性を高めるため、まず証人の出身、年齢、宗教、現住所、家族の状況を尋ね、法律に従い誠実に答えるかどうか、誓約させた。また各人の証言をまとめた証拠文書の末尾に各人に署名させた。証人のほとんどはミラノないしその近郊の住民であり、キャロラインに雇われていた若干名のほかは、出入り職人、コモ湖のボート業者など、近在の住人が圧倒的多数であった。妃の旅先のヴェネツィア、カールスルーエのホテルの従業員なども少数含まれていた。そのうち二一人が、妃の帰国後の貴族院における「裁判」で国王側が召喚した証人二六人のなかに含まれており、残りの五人のうち三人はイギリス人、他の二人（地中海を航行した帆船の持ち主、ヴィラ・デステのパン屋）は新たにロンドンに招いた者であった。なお記録によると、イタリアからロンドンに送り出された証人として、いずれもミラノ委員会で証言した三一人の名が記されている。マジョッキの妻など貴族院では証言しなかった者も招かれていた事を示す(17)。

この証人のうち委員会側にとってもっとも重要な人物は、部屋付き女中として妃に親しく仕えた黒髪の美女ルイーズ・デュモン二五歳であった。彼女の証言は一九年二月二日から二七日まで、実質二一日間に及んだ。証言記録も、他の証人のものは要約の形であるのに対し、彼女のものは問答式で詳細にわたっている。しかし、デュ

ミラノ委員会における証人

氏　名	年齢・性別		住所、職業	証言日	貴族院での証言
サルデリ、ピエトロ	18　女		ホテル給仕	10月26日（1818年）	
オルシンゴ、ダニエル	40　男		ヴァルラッシナ村、宿屋経営	10月26日	
グッジアリ、ジェロラモ・アントニオ	26　男		コモ、車夫	10月26日	
マジョッキ、バティステ	51　男		ミラノ、下のテオドーレの父	10月27日	
ネグリ、カイタン	40　女		ミラノ、主婦	10月27日	
サッキ、カイタン	42　男		ミラノ、仕立職人	10月27日	
ロッシ、ルイジ	24　男		ルガーノ、宿屋従業員	10月28、30日	
マジョッキ、ルイジ	24　男		ミラノ、独身	10月28日	
ソレリ、マリア	21　女		コモ、部屋女中	10月30日	
リガンティ、フィリッポ	48　女		ミラノ、主婦、材木商	10月30日	
マネガーリ、ドミニク	46　女		ミラノ、主婦、奉公人	11月3日	
ガリ、ジゼッペ	26　男		ミラノ、コモ、宿屋従業員	11月3日	○
マッシオレッティ、ルイジ	20　男		ミラノ、宿屋ボーイ	11月5日	
レステリ、ジゼッペ	33　男	*	ミラノ、厩舎長	11月9日、12月3日	○
マジョッキ、テオドーレ	28　男	*	ミラノ、召使い、馬番	11月20、21、24、26日	○
サッキ、ジゼッペ	29　男	*	ミラノ、元軍人	11月27日～12月1日	○
マジョッキ、マリア・トーナリ	27　女		テオドーレの妻、洗濯婦	12月3日	
アンドレム、ジゼッペ	43　男		ミラノ郊外、宿屋経営	12月5日	
コロンボ、ジェロラモ・バティステ	40　男		ミラノ	12月5日	
フィネッティ、アレッサンドロ	28　女		ミラノ、装飾画家	12月10日	○
ランカッティ、カルロ	48　男		ミラノ、菓子職人	12月10日	○
マラッツィ、フランチェスコ	27　女		ルガーノ、の主婦	12月10日	
メンタスリ、ジョセフィーヌ	30　女		ルガーノ	12月12日	
ボタッキ、ユージェニオ	36　女		トラリゴ、主婦	12月22日	
クッキ、ピエトロ	50　男		トリエステ、ホテル客室係	12月28日	○
ベルガンティ、マルク	30　女		ヴェネツィア、ホテル客室係	12月28日	
ビアンキ、ジゼッペ	52　男		ヴェネツィア、ホテル客室係	12月28日	○
ロッシ、アントニオ	21　男		ルガーノ、宿屋従業員	12月30日	

ビローロ、フランチェスコ	41	男		ミラノ、料理人	1月5日（1819年）	○
リニ、パオロ	39	女		ジェシン州、主婦	1月20日	
グッジアリ、ジェロラモ	39	男		コモ	1月20日	
ヴァグリアヴィ、アントニオ	25	男		チェルノッビオ	1月22日	
ビアンキ、ジェロラモ	25	男		コモ	1月22日	
グッジアリ、ジゼッペ	33	男		チェルノッビオ	1月22日	○
ビアンキ、アントニオ	38	男		コモ	1月22日	○
メジャニ、ジェロラモ	31	男		モンザ、著述家	1月23日	○
カッシーナ、フランチェスコ	35	男		コモ近郊、石工	1月25日	○
リヴァ、ガスパル	45	男		コモ近郊、石工	1月25日	
マニョニ、ジェロラモ	32	男		ソッマ近郊、ホテル従業員	1月28日	
ミノーラ、カルロ	40	男		コモ、船頭	1月29日	
フェラリ、アントニオ	41	男		チェルノッビオ、石工	1月29日	
マッジョーレ、フランチェスコ・ラヨ	50	男		チェルノッビオ	1月29日	
バジ、アンリ	36	男		コモ近郊、石工	1月30日	
マッジョーレ、ジゼッペ・ラゴ	24	男		チェルノッビオ、給仕	2月1日	
ベルナスコーニ、アンゲ	56	男		チェルノッビオ、大工	2月1日	
ブルナティ、サミューレ	59	男		コモ近郊	2月1日	
オッジョニ、パオロ	33	男	*	モンザ	2月1日	○
カラノヴァ、カルロ	41	男		コモ近郊、織布工	2月1日	
ルチニ、ジョヴァンニ	40	男		コモ近郊、塗装師	2月1日	○
リコ、ジョヴァンニ	37	男		コモ近郊、船頭	2月1日	
ヘレーニ、バティスタ	45	男		コモ、船頭	2月1日	
マガッティ、ジャック	35	男		コモ、船頭	2月1日	
パグリアベ、フランチェスカ	37	女		ミラノ近郊、主婦	2月2日	
リヴォルタ、ジョヴァンニ・バティスタ	28	男		コモ近郊、ガラス屋	2月3日	
トッリ、ジゼッペ	29	男		チェルノッビオ、石工	2月4日	
メラーティ、ジゼッペ	55	男		チェルノッビオ、労働者	2月4日	
テッタマンシ、パオロ	48	男		チェルノッビオ、労働者	2月6日	
カルトシオ、ジゼッペ	44	男		コモ、織布工	2月6日	
ガルディニ、ルイジ	41	男		コモ近郊、建築工	2月8日	○
ファサナ、ラスカル	22	男		チェルノッビオ、織布工	2月8日	
チェルヴァディネ、ジゼッペ	23	男		チェルノッビオ、織布工	2月8日	
マルティネッリ、ジェロラモ	26	男		チェルノッビオ、召使い	2月8日	
コルティチェリ、ゲオルグ	45	男		コモ近郊、ホテル業	2月10日	
ガッティ、ドミニコ	26	男		コモ近郊、石工	2月10日	
フォンタナ、ジェロラモ	24	男		コモ近郊、石工	2月10日	
ベンゾニ、フランチェスコ	43	男		コモ在、荷担ぎ人夫	2月10日	

ブルサ、ドミニコ	40	男		コモ近郊、石工、建築工	2月11日	○
ラガゾーニ、パオロ	25	男		コモ近郊、石工	2月11日	○
ゲノリニ、アントニオ	20	男		コモ近郊	2月11日	
ビアンキニ、アンブロア	33	男		コモ近郊、職人	2月11日	
ビアンキ、ジェロラモ・バティスタ	32	男		コモ湖畔	2月12日	
リヴァ、アントニオ	29	男		コモ湖畔	2月12日	
ムッショニコ、ジゼッペ	33	男		コモ湖畔、織布工	2月12日	
ノセダ、パオロ	25	男		コモ湖畔、織布工	2月12日	
ポルタ、フェリックス	62	男		チェルノッビオ、船頭	2月12日	
ネグレッティ、ジャック	35	男		コモ、機材整備	2月15日	
カラディニ、ヴァーレンティン	46	男		コモ、牧舎管理人	2月15日	
ビロ、ジェネヴィエーヴ	50	男		ヴェネツィアのホテル部屋係	2月16日	
ミナ、オノラト	34	男		ルガーノ、石工	2月18日	
バジ、フィリッペ	38	男		コモ近郊、石工	2月18日	
ブロジニ、アンジェ	38	男		ルガーノ、石工	2月18日	
デュモン、ルイーズ	25	女	＊	スイス、部屋付き女中	2月2日～27日	○
クレス、バーバラ	24	女		カールスルーエ、女中	5月12日	○
プレジンガー、アネット	28	女	＊	女中	5月12日	
クレーデ、モーリス	25	男	＊	従者（馬番）	5月12日	
ガルジーロ、ヴィンケンゾ		男	＊	帆船の船主（後日証言）	12月23、24、29日	○

＊従者として妃に同行した者。　○貴族院の「裁判」においても証言した者。

Royal Archives, George IV, Box 9/1, MSS Report of W. Cooke and John Allan Powell, Appendix, B, C, D.

Hansard's Parliamentary Debates, second series, vol. 2(1820), 804 ff.

図 48　証人ルイーズ・デュモン

モンが敬愛していた女主人を裏切って証言するまでには若干の経緯があった。デュモンは一八一七年になると、その前年一一月から妃の厩舎係に雇われていた元軍人のジゼッペ・サッキと親しくなっていた。一七年一一月、キャロライン一行のローマ旅行中に、サッキが妃の財布から四〇〇ナポレオン金貨を盗んだことが判明したため、妃はすぐにサッキを解雇した。盗んだときデュモンが彼を妃の部屋に入れたことがわかり、デュモンも解雇して両親の元に送還した。この二人はその後しばらく同棲していた。また前述のようにデュモンの異父妹ブロンも部屋付き女中として働いていたが、妹の方はその後も仕事を続け、キャロラインの帰国とともにイギリスに同行する。[18]

解雇された後は定職もなくミラノに住んでいたサッキ（Giuseppe Sacchi　本人の言によればミラノではサッキニ Sacchine と呼ばれていた）は、委員会の招きに応じ、一一月二七日〜一二月一日にわたってかなり露骨な証言した。ヴィラ・デステで妃とペルガミがいつも腕を組んで歩いていた、旅の途中で妃とペルガミが手を取り合って寝ているところを二・三回見た、馬車の中でペルガミが妃の首にキスしていたのも見た、そのときペルガミのズボンははだけていたなどと。サッキは解雇されたことに対し、キャロラインとペルガミに恨みを抱いていたことは次の事実から確実である。以下の史料は貴族院の「裁判」に備えて妃を擁護するため、指令を受けて二〇年八〜九月に急遽ミラノ、ペーザロに急行し、告訴に対する反証を集めたジェイベズ・ヘンリ（大法官庁の司法官で元イオニア諸島の植民地裁判官）の報告に基づく。[19] 大冊の著者フレイザーはヘンリが妃を擁護する証人を多数ロンドンに連れてきたことは述べているが、ヘンリが現地で集めた史料は、意図的にかほとんど利用していない。[20]

重要なのは当時獣医長を務めていたジョヴァンニ・ロッシによる証言である。解雇された翌日、ロッシの前に現れたサッキは妃とペルガミに対して「あいつらは邪悪なやつらだ」と脅迫めいたことを言い、デュモン嬢と深い関係になったことでペルガミから非難され、解雇を言い渡された、自分は妃に報復するため剣をもっている、と言った。ロッシは以前にサッキからデュモン用の薬の注文を受け、サッキが目の前でデュモンに手渡したことがあり、二人の親密さには気づいていた。だがサッキがそれまで妃とペルガミを尊敬し良い人だと言っていたので、驚いたとロッシは語った[21]。ここで注意すべきは、サッキが解雇の理由を盗みにはまったく触れず、デュモンと深入りしそれをペルガミに非難されたことのみをあげている点である。サッキの心中に、ペルガミを恨み、キャロラインとペルガミの間柄を誇大に暴露して報復したい、という情念が渦巻いていたに違いない。それゆえ委員会で証言するのはサッキにとって願ってもないことであっただろう。

サッキはさらに妃の身辺の世話係だった元愛人のデュモンを証人に呼び出すべく動いた。彼は証言を終えたその足で、ローザンヌの西外れコロムビア近郊の実家に帰っているデュモンのところに出向き（一二月一〇日）、ミラノに証言に来るよう説得した。デュモンは躊躇した。そのような証言をすれば、まだ妃のそばで働いている妹が解雇される羽目になり、義父、母、異父姉妹の貧しい生活に逆戻りすることになる。姉妹は親元に仕送りをしており、証言に対する相応の報酬を要求しなければならない。このデュモンに対しサッキは説得を重ね、彼の言葉によれば「キケロのような雄弁」によって誘い出すことに成功した。サッキは嬉々としてデュモン呼び出し成功の知らせをブラウン宛に送った。買収はしないと言っていたブラウンも、ローザンヌにいるサッキ宛にデュモンが証言にきてくれるよう要請した[22]。

ミラノに来たデュモンは、妃がペルガミと親しくなったナポリ滞在のときから解雇されるまでの間について、ナポリ到着後しばらくたって妃とペルガミが同じ食卓で朝食を取るようになった、ナポリでベッド・カヴァーに大きなシミがついていた、妃の寝室の大型ベッドに一人以上が寝た跡があった、ある夜ペルガミが下着とスリッパ履きで妃の寝室に行くのを見た、など、多くのことを具体的に証言した[23]。デュモンは証言の途中で質問全部には答えられない、とブラウンに訴えたことがあったが、結局ブラウンの要請に負けた。委員会は証人の日当を一日一〇ポンドと定め、デュモンには七三日分で七三〇ポンドを支払った。これは委員会が証人へ支払った最高額であった。第二位は二〇日間で二〇〇ポンドを受け取ったテオドーレ・マジョッキであった。[24]

図49　テオドーレ・マジョッキ　偽証者

解雇された後、デュモンは妹ブロン宛の手紙（一八一八年二月八日付け）において、「自分がいま最も悲しみ後悔しているのは、妃殿下から辞職させられたことと、妃殿下が私の性格を誤解し恩を忘れて私に罪を課したこと」だと述べ、不満を語った。さらにその手紙で、彼女がキャロライン一行のチュニス、ギリシア、パレスティナへの旅行に関する旅行記（Journal）をローザンヌで出版したことに触れ、この旅行記が当地のゴーリサ夫人やイギリス人の間で話題になっているが、その中でキャロライン妃は「この世界で最良の最も愛すべき妃殿下」であると書いていることに注目してほしい、私が妃殿下を「限りなく尊敬し、限りなく愛慕し、感謝の気持ちでいっぱいであること」を、妃殿下も理解されるよう期待している、と縷々述べている。さらに妹への忠告を加え、妃のもとで働く間は結婚のことなど考えないように、私の過ちを繰り返さないように、とも記した。[25] デュモンの心中には、妃に仕えていたときの良い生活、解雇されたことへの後悔と恨み、サッキとの関係、及び妹の問題が絡み合っており、サッキと金銭に誘われての証言であったと言って間違いない。

オムプテーダはデュモンの証言を得たのち、キャロラインのもとに仕えているデュモンの異父妹ブロンからも証言を得ようとして、一八一九年二月～三月に任地ローマからペーザロの警察署長ビッチ宛に協力要請の手紙を出した。ビッチは買収金千ルイをほのめかしたそのような陰険な計画には関与できないと断り、[26] その後まもなく三月一六日にオムプテーダがローマで急死したため、彼の暗躍もここで幕を閉じた。妃のもとには、オムプテーダはキャロラインの暗殺あるいは毒殺を企んでいるという噂さえ伝わり、邸の炊事場や周囲の警備が強化されていた。[27]

いま一人の重要な証人はテオドーレ・マジョッキである。マジョッキはもとペルガミの配下であり、ペルガミの推挙により馬番として妃に仕えていたが、一七年一〇月、ペーザロ郊外ヴィラ・カプリ在住中に「他の召使いたちと喧嘩したため」（キャロラインのメモ記録による）解雇された。その後ミラノに住んでいたマジョッキは、ミラノ委員会及びのちの貴族院における証言で、キャロラインとペルガミとの「情交」の状況をまことしやかに証言し、当初はパウエルら委員会と多くの貴族院議員に二人の不倫を確信させたほどであった。[28] マジョッキの証言では、皇太子妃を中心としたヴィラにあたかもキャロラインとペルガミしか住んでいなかったかのように、二人の関係だけが大写しにされた。しかし貴族院の裁判において、反対尋問に立った王妃派の弁護士ブルームが、妃らが住むヴィラにオムプテーダ男爵がきたことを覚えているか、と問うと、「知らない」と答え、男爵が合鍵を作って召使いを妃の部屋に侵入させ、トラブルを引き起こしたことを尋ねられると、「覚えていない」（Non mi ricordo）を繰り返した。またヴィラに住むイギリス人について聞かれても、「覚えていない」であった。“Non mi ricordo” は一種の流行語となり、次の一節を持つはやり歌もつくられパンフレットにして撒かれた。[29]

テオドーレ・マジョッキは私の名前
そして誰もが知っている
私が王妃に背いて証言するために
イタリアから連れて来られたことを
外国でオムプテーダと会って
ブラウン大佐のもとへ送られた

彼は“Non mi ricordo”と言うために
たくさんのクラウン銀貨を私にくれた
　　まあまあ

ブルームの反対尋問により、貴族たちはマジョッキの証言が偽証ではないかという疑いを強く抱くにいたった。八月二三日の議会でダーリントン卿は「刑罰法案を支持する最初の証人［マジョッキ］が行った初日の証言は、正直なところ私の心に強烈な印象を与えました。しかし昨日行われた反対尋問は、逆にその印象を大いに弱めました」と語った。後にマジョッキの偽証を確信したブルームは「マジョッキに対する反対尋問がこの法案を敗北へと大いに押しやった」と述べた(30)。

マジョッキが貴族院に証人として現れたとき、キャロラインは興奮して「おおテオドーレ、裏切り者」と叫んで席を立った(31)。その後貴族院の「裁判」が最終段階を迎えていた一一月八日、なおロンドンに残っていたマジョッキは、「善良な女性」として敬慕してきたキャロライン王妃宛に次の詫び状を書いた。「王妃様に背いて邪な罰当たりのことを述べたあなた様の罪深い召使いをお許しください。私は一〇〇〇ポンドの金銭であの邪な証言をするようレステリ［厩舎長］に買収されていました。私がしたことに心からお詫びいたします。わが虐げられた女主人様のお許しを請うために、この一枚のメモを用意しました。あなた様のお許しが得られるまで心を休めることができません(32)。」マジョッキは明らかに偽証をしたのである。また妃のメモ書ではマジョッキは「他の召使いたちと喧嘩したため」解雇されたとのみ記されているが、ペルガミの配下にあった彼はペルガミが自分の賃金を引き下げようとしたと語っており、喧嘩の主要な相手は、それまで彼を引き立ててくれたペルガミではなかったか、と推考される。マジョッキにはペルガミに対する妬みも渦巻いていたに違いない。レステリは証言者としては重要ではないが、ルイなる人物から三ヶ月分の給料を貰って妃のもとを離れ解雇されたといっており(33)、離れた時期はマジョッキと相前後している。オムプテーダの策謀で一六年八月に妃のもとに入ったレステリが、予定通りマジョッキを買収していたのである。買収されて妃を裏切った者が、レステリをはじめ厩舎係ないし馬匹係に集中していたことも注目してよいだろう。

一八一八年一〇月以来、内密の調査を続けていたミラノ委員会は、翌年五月に計八五人の証人調査を終え、集めた膨大な証言集を緑の袋（Green Bag）に入れて持ち帰った。クックとパウエルはその資料を整理し、七月一三日にその総括報告書（手稿二五ページ）を副大法官ジョン・リーチに提出した。膨大な証言を巧みに整理したこの報告書はパウエルが執筆しているが、筆者がその内容をつぶさに検証したところ、パウエル自身が「最も重要な証言」と評価するデュモンの証言の比重が最も高く、次いでマジョッキ、他はかなり差があってサッキらが来る。その他の証人はほとんどが個別の状況に関する証言である。[34] こうみてくると反キャロラインの主要な「証拠」を提供したのは、さきに述べたようにいずれも解雇され、ペルガミに嫉妬と反感を持ち、ペルガミと親密なキャロラインに対しても反発し、報復心に駆られていた人々であり、かつ買収されていたと判断される人々であった。彼らの証言は二人の関係の実態をどれほど正確に語っていたのだろうか。その証言が偽証性の高いものであったことは疑いない。ミラノ委員会は総額三万ポンド以上を費やしたが、その大部分が証人たちに支払われており、まさに買収費として使われたのである。他方、この調査により摂政側は離婚のための証拠は整ったと確信した。

4　キャロライン妃の去就——帰国の途へ

ミラノ委員会の調査で「確信」をつかんだ摂政側の動きは険しくなった。一九年に入るとキャロラインのもとに、彼女から王妃の地位を没収するための「私権剥奪法案」（Bill of Attainder）の準備が進められているというニュースが法律顧問ヘンリ・ブルームらによって伝えられた。ブルームはキャロラインがよりイギリスに近い場所に移ることを望んでいた。ブルームは一九年三月、キャロラインの生活ぶりを確かめ経理状況を調査し助言するため、代わりに弟である弁護士ジェイムズ・ブルームをペーザロへ送った。ジェイムズは三月初めからほぼ二ヶ月間、ペーザロ市街から一マイルほどの彼女の住居ヴィラ・ヴィットリアに滞在した。ジェイムズがロンドンの兄宛に送った長文の報告（手紙）は、妃の生活の実態と心情を伝えており、妃の去就を確かめるために貴重な史料である。(35)

まず妃の住居と住人たちについて。主要な住人はバロン（妃はペルガミのことを男爵と呼んでいた）、バロンとともに家令役を務めるオリヴィエリ元大佐、馬匹係ヴァッサリ元大尉（二人とも誠に良い人物とブルームは評している）、バロンの弟ルイジ、歌手夫妻、オースティン、五歳のヴィットリンであり、全体で八〇人、そのうち六三人はこの邸内に住んでいる。ペルガミ（三五歳くらい）は予想と違って「誠に真っ直ぐなきわめて良い人物だと考える」。彼は長身で容姿もよく当地の皆から好かれており、嫌っているのは彼を妬んでいるミラノの銀行家マリエッティくらいで、経理にも通じヴィラの管理をみごとに行っている。キャロラインは万事バロンに頼っている。妃の負債が増大したのは、ナポリ在住期のシカードのルーズな経理、資金を管理するマリエッティが妃の承認なしに支出していたこと（この件でペルガミと対立）にあり、ブルームの調査ではペルガミの方が正しい、としている。弟ブラウンシュヴァイク公の遺言書が示した一万五千ポンドの妃の負債の問題は差し迫った問題ではない。(36)

ミラノ委員会について。キャロライン妃はこの調査にひどくいらだっている。彼女はオーストリア皇帝宛に調査をやめさせるよう要望を送ったとのことであったが、それはやめた方がよいと忠告した。自分は妃が兄上たちの忠告を聞くのに便利なイギリス国内かブリュッセルに移った方がよいと提案したが、使者をそちらに遣わす以上には動く気はない。妃はミラノ委員会がデュモンを証人に引き出したことにひどく憤っている。妃はデュモンの証言をもっとも気にしており、憤懣やるかたない様子である。デュモンは「大変な淫婦であり、その性格はよく知られているので、誰もその証言を信用しないだろう」と妃は語っている。ここにいる妹のブロンに姉を連れてくるよう言っているが、デュモンは来ようとしない[37]。

キャロラインの今後について。シャーロットが急逝するずっと前から彼女は二度と帰国しないと決めていたが、いまその決心が固まった。妃は王妃になる野心はないと語り、もし親しい義弟のヨーク公が即位するようなことがあれば、彼に敬意を表するためイギリスに行ってみたい、とのことである。何よりも平穏に暮らすことを望んでいる。妃はここでとても幸せそうにみえる。「明白な証拠はまったくないが、あらゆる点から見て二人「妃とペルガミ」は夫と妻であるかのようにみえる。」バロンの部屋は妃の部屋に近い。見たところ誰の目にも明らかのように見えるが、彼女の反逆罪を証拠立てるのは難しいだろう。だが状況証拠が洗いざらい述べられたならば、彼女は破滅の底に落ちるだろう。国王は妃を離縁し、彼女が望んだとしても、王妃の座には就かせないだろう。したがって妃の今後の生き方として、年五万ポンドの年金を生涯確保し、王妃の地位には就かず公式に別居する、というような取り決めを結ぶことが考えられる。ジェイムズはこのような主旨を述べ、キャロラインが頼りにしている有能な法律家、兄ヘンリ・ブルームのアドヴァイスを求めていた[38]。

事実、兄ヘンリはその趣旨を、一　キャロラインは離婚ではなく公式に別居することに同意する、二　今後王妃に就く権利は放棄しコーンウォール公爵夫人というような肩書きを用いる、三　妃の年金は生涯保証される、という三項目にまとめ、六月一四日ハッチンスン卿を通して摂政殿下に提案したが、殿下は公式な離婚を要求し受け入れなかった[39]。

ミラノ委員会の報告が提出され、離婚を押し進めようとする摂政の意向がブルームから伝えられた一九年七月以降、キャロラインは落ち着けなくなった。ジェイムズの報告とは異なり、彼女の内心には王妃の地位への未練が、あるいは離縁され代わりの女性が王妃の座につくことへの懸念が渦巻いていたに違いない。八月には馬具な

図50　王妃の法律顧問ヘンリ・ブルーム

どを注文し、キャロラインがペーザロを離れる準備をしているという、数週間前に同地を訪れた旅人によるニュースが報ぜられた。[40]またケンジントン・パレスに住んでいる執事シカード宛に、妃が目下ペーザロからイギリスへ向かっているので、セント・レジャー氏にカレーまで来てほしい、またガース嬢とセント・レガー夫人にはドーヴァーでお会いしたいので伝えてほしい、さらにケンジントン・パレスに住めるよう手配してほしい、という手紙が届いた、と半信半疑に報じられた。[41]

この時期のキャロラインの動きはブルームら少数の関係者にしか知られておらず、記者にとっては謎と思われたが、彼女は確かにオルディ公爵夫人の名でパスポートを取得し、八月には侍従たちとともに密かにペーザロを離れ、ボローニアを経由してリヨンに向かっていた。マルセイユ発一二月二六日付けの妃の手紙は次のように述べる。五年もの長い間親しいイギリスを留守にしているが、イギリスの人々の私に対する変わらぬ親愛の気持ちが伝わってきて、幸せな気分に浸っている。「イギリスにいる私に対する中傷者や敵たちは、またもや、スパイや悪い行為のため私の邸から追放された多くの元召使いを使って、ミラノで内密の調査を始めている。」クックらは私の私生活のすべてを調べてきた。またも内密の調査を始めるという情報はすでに昨年四月に私の法律顧問ブルームから知らされ、そのとき私はロンドンに行こうと思ったが、彼は私に自制を促し、まずフランスで会いたいとの意向であった。そのためリヨンにきて、同地で数週間待機したが、リヨンは自分には寒過ぎ、冬期の住居を求めてマルセイユに移っている。しかしいつ彼と会えるかわからない。……わが敬愛する国王［ジョージ三世］の健康が悪化していると聞きとても衝撃を受けている。……イギリスとイタリアでの負債をすべて支払い終えて喜んでいることをお伝えしたい、と。[42]彼女は真剣に帰国を考えていたのである。

当初はしばらくリヨンに滞在し、ブルームの到着を待って今後の身の振り方を相談する計画であった。しかしブルームからリヨンまでは行けないとの連絡があり、パリに出向くことを考えた。だが二〇年一月六日付けの手紙によると、今朝パリの旧友から来信があり、在パリのイギリス大使は私に対して敬意を払うことはできないと主張し、パリの政府も妃に住居を提供できないのではないか、と述べたとのことである。フランスの現国王は悲惨な亡命中には亡き父ブラウンシュヴァイク公に暖かく迎え入れられたのに。このような国には長く滞在できないので、一月二〇日にはマルセイユを発って海路イタリアへ帰る、と書かれていた。[43]

マルセイユを発った彼女はサヴォナ、ジェノヴァをへてリヴォルノ(英名レグホーン)で上陸し、ピサ経由ローマに向かった。リヴォルノに到着して、ジョージ三世の逝去(一月二九日)を伝えるブルームの手紙を携えた執事シカードに出会った。彼女は「シカード氏と出会ったとき、私がどれほど驚いたかあなたにはおわかりにならないでしょう」とローマ発二月二三日付けの親友宛の手紙に書いた。[44] 夫の摂政殿下はジョージ四世として即位したので、彼女は当然ながら王妃の地位についたはずであったが、イギリス政府からの公式な連絡はいっさいなかった。ブルームは、イギリスに帰国する前にブリュッセルかカレーで相談したいという意向を伝えてきたが、キャロラインは長い旅行の後なのでしばしローマで休息したい、その後できれば海路でイギリスに帰りたい、と認めた返信をシカードに託し、さらに帰国後はグリーン・パークにある一八年に他界した義母シャーロット王妃の住居クイーンズ・パレスに住みたいので、手配するようブルームに要求した。[45]

しかし問題はキャロラインの「王妃」という称号にあった。イギリス政府はこの問題で諸国の政府に、王妃の称号を認めるという通知を出そうとしなかった。それどころか、国王側はキャロラインから王妃の地位を剝奪するため、国教会の祈禱書(Liturgy)から彼女の名前を削除する作業を進めていた。最高位の聖職者カンタベリ大主教サトンはこの国王の要請に反対であったが、ミラノ委員会後、キャロラインを「有罪」とみる方向に傾いたリヴァプール内閣は、妃が外国にとどまるならばその方針をやむなしと考えるようになり、二〇年二月一二日、内閣は祈禱書からの削除を公式に認めたのである。(46) ローマに着いたキャロラインは二月二三日、教皇庁に対し夫が即位したので門前警護をつけるなど王妃として遇するよう文書で要求した。枢機卿コンサルヴィはその翌日、妃がオルディ公爵夫人のパスポートで出国していたことを引き合いに出し、教皇庁政府はそのような私人に警護はつけられない、従前から皇太子妃としてふさわしい敬意をもって遇してきたのでその立場に変化はない、イギリス王妃がローマに滞在中という情報は得ていない、イギリス政府とハノーヴァー当局から公的な変更通知を受けたなら、王妃として敬意をもって遇したいと答えた。(47)

失意のキャロラインは三月二日、親しい友人宛に「私がまだ、善良でご立派だった前国王ご逝去の知らせを政府の公的な伝達使から受けていないことをあなたが聞かれたら、驚かれるに違いありません」と憤りをぶちまけた。コンサルヴィ卿は本性を現しジョージ四世の飼い犬であることを自ら示した、彼に影響力をもつフランス大使ブラカス伯爵とハノーヴァーの大使レーデン（オムプテーダの後任）も、私を王妃と認めないよう枢機卿に働きかけている、ウィーン駐在のスチュアート卿とフランスのブルボン家の王族も制裁を受けるべきだ、現在の唯一の楽しみはあなたの手紙と新聞の切り抜きが届くことですと書き、「イギリスへ飛んでいきたい」と結んだ。(48)四日後に彼女はやや落ち着いて再び友人に手紙を書き、ローマの教会で前国王の逝去以降、若い司祭が当地のイギリス人に向けて、ジョージ四世と王妃キャロラインのために祈りの言葉を語っている、この牧師は毎日曜日に私の邸へ訪ねてくる、ウェストミンスター・アビーでは王妃を除いた全王族への祈りが捧げられているようだが、当地は自立していると書き送った。(49)

意を決したキャロラインは三月一六日、ロンドンのリヴァプール首相とカースルリー外相宛てに自分を王妃として公式に認めるよう要求する書信を送った。まず外相に対して、彼が庶民院で敬意をもって王妃を遇すべきとのブルームの質問に誠実に答えたことにふれ、イギリスの大公使やハノーヴァーの駐ミラノ大使に「ブラウンシュヴァイクのキャロライン」などと王妃を蔑む言葉を言わせないよう指示すべきだと書いた。首相には、カースルリーの発言の後で祈禱書から王妃の名が抹消されたというが、その理由・動機を聞きたい、自分がロンドンに着く前に満足できる回答を寄せてほしい、と書き送ったのである。さらにこの大臣二人への書信の内容を伝えた親しい友人とブルーム宛の手紙も書き、ヒエロニマスに託してロンドンに急行させた。ヒエロニムスには帰国後の彼女の宮殿を手配する仕事も依頼した。(50)

三月末にロンドンに到着したヒエロニムスが手紙を手渡し住居の折衝を始めると、関係者はキャロラインの帰国が現実化したことを認めざるを得なくなり、大いに慌て始めた。彼女の弁護団長を自他ともに認めるブルームも、前述したように前年六月、彼女が十分な処遇を受ける代わりに国外にとどまり王妃の称号はあえて使わないという私案を、彼女の了解なしに摂政と閣僚に提案し、摂政に拒否されていた。しかし今やブルームも、キャロラインが皇太子妃から王妃に変わって一般庶民の人気の的になり、「大変な人気で……王妃殿下万歳！　と叫んでいる」ことを認めた。(51)　庶民院では王妃に同情する者が多数を占める状況であり、カースルリー外相、あるいはリヴァプール内閣全体として、国王の要請に容易には応じなかった。カースルリーは国王の強硬な要請を内閣が拒み辞職するに至った場合、国王が次の内閣を発足させられない事態になり、ハノーヴァーへ隠棲せざるを得なくなる、というところまで考えていた。彼は一方的な離婚の断行と祈禱書からの削除にこだわる国王をもてあまし、政府はそれに積極的にはかかわらないがよいと考えていた。またこのような「悪女」とは縁を切ると強い意向を示していた当のジョージ四世自身も、食欲がなく多量の瀉血措置を要するほどの病体にあり、キャロラインが帰国し非難が自分にあびせられるという悪夢にうなされていたという。(52)

このような国王・政府当局者やブルームら関係者たちの慌てぶりには、総選挙が三月二五日に行われ、改革派・急進派の活動が再び活発になっており、スパイ情報ではアーサー・シスルウッドら少数の急進派が政府を覆す計画を進めている、という社会状況もかかわりがあった。急進過激派の運動は「ケイトー街の陰謀」として発覚し、二月二三日、数人の急進派が集まっていたハイド・パークの北ケイトー街の一室に警官隊が押し入り、シスルウッドら一八人が三月初めまでに相次いで逮捕されるという事態になった。後にシスルウッドら五人は五月一日、ニューゲイト監獄前の広場において大衆凝視の中で公開処刑に付された。一方、急進派は二月の時点で「わが国の貞淑な女性たちはみな、王妃に対する処遇についてひどく怒っている。……王妃がこの国に帰ってきたときには、われわれはみな彼女を暖かく迎え、一致結束した訴えを発表して彼女を祝福すべきだ」と主張して、キャロライン支持の立場を明らかにした[53]。こうして急進派・共和派や民衆の間にキャロライン支持が広まりつつあるなかでの彼女の帰国は、政府・体制批判に油を注ぐものと思われたのである[54]。

5　帰国の旅

王妃の名前を祈禱書から削除するという前代未聞の問題は、もとより庶民院で論議を巻き起こし、この措置を不当とする意見が多数を占めた。しかし国王はカースルリー外相を通じて密偵オムプテーダに指示していたとおり、祈禱書からの削除と王妃の称号を認めないことは、まったく譲歩しようとしなかった。国王側がいくらかの譲歩を見せ最後的に示した案は、キャロラインが国外で暮らすならば、王妃の称号並びに王族にかかわる称号は認めないが離縁などの措置はとらない、また生涯にわたって年額五万ポンドの年金を保証する、しかしもし帰国するならば、不義密通の罪で妃に対する刑罰法案を通過させ、離婚を断行する、というものであった[55]。

リヴァプール首相からの返信は届かず、コンサルヴィ卿は妃に「イギリスのキャロライン妃」という称号を贈ったが、フランス大使ブラカスは彼女のパスポートへの署名を拒んだ。イギリス公使パークは、下手すると「この職を失いかねないと大層恐れ、ふるえる手でロンドン行きの私のパスポートにやむなく署名した[56]」。妃は四月八日にローマを発ちペーザロに向かった。ペーザロでは自治体当局者や各階層の市民たちが王妃の帰還を歓迎したが、キャロラインは数日間リュウマチ熱に悩まされた。その間ヴィラ・ヴィットリアでは帰国のための荷造りが進められ、王妃としての体面を保つため衣装、宝石、銀器、磁器など持ち物すべてを持ち帰ることにした。四月一三日にロンドンからヒエロニマスが戻ってきて、パリ東方のエクス・アン・オスかカレーに近いリールで落ち合いたいというブルームの手紙と、王妃として遇しないという先の枢機卿の妃宛の手紙を掲載した新聞を持ち帰った。この手紙は公刊用に彼女がロンドンに送っていたものである。[57]

四月一五日、キャロラインはペルガミ、ヴァッサリ元騎兵大尉、オルディ夫人、マリエッテ・ブロン、オースティンらを連れてペーザロを発ち、イギリスへの帰国の旅についた。出発直前に親密な関係にある元ロンドン市長で庶民院議員マシュー・ウッドに手紙を書き、まずウッドの庶民院選挙の成功を祈念すると述べた後、体調も良く気分も張りつめている、四月三〇日には確実にカレーに着く、型紙を送るので旧知の服飾師ウェッブ夫人に仕立てを依頼してほしい、ミラノからもう一度手紙を書く、今後の手紙はすべてジュネーヴ宛てにお願いする、と書いた。[58] 当時ウッドの次男ウィリアムはウィンチェスター・カレッジを放校になったためジュネーヴのカレッジに在学しており、ウィリアムはジュネーヴでキャロラインと合流し帰国に同行することになるが、ブルームは自分を差し置いてウッドが王妃と親密になるのを警戒していた。この二人の改革派は、政治の中枢とかかわりがあるブルームとあくまで庶民政治家の道を進むウッドとの間で立場の違いがあったが、二人ともキャロラインに近づこうとしていた。ウィリアムは帰国後ケインブリッジ大学に入り、弁護士、議員をへて大法官まで上りつめる。

キャロラインは、気持ちだけは急いでいたものの疲労が蓄積しており、ミラノでまたトリノでもリュウマチ熱にうなされた。ミラノの医師ラゾーリ教授から懇切な治療を受け、夏になるまで自重するよう助言されたが、とどまるわけにはいかなかった。オーストリア当局はラゾーリに対しロンドンまで妃に同行するパスポートを発給しなかった。一行はトリノからアルプスに向かい、難所のモンスニ峠で妃が二日間寝込んだ後、シャンベリを経由して五月七日にジュネーヴに到着した。[59] ジュネーヴではレキュ・ホテルに滞在し、午後の時間には湖上の空気を楽しみ一一時前には就寝する、という規則正しい生活を送りながら、今後の行動について問い合わせたブルームへの手紙をヴァッサリに持って行かせ、その返事を待った(60)。

五月二五日にヴァッサリが戻り、ブルームからカレーに近いサント・メールで落ち合いたいという連絡を受けた。一方、元市長ウッドと妃の元侍女で親しいアン・ハミルトンはブルームより先にロンドンを発ち、カレー経由で南下していた。二人が海峡を渡りカレーに着くと、同地在住のイギリス人たちは王妃の帰国が現実化したことを歓迎して沸き立った(61)。妃は二六日にジュネーヴを発ち、ディジョンを経由しモンバールに着き、ここで迎えに来たウッドとアン・ハミルトンに嬉しい対面をした。二人が一行に加わり、イギリスが一段と近くなったのである。パリの新聞はキャロラインがパリを通ると騒ぎ立てたが、一行はその後ヴィルヌーヴ・ド・ロア、メランを経由して北上し、パリを避け一挙にアベヴィルへ出た。アベヴィルからは途中の宿駅で一度だけ馬を代えたが夜を徹して旅を続け、六月一日早朝五時半サント・メールに着いた。ブルームと国王側の代理人ハッチンスン卿はその翌日同地に着いた(62)。

サント・メールではキャロラインにとって、またブルーム、ハッチンスンにとっても難しい交渉が待っていた。ブルームがイングランドに入国する前に妃に対面したいと申し出ていたのは、彼女が帰国せずに外国にとどまる形の解決策を考えていたからであった。ブルームはシルク・ガウンの勅任弁護士に国王から任命されることを望んでおり、キャロラインの弁護で王と王妃の間を円満に取りまとめ、栄達を実現しようとしていたふしがあった(63)。しかしのちに述べるように、キャロラインが実際に帰国してしまうと、彼は王妃に密着しかなり誠意を込めて彼女を擁護したとみてよいだろう。

六月四日午後四時、同地のホテル・アンシアンヌにおいて、キャロラインはハッチンスン卿が三項目にまとめた国王側の提案をブルームから見せられた。いわく、イギリス国王の政府は王妃に対し生涯にわたり年間五万ポンドを供与する、王妃は今後イギリス王妃という肩書きは名乗らないものとする、さらに王妃は連合王国内に住むことはもちろん来訪することも認められない。キャロラインは一読して興奮し、「このような提案を聞きいれることはまったくできない」との文を認め、ハッチンスン卿に届けさせ、事態は切迫していると判断して直ちに出発することを決断した。ハッチンスンとブルームは彼女に少し落ち着いてもう一度考えるよう上申し、ブルームはさらに彼の意見を加えた長文の親書を妃に届けた。その親書で彼はハッチンスンの提案に賛成はしていない、

図51　ウッドに支えられてドーヴァーに上陸するキャロライン王妃

イギリスに入国しないという条件だけが重要であり、生涯年金、王妃の肩書き・権限はすべて外交上においても保証される、という案を示し再考を促した。だがキャロラインはすでにペルガミ、ヴァッサリに別れを告げ、支持者ウッド、アン・ハミルトンに伴われて馬車三台でサント・メールを出立し、カレーに向かっていた。彼女はフランス当局が彼女の通行を妨害したり遅らせたりすることを警戒し、四日午後五時半に急いでホテルを出たのである。最初の馬車に彼女とアン・ハミルトン、二台目に部屋付きの女性たち、三台目にウッドと息子ウィリアム、及びオースティンが乗った(64)。

カレーに着くと九時半にはドーヴァー行き定期連絡船プリンス・レオポルド号に乗り込んだ。海軍大臣メルヴィル卿（ロバート・ソーンダーズ・ダンダス、ヘンリ・ダンダスの子）にアン・ハミルトンから海軍のフリーゲート艦を手配するよう要請していたが、国王がロンドン不在で了承がとれないとして断られ、連絡船利用となっていた。しかし風向きが悪く一一時出港の予定が遅れ、翌五日朝六時ごろようやく出港、一一時頃南風に乗ってドーヴァーに近づき、午

後一時、キャロラインはほぼ六年ぶりにイギリスの土地を踏んだ。長途の旅をへた彼女はすでに五二歳であった。ドーヴァー守備連隊の司令官モンロー大佐は、自らの判断で王妃を歓迎する祝砲を打ち上げた。(65)彼女がブルームの最後の親書を手にしたのは出港前の午前三時ごろ、連絡船上においてであったが、彼女は「私の心は決まっている。先に進むほかない」と語った。国外にとどまるという解決策を断固拒否したのである。(66)サント・メール以来のキャロラインの帰国にかかわる一連のやり取りは『タイムズ』に詳細に報じられ、国民的な関心事となりつつあった。(67)

このようにして王妃がドーヴァーに着いた六月五日以来、圧倒的多数の国民、民衆がキャロライン側につき、各地で王妃の帰国を祝賀する賑々しい示威行動が繰り広げられた。この六月から貴族院の「裁判」が行われた一一月にかけて、「キャロライン王妃事件」は「大衆の感情を徹底して興奮させ」、商売のことも個人の楽しみさえも忘れさせ、「食事さえも二の次」になるほど国民大衆を熱中させることになったのである。(68)

小結

キャロライン妃は一八一四年八月、対ナポレオン戦争が終結したときを縫って、表向きには夫ジョージとの間の「平和を取り戻す」ため、その本心では、皇太子妃としての誇りを傷つけられた数々の「不名誉と屈辱」と「虐げられた」境遇からの解放を求めて、イギリスを棄てるつもりで旅出した。以来六年近い大陸旅行、エーゲ海からイスタンブール、パレスティナ方面への冒険旅行とイタリア生活において、彼女は確かにそれまでの鬱屈した生活から解放され、生気を取り戻すことができた。しかし自由と解放をかち得たその大陸旅行がまた、彼女の悲劇をより深刻なものにした。夫の指図による密偵が彼女の行く先々を追いかけ、召抱えた近習、従者を買収して彼女をおとしめる情報をかき集め、侍従として信頼し頼りにするようになった元イタリア軍人ペルガミとの「不義」の物語がつくり出された。

確かに彼女の冒険旅行と大陸生活を考えてみると、皇太子妃としては、常軌を逸し途方もないと思われることが少なくないだろう。彼女とペルガミとの間の真実は、本人が真相を明かさないかぎり不明というほかないが、ジェイムズ・ブルームが述べたように状況証拠は確かに揃っていた。彼女は一般庶民とも気さくに付き合い、気取らない闊達な性格の持ち主であったし、虐げられた状態がつづくなかで夫に従順に従う女性ではなくなっていた。何人もの著者や筆者が、彼女について「御しがたい」(unruly)とか、「常軌を逸した」(eccentric)、「おてんば娘」(hoyden)、あるいは「分別のない」(indiscretion)という批判的評語を用いたのも故なしとしない[69]。彼女は皇太子妃としては確かにいくつもの欠点の持ち主であった。だがシャーロット妃は、母の噂に悩んでいた一八一七年のある日、夫レーオポルトに次のように語った。「母は悪いのです。しかしもし父がこうまでひどく悪い仕打ちをしなかったならば、彼女もこれほど悪くはならなかったでしょう[70]」と。この言葉はまさに核心をついている。

本章で検証し述べてきたように、キャロラインの「不義」の物語は元はと言えば、ハンサムで頼り甲斐がありそうなペルガミを見て密偵オムプテーダ男爵らが創作した虚構であった。また男爵やミラノ委員会の前でキャロライン妃に背いて妃の「不義」をまことしやかに証言したキーパーソンとなる主要な証人たちは、悪事を犯して妃から解雇された者たちか、または金銭で買収された卑しい者たちであった。貴族院の「裁判」においてブルームの反対尋問がそのかなりの部分を明らかにしたが、彼らの証言は虚構に富んでおり、偽証に近いものであったことを確認しておきたい。

第八章　王妃キャロラインの帰国

1　王妃を迎える国民・民衆

『タイムズ』は王妃の帰国について、歴史に残るウィリアム征服王のヘイスティングズ上陸、テューダー王朝の開祖ヘンリ七世のミルフォード・ヘイヴン上陸、あるいは名誉革命を成し遂げたオラニエ公ウィレムのトーベイ上陸になぞらえ、興奮した記事を書いた。しかしこの三人の歴史的な上陸の際も、「王妃殿下が勇敢にも昨夜、わがイギリスの地を再び踏み首都に帰ったときにみられたような、首都の民衆のあれほど興奮した行動はまったくみられなかった(1)」のである。

ドーヴァーからロンドンへの帰還の旅はまさに「勝利の行進であり、民衆の間で彼女の人気がいかに高いかがたちまち明らかになった(2)」。まず五日夕刻、先を急ぐキャロラインの前にドーヴァー市民の代表団が歓迎の謁見を申し出てきた。彼女はその要望に応え、ライト・ホテルの広間において午後六時、ウッドとアン・ハミルトンを左右に従え「栄えある王妃殿下に捧げる」歓迎の言葉を受けた。その言葉は、ブラウンシュヴァイク公家に育ち偉大なる故ジョージ三世の深い愛を受けられた妃殿下が、いまやイギリス王妃としてイギリス王政に加われたことに深く敬意を表し心から歓迎する、その治世が末永く幸福に存続することを祈念する、というものであった。

これに対し王妃は、ドーヴァーの住民のみなさんが再びこの国の土を踏んだ私をかくも歓迎されたことに深く感激している、許される機会があれば再訪してみなさんの幸せのために尽力したい、と答えた。代表団は王妃の手にキスをして退去し、代わって多くの女性たちが入室して王妃に謁見した。その後六時半に王妃一行はドーヴァーを発ち人垣に見送られてカンタベリに向かった。日が暮れてカンタベリに着いたとき、この伝統の街では王妃を歓迎して百本の大燭台に灯がともされていた。このイルミネーションは一万人以上の男たちが支え、王妃の馬車が近づくと「キャロライン王妃万歳」という歓迎のシュプレヒコールがこだました。九時ごろファウンティン・ホテルに到着、自治体当局者と市民代表たちはドーヴァーと同様な歓迎の式典を行った。ドーヴァー、カンタベリのいずれにおいても圧倒的多数の市民たちが、王妃の帰国を歓迎したのである。(3)

図52　元ロンドン市長、改革派・王妃支持者ウッド

図53　王妃の親友・支持者アン・ハミルトン（終生独身であった）

翌六日火曜日朝、雲が低くたれ込めるなかを、その日のうちに首都に帰り着く計画で出発し、シッティングボーン、チャタムヒル、ダートフォードなどで大歓迎を受けながらロンドンに入り、ウェストミンスター・ブリッジを渡り、彼女の当座の住居となるハイドパークの東側に位置するサウス・オードリ・ストリートのウッド邸に入った。彼女は住居としてクイーンズ・パレスを要求し、王妃として遇するよう要求していたが、住居は未定のままだった。かつての住居ケンジントン・パレスの一画は、キャロラインの申し出により一八年にシャーロット妃の夫レーオポルトの姉（再婚）と結婚したケント公夫妻が住んでおり、二〇年二月に夫

が死去したため、いまは同公爵夫人と公女ヴィクトリアが住んでいた。のちの女王ヴィクトリアはかつてキャロライン妃が住んだ邸で生まれ育ったのである。彼女を歓迎してついてきた群衆は邸の前から立ち去ろうとせず、それに応えてウッドがまず二階のバルコニーに現れて挨拶した後、キャロライン自身が姿を見せ、「キャロライン王妃万歳」「神は王妃を祝福する」「神は王妃の威厳と無実を護る」などと叫ぶ歓呼の声に応えた(4)。群衆は王妃が不義のかどで王妃の地位を追われようとしていることを明確に認識しており、単純に野次馬のように集まっていたわけではなかった。

図54　ウッド邸の前に集まった王妃を歓迎する市民たち

翌日またも群衆がウッド邸の周りに集まり、「キャロライン王妃万歳」と歓声をあげたが、この日は「今夜は王妃のために灯りを灯せ」と印刷されたプラカードが現れ、その一部は張り付けられていた。宵のうちは「灯りを灯せ」という叫び声もウッド邸の周辺では聞かれたが、他の地域はさほど騒々しくなかった。しかし真夜中ごろに一〇〇人ほどの集団が現れ、灯りを灯さない家の窓を壊し始めた。カーゾン・ストリートからドーヴァー・ストリート、チャージズ・ストリートの家々も次々と窓を壊された。群衆は次第に攻撃すべき目標を意識するようになり、ピカデリーからセント・ジェイムズ・スクエアに進み、カースルリーの邸の前で歓声をあげ、石を投げつけた。さらに「カールトン・ハウスへ行こう」という叫び声があり、カールトン・ハウスに押しかけてきた。だがカールトン・ハウスは警察長官ベイカーの指揮のもと軍隊と民兵によって防備を固めていたため、門の中に入れずに引き上げた。ベイカーは午前二時まで現地にとどまっていた

図 55　帰国したキャロライン王妃（1820年）

という。国王は押し寄せる群衆に対して極端な場合を除いて敵対的態度はとらないよう指示していた。[5]

三日目の六月八日夜にはまたもや群衆がサウス・オードリー・ストリートに集まり、王妃がバルコニーに現れるという噂が流れていたので、最初のうちは「王妃、バルコニーへ」と叫ぶだけだったが、やがて馬車や徒歩で通行する人に脱帽せよと呼びかけ、石を投げつけたりした。集団のなかにいた身なりのよい人びとが帰った後、残った三〜四〇〇人の群衆は、昨夜と同じ「灯りを灯せ」と叫んでウッド邸の近くから次々に窓を打ち壊していき、その行動は前夜より激しく、反王妃で知られた有名人や閣僚の家が攻撃目標になった。王弟クラレンス公の娘（非嫡出子）フィッツクラレンスの家が襲われ、玄関ドアが激しくたたかれ、柵を壊し表の窓ガラスはほとんど割られた。灯りは灯っていなかった。次いで閣僚の家に向かい、「最初にシドマスだ」と叫びながらボンド・ストリートに近いシドマス卿宅を襲って多くの窓を壊し、バーリントン・ガーデンのエンジェルシー卿宅も同じく窓を壊された。さらに前夜につづいてカースルリーの家も攻撃された。そのころには二五〇〇人ほどの騎兵隊や警官が警備に出動し、中心部はある程度沈静化した。しかし残った群衆はマンチェスター・スクエアのハートフォード侯爵（夫人は国王の愛人）のりっぱな邸宅に押しかけ、灯りは慌てて灯されたが、窓を打ち壊した。ウェリントン公の馬車にも投石する者があった。[6] 王妃は数日後にポートマン・ストリートのアン・ハミルトンの邸に移り、この邸の裏手の二つの応接室がしばらく妃の住居になった。この移転のときも「王妃万歳」を叫ぶ歓迎の嵐のなかで馬車はなかなか進まなかった。[7]

王妃の馬車の後を賑々しく行進した群衆のなかには威儀を正した男性や盛装をこらした女性が数多く含まれており、『タイムズ』は「このすばらしい壮麗な行進や感動的な演劇的展覧」が、居並ぶ見物人たちに「正真正銘の喜びをこれほど与えたことはかつてなかった」とこの光景を描写した。支持する群衆のなかには上流あるいは中流とみられる紳士、淑女が多数ふくまれていたことを示している。(8) 当時一九歳でケインブリッジの学生だった後の歴史家・政治家トマス・バビントン・マコーリ(一八〇〇―一八五九)による詩は、王妃の帰国を歓迎し称える青年知識人層の熱狂的な雰囲気を伝えている。彼の父も彼女の熱心な支持者であった。その一節は次のようにうたいあげる。

暴君はなお、彼女がふさわしい地位につく権利を拒んでいるが、
人民の愛はそなたにより高貴な冠を贈ろう
それはヨーロッパの王族の害虫どもが
まったく知らない冠なのだ
イングランド人の心はそなたが王妃になることを
純粋にそなたがアーミンを羽織ることを望んでいる
われらはそなたの宣言に喝采し
この喝采は他のものを否定する
そなたの冠はわれらが愛の賜であり、その盾はわれらが法律を守る
おお神よ、われらが王妃がやってくる(9)

急進派あるいは急進派の民衆・労働者は王妃問題をどのように捉えていたのだろうか。『週間ポリティカル・

レジスター』を発行して急進派として知られたウィリアム・コベットも、「慎重な調査」の報告と資料が“The Book”として公刊された一三年から、キャロライン妃の境遇に深い関心をもつようになり、熱烈な支援者になった。彼は一八二〇年には妃にしばしば手紙を送り、彼女の手紙を代筆するほど親密になっていた。六月八日の手紙で「王妃のことが心配で気が滅入っています。王妃に対して行われ今後も行われようとしている数々の策謀に大変警戒している数千あるいは数十万人の者たちは、妃が陰険で不誠実な忠告に対して用心されるよう念願しています。一般大衆は王妃殿下が庶民院に送られたメッセージを賞賛し評価しています。しかし彼らは王妃殿下が策謀によってまた新しい交渉に引き込まれ、それが王妃にとって致命的な妥協に至る危険性があると恐れています。王妃の敵は強力で、活動的で、用心深く、執拗です」と述べ、妃が誘惑に負けることなく、王妃の地位を断固として守り抜くよう訴え、それを支持すると表明した。(10)「妥協を受け入れて王妃が苦しむことがないように、王妃の権利を完全に維持するように、というのが一般国民の望んでいること」だと繰り返し説いた。(11)

急進派がキャロライン支持の声を上げ始めたのは、ジョージ三世が死去しまだ葬儀が終わらないうちに、夫の新国王とその内閣が彼女を国教会の祈禱書から削除することを決めた二月からであった。『モーニング・クロニクル』『コベッツ・イヴニング・ポスト』『ブラック・ドウォーフ』などの新聞・雑誌が、王妃の地位を認めようとしない王の政府に反発する王妃の立場に共鳴する主張を掲げた。サント・メールで政府と法律顧問ブルームが出した妥協案――年金を支給し王妃の肩書きは使わずに国外で暮らす――は『タイムズ』にいち早く報じられており、こうした妥協は断固拒否して王妃の地位を守るべきだ、というコベットが力説する主張は、急進派にほぼ共通していた。共和主義者リチャード・カーライルの雑誌『リパブリカン』(二〇年四月)の次の主張に注目したい。「この問題が王室の権利だけが紛争点であるのなら、共和主義者としてそれにかかわるつもりはない。しかし解放を求めて闘っている人間として、この虐げられた女性を支持することは緊急の義務だと思う。この女性は初期には奔放な性欲の犠牲者であったが、今は専制の犠牲者である」と。つづけてこの問題を理解するには結婚時にさかのぼって彼女が虐げられてきた状況を明らかにする必要があると論じ、嫁入り（愛なき結婚）のときに広まっていた次の俗謡を紹介する。

彼女はブラウンシュヴァイクのキャロライン
きれいな手の持ち主です
もしそなたが私の負債をすべて支払ってくれるのなら
私は彼女を嫁に迎えよう

編集者によるこの論説は「王妃が帰国したときには、彼女に好意をもつ者が皆で共同の呼びかけを作成し、彼女を祝福すべきである。……この主題について、王妃が到着したときには、彼女に対して企まれているひどい仕打ちを大きく転換させるよう訴える」と結んでいる[12]。虐げられた女性（王妃）を専制の犠牲者ととらえ、王妃支持を急進主義の主張と結合させたのである。キャロライン王妃は急進派のシンボルとなり、こうした認識が急進派の民衆を大挙して王妃支持運動に駆り立てていく動力になったとみて間違いない。

このような雑誌、機関誌による王妃支持キャンペーンに加え、国王と内閣が議会とくに貴族院を動かして王妃との離婚とその権利剝奪に向けて進み始めると、急進派は王妃支援の大規模な集会を催すようになった。ウッドの出身母体というべきロンドン市会は、早くに圧倒的多数で王妃支持を宣言し、六月下旬には王妃を市庁舎に公式に迎えて歓迎するとともに、王妃を支持する請願書を庶民院にもち込んだ[13]。仕立て職人（すでに親方・雇用者）の急進主義者フランシス・プレイスは、最初は王妃支持をためらっていた。共和主義に傾いていた彼は王室が消滅することを望んでおり、また人民から略奪した四万ポンドもの年金を受ける王妃は支持できないとしていた。だが王族間の激しい対立が王室に対する大衆の敬愛心を失わせているという事態に着目し、王妃支持運動の組織者となった。彼はジョージ四世を「イギリスの王座についた国王のなかでもっとも卑しむべき男」とみなし、七月四日のウェストミンスターにおける王妃支持集会の呼びかけ人となり、集会の決議文と議会、王妃への訴えを起草した。プレイスはこの日の集会にホイッグ議員が一人も来ていなかったのを批判した。(14) この運動は二日後の六日にシティ、テムズ南岸のサザーク、ウェストミンスターという三地区における同時集会に発展し、集会の後、三つの隊列が王妃の住居に向けて整然と行進した。この運動の主催者はウッド、リネン織り商で急進派ロバート・ウェイサム、急進紙『ブラック・ドウォーフ』の編集発行者トマス・ウーラーであり、急進派のジャーナリスト、親方職人、商店主が中心になり、中流層と下層民衆が加わった運動であった。(15)

靴職人出身で急進的刊行物の印刷工・出版者として活動していたウィリアム・ベンボウはより激烈な運動を起こした。彼は六月末、王妃の命が敵から狙われていると訴えた『王妃殺害の謀略』という文書を数百部印刷し、市内各地に配った。この文書は大きなセンセーションを巻き起こし、それを契機に国王を批判し王妃を擁護する文書、プラカード、小冊子がロンドン市内全域に撒かれ、離婚法廷を急ぐ国王に強い圧力をかけた。やがて貴族院で王妃の「裁判」が始まると、職種組合に結集している職人、労働者、テムズ川の水夫らが王妃の住居となったブランデンブルグ・ハウスに押しかけ、王妃支援を訴えるところまで発展していく。また後に述べるが、議会には王妃を支持する請願書が全国各地から数限りないほど届いた。(16)

2　慌てる国王と首相リヴァプール、そして貴族院

王妃が帰国した六月六日に国王ジョージ四世は両院にメッセージを送り、王妃が帰国したので王妃が出国した後の彼女の行動を調べた証拠書類を議会に届け、貴族院（および庶民院）が国王の名誉と威厳にかけて、要請する措置をとるよう切に希望する、と伝えた。証拠書類とはミラノ委員会の調査資料と報告のことであり、「緑の

袋」に入れて両院に届けられた。貴族院では首相かつ議員であるリヴァプールが「緑の袋」を机上におき、この資料を検証する秘密委員会を設置したいと提案し、その論議を翌日に行うことになった。この日の出席者は関心の高さを示して通常よりはるかに多く、王弟クラレンス公やサセックス公も出席していた。

庶民院では同日、国王のメッセージと「緑の袋」がカースルリーによって持ち込まれ、議長がメッセージを読み上げた。その後カースルリーが低い声で、メッセージで言及されている証拠書類の検証を行う秘密委員会の設置を明日提案したい、と述べた。するとベネット議員が立ち上がり、次のような興味深い意見を述べた。今日のある新聞に国王の法律顧問ハッチンスン卿の手紙が載っている。卿は閣僚から得た情報として、国王が年五万ポンドの賄賂を渡して、王妃が国制上保持している王妃の肩書きと権利を放棄するよう働きかけているというが、その話は真実なのか。年五万ポンドというのは国王自身が支払うのではなく、厳しい不況下で働いているイギリスの民衆のポケットから支払われるものである。今出回っている王妃に敵対する見解が正しいとすれば、彼女はイギリス王妃の資格がないばかりか、この国に上陸することも許されないはずだ。これを君主の反逆行為と言えば言い過ぎかもしれないが、いま必要と思われるのはイギリスの君主に関する反逆行為法しかないように思われる。(17)

カースルリーはなんとかこの議論を避け明日あらためて審議したい、と逃げようとしたが、ベネットに共鳴する意見がボーモント、クリーヴィ、ウィルスン、ハミルトン(アン・ハミルトンの弟)、デンマン、ブルームから出た。クリーヴィは「賄賂」の件はサント・メールにおける交渉で出てきたものであることを述べ、ウィルスンとハミルトンは王妃を国教会の祈禱書から削除したのはきわめて不適当な非合法な行為であると力説した。庶民院においてはカースルリーの提案は棚上げになり、彼が持ち込んだ「緑の袋」は庶民院事務局の倉庫に保管することでこの日は終わった。(18)

翌日の庶民院に王妃からの手紙が届けられた。これはウッド邸で取り急ぎ認められたものであるが、妃が帰国

図 56　リヴァプール首相（ローレンスの画、1820年）

したのは、外国で秘密の出先機関（ミラノ委員会を指す）が妃の名誉と平穏をないがしろにする方策を推し進め、その方策が国の政府によって最近認められたためであり、王妃の権利と地位を守るための行動である。帰国してみると、国王のメッセージが議会に出ていることに驚いたが、一四年前の「慎重な調査」以来、繰り返し秘密の調査によって告発されてきた。今回秘密の調査委員会を設置することに強く抗議する。祈禱書からの削除、王族に配慮されている輸送手段を提供しない（カレーからドーヴァーへの船便を指す）、王族向きの住居を要請したのに返事がない、外国駐在の大公使たちの偏見に基づいた妃に対する敵対的な対応、を列挙して批判し公開の調査を要求した。カースルリーは貴族院と同様に予定の方針にそって、ミラノ委員会の調査資料を検証する秘密委員会の設置を提案するが、ブルームによる反対討論の後ウィルバーフォースの提案が出て延期になった。その後もカースルリーによって繰り返し三回、同じ提案がなされたが、庶民院では反対が圧倒的に多かった。[19]

他方、貴族院は異なる方向に進んでいた。リヴァプールは六月七日に秘密委員会の設置を提案したが、その翌日、討議をへた後で設置の可否について無記名投票を行った。その結果、賛成一〇八（うち代理投票二六）、反対二九（うち代理投票三）で設置を可決した。秘密委員会の一四人の委員はやはり無記名投票でカンタベリ大主教、大法官、リヴァプール首相らが選ばれた。[20]その決定を聞いた妃の法律顧問ブルームとデンマンは一〇日土曜日朝、王妃と相談したが、午後一時ごろブルームのもとにリヴァプールから文書が届いた。それはかつて四月一五日付けでブルームに届けられていた国王側の条件——妃に年額五万ポンドを供与する、イギリス王国領への立ち入りは認めず外国で暮らす、王妃とは違う別の称号を用いるものとし、王妃の権利は行使できないものとする——を記した文書であった。前章で述べたように、この条件はサント・メールにおいてハッチンスンによって王妃に示されたものであった。ブルームはこの文書をもってポートマン・ストリートの王妃と面談し三時間以上話し込んだ。しかし王妃の決心は前と変わらなかった。彼女は王妃としての肩書きと権利を認めることが前提である、と首相に返信を送った(21)。

王妃の法律顧問ブルームとデンマンは王妃の希望もかなえる形の円満な解決をめざし、政府側に先の条件を変更するべく話し合いを申し入れた。四月一五日付けの国王側の条件はリヴァプールが言うようにブルームに届けられたものではなく、ハッチンスンに届けられハッチンスンから王妃が聞いたものであった。二人の法律顧問は政府側委員ウェリントン、カースルリーとの間で六月一五日から一九日にわたり、この条件をめぐって五回の話し合いをもった。ブルームらが出した議定書案は、(一)王妃は海外に住む、(二)大陸を旅行する場合の称号は本人が適当と考えるもの(王妃を含む)を用いる、(三)イギリスにおいては王妃の権限はいっさい行使しない、(四)海外で暮らす王妃には生涯にわたって相応しい収入を保証する、というものであった。政府側代表はこの提案を持ち帰ることにした。四人の話し合いは予想されたように不調に終わった。政府側が、議定書案ではすでに削除した国教会の祈禱書への復活を含んでおり、事態をその時点まで戻すことはできない、国内で王妃の地位が認められてはじめて国外でも通用するものであり、議定書案のような処遇は成り立たないと主張した。六月一九日、王妃の肩書きと地位を認めるブルームらによる議定書案の(二)(三)項目は最終的に合意できないと確認して、話し合いを終えた。他方、帰国したばかりの王妃は再び国外に出る気持ちはなかった。この結果は庶民院にも報告された(22)。急進派がイギリス王妃としての地位と権利を断固守るよう主張していたのは、法律顧問らによる妥協の動きに対する批判でもあった。

リヴァプール政府は国王の意向を受けて貴族院における秘密委員会の作業開始を急いでおり、一五日の王妃側の新しい議定書案は国王に受け入れられないと見て、翌一六日には作業開始を提案した。その後六月一九日、二二日、二三日に秘密委員会のあり方をめぐって討議が行われ、グレイ伯は国王と政府の方針に繰り返し反論し抵抗したが、彼は少数派であった。追いつめられた状況のなかで王妃は議会に参集する聖俗の貴族に宛てた公式の抗議の請願を送り、次のように述べた。いまや王妃の行為について完全な調査を行うという危機にさらされている。しかし第一にこの国の正義と法に反して秘密で調査されることに強く抗議する。次に王妃をおとしめる証言をした証人の名前の一覧を提供すること、事前に彼らを招いていかに反王妃の策謀がなされたか、その全貌を明らかにしたい。貴族院が王妃も法律顧問もまったく加えずに秘密調査を行うことは予想できなかった。また弁護のためには王妃側の証人が必要であり、そのために数週間の猶予を要求する。そうした第一歩として本日の貴族院の会議に法律顧問が出席し、請願に関する討議を聞くことを要求する。この請願はデイカー卿によって提出され、六月二六日に貴族院の本会議で読み上げられた。法律顧問の出席が認められなかった場合は、翌日王妃自身が出向くつもりだった。しかし法律顧問の出席という王妃の要求が実現するのは、七月六日に再度請願を提出した後のことであった。[23]また証人の名簿、容疑の詳細についてはまったく明かされなかった。こうした状況のなかで六月二七日、グレイは秘密委員会を解散せよという動議を提出し首相リヴァプールとの間で活発な論戦が展開されたが、採決の結果グレイ案は賛成四七、反対一〇二となり、五五票差で否決された。このときランズダウン侯、ホランド卿がグレイ案を支持する論陣を張ったことに注目しておこう。[24]

一方、庶民院では、カースルリーによる秘密委員会の設置提案はブルームらの激しい批判と抵抗に合い、白熱した論議の末、六月二六日に一九五対一〇〇という大差で否決された。[25]制限選挙で選ばれた議会であるにしても、この票決は国民的背景をもつものであり、世論の意向を反映したものにほかならなかった。

王妃側も熱烈に支持してくれる一般民衆への対応があり、多忙をきわめていた。六月一六日はロンドン市会の代表ロスウェルとパーキンが、王妃の帰国を歓迎するメッセージを持参して王妃に面会を求めてきた。この代表より先に盛装したシティの議員や住民たちが大挙してポートマン・ストリートの王妃の仮住居の前に集まり、王妃がバルコニーに姿を見せると歓迎と敬意を込めた声をあげた。王妃がすぐに引き込むと、「神は王妃を祝福する」「王妃万歳」などの声があがった。翌日はウッドが市会で決議した王妃歓迎のメッセージをもって王妃の前に現れ、王妃は民衆の支持に感謝する旨の返答を渡した(26)。

図 57　ミラノ委員会の資料を持ち帰った「緑の袋」が議会にもち込まれ，それから頭を出す国王と王妃（ワルシャワの諷刺画）

ミラノ委員会の調査資料「緑の袋」を大至急に検証した貴族院の秘密委員会は、七月四日、この資料は出国した王妃がおもにイタリア在住中に、元来は召使いであった外国人とみだらな関係をもったという疑惑を抱かせるに十分である。このような行為は王妃の名誉、国王の威厳、ひいてはわが国民の道徳感情と名誉に深くかかわるものであり、厳粛に調査しつまびらかにすべき事柄と判断する、と貴族院に報告した(27)。国王と政府の思惑どおりの報告が出たわけである。早くも翌七月五日、首相によって「王妃に対する刑罰法案」（The Bill of Pains and Penalties against Her Majesty）、すなわち「キャロライン・アミーリア・エリザベス王妃から本王国の王妃としての肩書き、大権、権利、特権及び免除特権を剝奪し、国王とキャロライン・アミーリア・エリザベスの結婚を解消させるための法案」が貴族院に提出された。その提案理由は、出国してミラノ滞在中に卑しい身分のイタリア人バルトロメオ・ペルガミを近臣に取り立て、長期に渡って彼と不義密通を重ね、わが王権と王室を辱めた行いを明らかにするためである、としていた。もとより国王の乱れた女性関係は不問にされていた(28)。リヴァプール政府の提案に対し、一貫して反対意見を述べてきたグレイは、密通の罪が犯されたというがその時間も場所も示されていない。委員会はさらに具体的な容疑内容を議会に示すのか、また王妃をおとしめる証言をした証人の一覧表を王妃に提供する考えはあるのか、と質問した。首相は具体的な容疑については法案の審議過程で明らかになる、法案の根拠になった証人の名前は過去に提供した先例がない、と拒否した。さらにグレイが貴族院は王妃の告発者となるのか、このような法案の審議（「裁判」）には、告発側と弁護側が不可欠であると主張すると、貴族院は王妃の弁護人も指名すると答えた。[29] 貴族院本会議への王妃の法律顧問の陪席参加が認められたのは、王妃が再度の請願を提出した七月六日の会議であった。ブルームとデンマンがこの会議に必要に応じて出席し、法案の問題点と王妃側の立場を説明した。[30] オムプテーダに始まりミラノ委員会で作り上げられた不義密通の物語は、当局側によってすでに既成事実とみなされており、明確に露骨に語られていることに注目したい。

貴族院における王妃の「裁判」が不可避となりつつあったとき、かつて王妃の侍女でありのち王妃擁護の証人に立つシャーロット・リンゼイは、私信と日誌で次のように述べている。国王は王妃が帰国するやミラノ委員会の調査資料を両議院で検証させ、発表させる指示を出したので、いまや王妃は深刻な事態に立ち至っている。だが「すでにサイは投げられた。……このような法案が通過すれば、どちらの党派にとっても恥ずべきことになるだろう。庶民院では法案が通過することはけっしてないだろうが、貴族院では何らかの形で法案が通過することはほぼ間違いない。そうなれば貴族院の決定に対する国内の反発は激しいものになるだろう。庶民たち（common people）だけでなく、中流階級（middle ranks）も、また多くの上流階級（upper class）も、すべて王妃を温かく支援しているからである」。[31] ここでリンゼイが書いた言葉を、王妃同調者という一方の当事者による偏った発言とみなすのは正しくない。国民の圧倒的多数が国王側の態度を理不尽とみており、もし法案が貴族院で通過することになれば、想像しがたい事態が起こると予想されたからである。

このころ次のような王妃の立場を憂える詩が広まっていた。冒頭の一節を紹介しよう。

彼女は慌ただしくきらびやかに飾られ華燭の典に連れられてきた
王室は彼女の王妃への道を遠ざける
そのため彼女は護衛も弁護者もなく敵に立ち向かう
国王陛下はそれを悲しみ、妃は危機におちいる
彼女が胸に抱き祝福を与えてくれたあの子はいずこに
彼女の苦悩を痛んでくれた国王はいずこに
不正な力が彼女を押しつぶそうとするとき、誰が彼女の権利を守ってくれるのか
誰が彼女の悲しみを慰め、敵を黙らせるのだろうか(32)

ところで国王と政府は王妃の帰国前の五月六日、ジョージ四世の戴冠式を八月一日（火）にウェストミンスター宮殿で盛大に行う、という宣言を発表していた。しかし王妃の帰国後、圧倒的な支持が王妃に寄せられ、貴族院による王妃「裁判」へと動くなかで、正常な戴冠式が実施できる状況ではなくなった。国王と政府は七月一二日、この戴冠式を延期することを発表した(33)。結局、戴冠式は一年近く後の二一年七月一九日に執り行われたのであった。

3　王妃を励ます国民・民衆・世論

ミラノ委員会の秘密調査を基礎にして、それを貴族院において公開の形で繰り返そうという国王とリヴァプール政府側の方針が強硬に押し進められ、キャロライン王妃が苦況に立たされるようになると、王妃を支持し激励する建白やメッセージが次々と王妃のもとに届けられた。王妃はそのすべてに丁寧なメッセージをもって答えた。

カーライルの『リパブリカン』は膨大な数の呼びかけが全国から寄せられたので、到底紹介しきれないと断った上で、激励に対する王妃の返答を計二三編紹介している。

マンチェスターから寄せられた建白は老急進派カートライト元少佐、ウッド、ホブハウス、ウーラーという急進派指導者たちによって届けられ、三万三〇〇〇人の署名が付されていた。王妃は「マンチェスターのコミュニティにおいて真に有益で重要な役割を果たしている職人、職工及び労働者階級のこれほど多数の人びとから、忠実な、愛情のこもった、印象的な建白を、大変ありがたく受け取りました。……きわめて狡猾な偽証の積み重ねは、真実をきわめる鋭い精査の前に長く持ちこたえることはできないはずです」と返答を寄せた。[34] また八月には首都の職人、労働者階級からも建白が寄せられ、揃いの飾りリボンやネッカチーフを付けたほぼ二〇〇人からなる代表が、シティから列をつくって王妃が居を定めたハマースミスまで行進してきた。建白に付された署名は二九、七八六人、代表たちは各職種から選ばれた二人ずつで構成され、行進がオクスフォード・ストリートからハイド・パーク・コーナーをへてナイトブリッジへと進むにつれて、多数の人びとがそれに加わり、賑々しく騒々しくなったため、商店などは店を閉じた。ブランデンブルグ・ハウスの周辺にはハマースミス地区の住民が押しかけ、大混雑となった。その興奮のなかで「キャロライン王妃　永遠に」という叫びが広がった。王妃はその返礼で、首都の勤労階級の温かい建白に感謝すると述べ、「勤労階級（industrious classes）はこの国の死活にかかわる活力源」と敬意を表している。[35] ロンドンでは職種単位でまとまった労働組合が、組織として王妃を支持する示威行動を行い、署名を集めていた。急進派の船大工ジョン・ガストや靴職人ウィリアム・ベンボウはしばしばこうした運動を組織した。「職人たちは王妃支持運動で大きな役割を演じており、その組織の基礎は職種組合にあった。キャロライン王妃事件はこの職種組合の力によって、単なる請願とは異なる公開された政治的示威運動へと高揚していった」のである。[36] 労働者階級からの建白はほかにもあった。ノーサムプトンの小商人と職人からのもの、ダルケイスのハンマー工組合からのもの、がそれである。特定の職種からの建白、例えば海員グループやレスタシア民兵隊の兵士からのものもあった。王妃は各建白者の気持ちを考慮してそれぞれに感謝の言葉を書き送っている。これだけ多数の感謝状の作成には、法律顧問をはじめ側近の支援者の協力があったに違いない。

「虐げられた王妃」に対して女性たちが深い関心をもっていたことはいうまでもない。ノッティンガムからは七、八〇〇人の女性たちが署名した建白が届いた。建白ではわれわれは「わが王妃の周りに結集して、外国の密偵、スパイや国内の迫害者から王妃を救出する」と決意を述べており、抑圧者の策謀にけなげに立ち向かう王妃を強力に支援しようとしている。貴族院における「裁判」が始まる前日の八月一六日には、ロンドンの既婚女性たちが三〇台の馬車を連ねて建白を届けに来た。その数一〇〇人ほど、セント・ジェイムズ・スクエアにある王妃の市中の住居に着くと、代表は王妃の手にキスをささげた。ここでも「キャロライン王妃　永遠に」という叫びが上がった[37]（建白書と署名者数については二四二頁の表も参照）。

図 58　国王派のパブに対峙して賑わう王妃派のパブ（同時代の諷刺画）

ほかにロンドンではウェストミンスター地区の住民、ミドルセックスの自由土地保有民の集会、シティ、ショーディッチのセント・レオナード通り、ベスナル・グリーン、マリラバン、クラーケンウェル、ホワイトチャペルといった地区の住民から建白が寄せられた。遠くではサンダーランドやバーウィック・アポン・トウィードの住民からのものもあった[38]。

王妃の住居は七月になって彼女の侍従を務めていたケッペ

ル・クレイヴン（父親は男爵であった）の母親アンスパッハのマーグラヴィンが所有するブランデンブルグ・ハウスに決まり、移転予定日とされた八月三日には、午前中から多くの人びとがポートマン・ストリートのアン・ハミルトン邸周辺に集まり、「王妃万歳」「神は王妃を称える」などと叫んでいた。ところが午後二時ごろアン・ハミルトンの体調不良から二日後に延期すると発表された。その後三時前になってウッドが騎乗して到着し、予定どおりハマースミスへ出発することが決まり、直ちに四頭立てのオープン馬車が用意された。馬車の外壁には王冠とCR（キャロライン王妃）の文字が描かれ、馬も金色のレースで縁取った緋色の衣装をまとっていた。午後四時過ぎ王妃の馬車は、賑々しい群衆の歓声「王妃万歳」がとどろくのなかを、アン・ハミルトン、ウッド、ラシントンに伴われて出発した。市中からテムズ河畔ハマースミスの同ハウスへたどる通路はおびただしい数の群衆で埋め尽くされていた。ブランデンブルグ・ハウスの周辺はもとより、川面も歓迎するボートで埋め尽くされ、また祝砲も打ち上げられ、夜に入ると賑々しく灯りが灯された。ブランデンブルグ・ハウスは、かつてシャーロットの誕生後キャロラインが夫から疎外され、夫妻の別居が関係者の話題になったとき、海外に住居をもつマーグラヴィンが妃の住居に提供すると申し出ていた。この邸宅が翌年には王妃の終の住処になったのである。(39)

王妃は貴族院の「裁判」に出席するため、その期間中は議事堂に近い居所が必要であった。その居所として議事堂に近いセント・ジェイムズ・スクエアにあるレイディ・フランシス（サー・フィリップ・フランシスの寡婦）の邸宅の提供を受けることになり、開廷の前日一六日にその一画に移った。(40) 王妃は貴族院の開会中は当局側の論告、証人たちの証言、王妃側弁護人による反対尋問、質疑を傍聴するため、根気強く毎日ここから議場に通った。この仮住居から議事堂にかけては毎朝群衆の歓声が聞かれた。「王妃に対する刑罰法案」の審議が始まり、その審議や証言の内容が『タイムズ』に詳細に掲載されるようになると、虐げられた王妃を支援する運動は一段と弾みがつき、史上例を見ない国民的興奮がつづくことになった。

第九章　王妃を裁く貴族院

1　キャロライン王妃事件の頂点——貴族院の王妃「裁判」

前章で述べたように王妃の帰国という事態に直面して、国王とその意を受けたリヴァプール政府は国王と王妃の離婚を実現させ、キャロラインを王妃の地位から抹消するため、法的な手段に訴えた。政府はミラノ委員会の報告と調査資料「緑の袋」を改めて検証する秘密委員会の設置を提案し、キャロラインから王妃の特権を一切剝奪し、国王との結婚を解消する「刑罰法案」（Bill of Pains and Penalties）を作成し、議会で早急に成立させる方針を決めた。しかし国王が夫の責任を放棄し自身の奔放な女性関係を不問にして、「慎重な調査」以来繰り返しキャロライン妃に不義密通の嫌疑をかけ、迫害を加えている事実は、すでに広く国民の間に広がっており、「虐げられた王妃」の支援者も広がっていた。庶民院は王妃支持者が圧倒的多数を占めており、政府提案は最初の秘密委員会を設置する段階でほぼ二対一の割合で否決された。結局、貴族院のみがこの法案を審議する「王妃裁判」（trial）の「法廷」になった。八月一七日に貴族院においていわゆる「裁判」が始まると、「虐げられた王妃」を支援する国民的興奮は一段と高まり、「キャロライン王妃事件」（「キャロライン王妃運動」という呼称もある）として知られる、一大政治社会事件となったのである。同時代人の急進派の評論家ハズリットはこの状況を次のように論評した。「大衆の感情をこれほど徹底して興奮させたことは今までに覚えがない。それは国民の心の中に突然根っこを突っ込み……商売はそっちのけになり、人びとは楽しむことを忘れ、食事さえ二の次になって、王妃の裁判の結果がどうなるかということだけしか考えなくなった。……大衆の心は電撃的興奮に包まれた。」(1)

貴族院による王妃「裁判」は、国王による王妃離別と王室からの排除を目指す法案をイタリアから多数の庶民を証人に招いて議会で審議し、王妃の「密通」を暴いて離別を正当化しようとした史上例を見ない出来事であり、まさしくキャロライン王妃事件の頂点をなすものであった。言いかえればこの「裁判」は、「慎重な調査」とミラノ委員会によってなされたキャロラインに対する排斥策動の総決算というべきものであった。「裁判」が行われた一八二〇年八月一七日から一一月一〇日までの間、貴族院は他の議案はそっちのけにして、王妃の「密通」をめぐって国王側二六人（うちイギリス人は三人のみ）、王妃側三二人（うち外国人七人）計五八人の証人を喚問し、「刑罰法案」の審議に熱中した。証言を中心とした審議の内容は、『タイムズ』など日々の新聞に詳細に報道され、雑誌、パンフレットでも書き立てられた。証言内容を諷刺したクルックシャンクやホーンらによる多くの戯画も公刊された。ハンサードの議会討議録ではこの「裁判」の記録が同時期の議会審議全体のほぼ七〇％を占め、その分量も前後の年より一冊分多いという、前代未聞の議会となったのである。法案は三ヶ月近い審議を経た一一月一〇日、第三読会において一〇八対九九で可決はされたが、四日前の第二読会の票決では一二三対九五であった。提案者リヴァプール首相は、当初の圧倒的支持からわずか九票差となった過程を省み、法案反対の空気が支配的な「世論（public feeling）を無視できない」と判断して、法案審議の六ヶ月延期＝実質的な廃案を提案し、議会の歴史に不名誉な汚点を遺した審議の幕を閉じた。

国王側の証人はそのほとんどがミラノ委員会の証言者と重なっているが、秘密裏に行われたミラノ委員会とは異なり、貴族院の「裁判」では王妃の法律顧問だけでなく王妃自身も出席し、その証言、質疑、討論の内容が詳細に『タイムズ』に報じられた。本章ではまず、その状況を具体的に明るみに出すことから論述を進めたい。

2　王妃の「裁判」

前章で述べたように七月五日、首相によって「王妃に対する刑罰法案」(the Bill of Pains and Penalties against Her Majesty) すなわち「キャロライン・アミーリア・エリザベス王妃からこの王国の王妃としての肩書き、大権、権利、特権及び免除特権を剝奪し、国王とキャロライン・アミーリア・エリザベスの結婚を解消させるための法律」が提案された。その理由は、出国後ミラノ在住中に卑しい身分のイタリア人バルトロメオ・ペルガミ(またはベルガミ)を近臣に取り立て、長期にわたって彼と不義密通を重ね、わが王権と王室を辱めた行いにあるとしていた。

リヴァプール首相がこの法案の第二読会を八月一七日(木)に開催する、と提案したのは七月一〇日であった。グレイはこの提案に対し直ちに質問に立ち、なぜ一ヶ月以上も延ばすのか、王妃側の証人を準備する期間は必要だが、裁判官は四人で十分なので短期間に準備できるはずだ、と質した。首相は容疑事実はすでに明白と考えているが、多くの証人を招く必要があり、それは双方に共通することであると答え、これによって第二読会の日程は確定した。国王側が招いたイタリア人証人の第一陣一二人が七月七日にドーヴァーに到着していた。彼らは市民の怒号を浴び、脇道にそれてフォークストーン、メイドストーンをへて最後はテムズを船でのぼり、ウェストミンスターに一一日に着いた。彼らの宿所は貴族院に近接するコットン・ガーデンの職員宿舎を当てることになり、職員は移転を強いられたが、近くに仮設住宅も用意した(2)。

翌一一日の貴族院には王妃から国王側の証人の名前を知らせよ、その名簿が王妃側の証人の選定に不可欠であるという請願が改めて提出された。貴族院も首相のいう証人名を事前に提示した先例がないという説明では納得せず、先例を調べる委員会を設置することになった。次の一四日の貴族院ではアースカイン卿によって国王側の

図 59 イタリアから到着した証人たちを迎える国王（諷刺画）

証人名を王妃側に提供すべきだとする動議が提出された。その要点は（一）王妃側の弁護の準備を円滑にするため、国王側証人の名簿を王妃の法律顧問に提供する。（二）王妃側の弁護に反論するため、提供された名簿にない証人を招くことは差し支えない。（三）この決議案の写しは王妃に送る、の三点であった。長い討論の末、動議は反対七八、賛成二八で否決された。(3) さらに二四日には王妃による繰り返しの請願が届いた。みだらな行為を犯したというが、それが何時、どこの場所でなされたというのか、それを知るためには国王側証人の名簿が不可欠である、また貴族院の審議に王妃の法律顧問の傍聴を要求するという主旨だった。法律顧問の傍聴について裁決され、反対多数で否決された。(4)

「裁判」開廷前の最後の議会になった七月二五日には、八月一七日からの会議には全議員が出席すべきこと、欠席者には一〇〇ポンドの罰金を科すと定め、例外として欠席を認めるのは、七〇歳以上で体調不十分な場合、病気、海外在住中または公務で出張中の場合、両親、妻、子が死亡した場合、のみに限定することが了承された。結局チャーチル卿ほか計五二名が出席を免除された。(5) 一方、イタリアから来た国王側の証人たちも八月一四日にはほぼ全員がコットン・ガーデンの宿泊所に揃った。(6) こうして八月一七日に審議入りする準備が整ったのである。

3　国王側の証人と証言

刑罰法案の成立を目指す形で王妃を裁く貴族院の「法廷」は、八月一七日午前一〇時に開会した。主任判事にアボットとダラス、陪席判事にホルロイドとベストが就き、議長席にはリチャーズ、ギャロウ両男爵が着いた。その少し後に名を呼ばれたキャロライン王妃がレイディ・アン・ハミルトンに伴われて入場し、議員一同起立して迎えた。王妃は王座の右手の席に着いた。王妃が議事堂に来る沿道では多数の市民が彼女を迎え、「ゴッド・セイヴ・ザ・クイーン」などと歌った。ウィリアム・ゲル、ケッペル・クレイヴンという出国時の侍従も議事堂まで王妃に付き添ってきた。またウェリントン公やアングルシー侯が騎乗して登院してくると、「われわれは王妃を持たねばならない――議員のおえら方よ、汚い芝居は止めなさい――王妃万歳」という叫びが群衆から起こった。われわれには王妃が必要、という訴えは繰り返し聞かれた(7)。

全員が着席すると、リヴァプール首相はキャロラインから王妃の権限を剝奪し国王と彼女との結婚を解消する法案の第二読会を開会すると提案した。これに対し直ちにレンスター公が立ち上がり、かような早い段階で審議に入ることに反対すると述べ、予定されている日程は帳消しにすべしとの反対動議を出した。議長がこの反対動議について意見を問うたところ、議場で賛成の声は弱く、反対の声が圧倒した。レンスター公は採決を求め、結局、反対動議は賛成四一、反対二〇六という圧倒的多数で否決され、審議進行となった。一貫して法案反対の立場を取っていたランズダウン、グレイら若干の議員は、もはや審議入りを取り消すことは不適切として賛成票を投じた(8)。これらを勘案した数字が当時の王妃問題をめぐる貴族院の色分けであったとみることができる。

次に首相によって双方の弁護団を招じ入れる提案がなされ、了承された。国王側は検事総長サー・ロバート・ギフォードと次長サー・ジョン・コプリー、及びアダムズ、パーク博士、サー・クリストファー・ロビンスンの

図60　検事総長ロバート・ギフォード

五人、王妃側は弁護団長ブルーム、副団長デンマン、ラシントン博士、ジョン・ウィリアムズ、ティンダル、ワイルドであった。初日はこのような法案の審議自体に反対するカーナーヴォン伯の演説に始まり、ブルームが法案の主旨に反対であり、このような個人的問題を貴族院において法案審議の形で裁くという方式に反対だ、と明確に述べた[9]。翌一八日にはデンマンが王妃の名誉を護るという観点から同じ主旨の弁論を行った。デンマンの演説中に王妃がアン・ハミルトンに伴われて入場したので、演説を一時中断し、一同起立して迎えた[10]。王妃は彼女の弁護団の前に着席した。王妃は前日の夕食後ブランデンブルグ・ハウスに戻り、高位の人が自発的に王妃のためにイギリスへ証言に来てくれるという、夜半過ぎにローマから届いた書面を読んで勇気づけられ、この日は本邸から貴族院に登院した[11]。この日王妃側の予定証人一七名の名前が公表されたが[12]、国王側の証人についてはまったく公表されなかった。

刑罰法案の実質審議は一九日（土）から始まる。国王はこの日に「この法案を成立させ法律にすることは必要不可欠ではない」という提案を政府に送っていた[13]。すでに庶民院はこの問題から離脱しており、国王は法案成立の見通しを失っていたことを示している。後ろ盾が身を引いた状況のなかで奮闘する政府に対し、王妃支持派は抵抗する。まずキング卿がこのような法律は現在のこの国の公安のためにも政府の安全のためにも何ら必要ではない、と動議を出すが、リヴァプール首相は検事総長ほかと弁護団を入場させ審議を続けるという修正動議を出し、採決で後者が一八一、反対六五で可決された。さらにグレイがほぼ同様の法案審議に反対する動議を提出するが、再び首相による審議続行の修正動議に一七九対六四で否決された[14]。法案審議入りの時点で王妃支持が少し増え、六五人前後になっていた。こうした決議をへて弁護団が入場し、検事総長による法案提出の趣旨説明、あるいは王妃を裁く「論告」（charge）に入った。「論告」は一日では終わらず、休日をはさんで二一日までつづいた。検事総長が依拠する資料はミラノ委員会が内密に集めた資料とその報告であり、「緑の袋」に入れて持ち帰ったものであった。国王側の告発は秘密裏に行われたミラノ委員会方式の調査を、貴族院の場で公に行うものであったと言える。「論告」では「緑の袋」の資料に基づいて、キャロライン妃が一八一四年に出国して以来の足取りを述べ、一五年八月からコモ湖畔のヴィラ・デステに、一七年八月から帰国のときまでペーザロに居住していたこと、イギリスから同行した侍女、侍従を相次いで帰国させ、雇い入れたイタリア士官ペルガミとしだいに親密になり、二人の間に情交があったとの証言があることなど、縷々陳述した。[15] こうして「裁判」は二一日に核心となる証人喚問に移った。

　最初は告発側の証人の喚問から始まる。その証人二六人のうちイギリス人は海軍の艦長ペチェルとブリッグズ、及びヘアの三人だけで、他はすべてイタリアあるいはドイツから招いた証人たちだった。喚問が始まる前に王妃が到着、一同起立して迎えた。最初の証人テオドーレ・マジョッキはミラノ委員会における有力な証人であり、政府側のもっとも重要な証人であった。フレイザーは彼を「スター証人」と呼んでいる。[16] 近習になる前からペルガミと知り合っていたが、キャロライン妃とペルガミに解雇された男であった。王妃は姿を見せたマジョッキにしばし目を注ぐと、「テオドーレ、おーノーノー」（Thedore! Oh, no, no）あるいは「裏切り者」（traditore）と興奮した甲高い声で叫んで立ち上がり、アン・ハミルトンに伴われて議場から出て行った。[17] 王妃の甲高い声は困った証人が出てきて衝撃を受けたためであったのか。それとは違うようである。すでに第七章で述べたが、マジョッキは反王妃の証言をするよう買収され、その事実を本人が「裁判」後の一一月に妃に告白して詫びを請うた人物であり、まさかと思っていた人物に裏切られ、その本人を目の前にして深刻な衝撃を受けたためであったと考えられる。かつてのマジョッキは明らかに王妃の信奉者であった。マジョッキは一五年一月にナポリで馬番として雇われ、実質的にはペルガミの配下として二年九ヶ月務めた人物である。彼の証言。キャロライン妃一行がナポリに滞在していたとき、彼女が夜中に自室を出て廊下を通ってペルガミの部屋に行くのに二回気づいた、ペルガミの部屋に最初は一〇～一五分、二度目は一五～一八分位いた、部屋からささやきが聞かれた、朝食はペルガミと二人でとっていることが多かった、と検事総長の質問に通訳(通訳のスピネットはケインブリッジ大学の教授の助手であった)を介して答えた。また妃一行が地中海旅行をしたときの船内の様子も語り、入浴の際にはマジョッキが湯を運びペルガミが湯加減を確かめた後に妃に連絡した。妃が下りてきて自分が浴室を出るとき、ペルガミは妃とともに浴室に残っていた、と質問に答えた。(18) 彼の初日の証言は議員たちの心証をかなり動かしたようであった。また市中では妃の入浴の様子を描いた色刷りの戯画がつくられ、あちこちで撒かれて人びとの興味をそそった。

翌二二日のブルームの反対尋問は、マジョッキの証言の信憑性に揺さぶりをかけた。ブルームは、当時のイギリス人の近習たちについてマジョッキがどの程度知っているかについて詳細に尋ねた。寝室付きのレイディ・シャーロット・リンゼイ(その後任はペルガミの妹オルディ伯爵夫人)、海軍士官ハウナム、ホランド医師らが同行していた。彼の証言ではあたかもキャロラインとペルガミだけが核となって生活し、旅行していたかのような印象を与えたからである。なかでも地中海旅行で商船を指揮して完全に同行した海軍士官フリンとハウナムの存在は大きかったはずである。イギリス人近習に関する質問には、大部分“Non mi ricordo”(覚えていません)と答え、やはりペルガミとの関係のみを浮き彫りにした。ミラノ委員会で証言した際、ウィーンからミラノへの旅費が出ていたことも、彼が言を左右していることから理解された。マジョッキへの尋問は三日間に及んだが、議員の質問で注目を惹くのは、エレンバラ侯とその質問を継いだグレイによるものであった。それはペルガミの部屋に妃が行ったという彼の証言に関して、彼女のそのときの服装を尋ねたが、またも「覚えていない」を繰り返し、自分は眠っていたと答えて議員の笑いを誘い、目はつぶっていたので知らない、と言い直した。証言の核心部分が

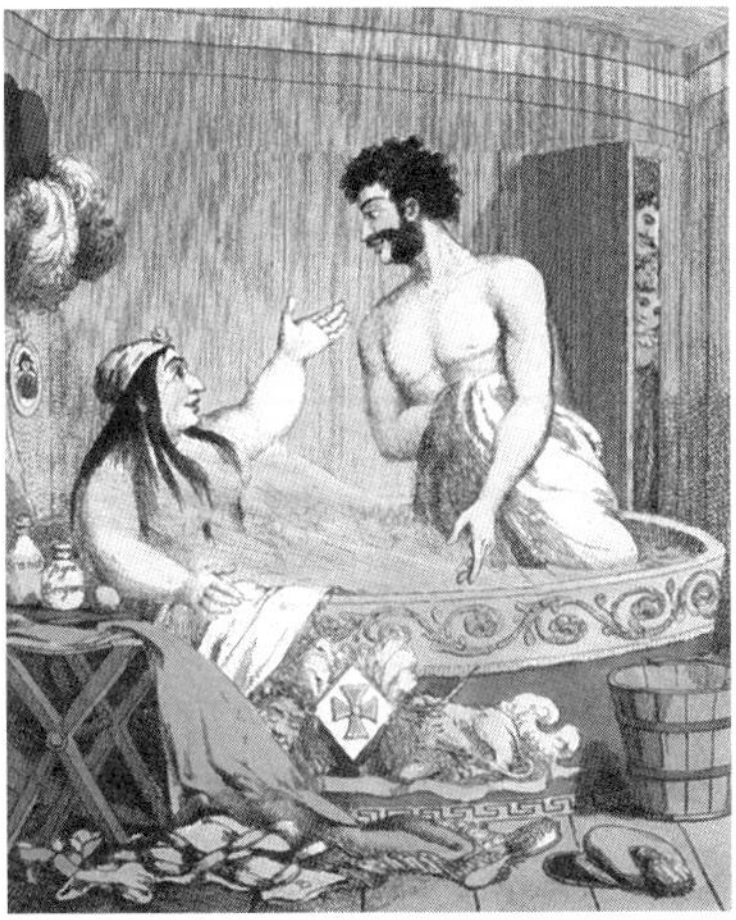

図 61　マジョッキの証言に基づくキャロラインの入浴（戯画）。国王派の冊子『王妃に対する検事総長の論告』に掲載された。

図 62　船内でのキャロラインの入浴。諷刺冊子『イェルサレムへの新たな巡礼』に掲載。

不確かなものであることが露呈されたのである。[19] 二三日の審議の冒頭でダーリントン卿は、「最初の証人が初日に行った証言は、正直なところ私の心に強烈な印象を与えました。しかし昨日行われた反対尋問は、逆にその印象を大いに弱めました」と発言した。[20] ブルームは後に二二〜二四日の反対尋問によって「この重要な証言を完全に突きくずした」と記している。[21]

ブルームの強い希望でマジョッキは八月二四日についで九月七日にも証人台に立った。ブルームは自身で調べた証拠に基づき、まずマジョッキが昨年ハイアットに仕えてグロスターに滞在していたことを確認した。マジョッキの証言から、その滞在中に乗合馬車の中であるイギリス人にペルガミが自分の賃金を引き下げようとしていたと不満を語り、キャロライン妃について「善良な女性」（buona donna）であり、だが「悪い者たち」に囲まれていたと語り、さらにすばらしい分別のある女性であり、彼女の不適切な見苦しい行動はまったく見たことがない、また「まことに虐げられた女性」（a much injured woman）と語っていたという事実が明らかになった。これが偽りのない彼の本心だと見てよいだろう。ブルー

図63 貴族院の「裁判」から帰宅する王妃

ムが、馬車の中で妃をおとしめるよう約束させられたのではないか、と執拗にたたみかけると、"Non mi ricordo" を繰り返し、前回議会で証言したこと以上には語っていないとも主張した。ブルームは彼の「善良な女性」という表現が「親切な分別のある善良な道徳的な女性」という意味であるのかどうかに疑問が残るとしながらも、マジョッキが買収され偽証しているという確信をもった。証人がペルガミに不満を抱き、対立して解雇され、出世して妃と親しくなって侍従の地位に就いたペルガミに仕返しをしたいと思っていたことは間違いない。買収の手はその彼を捕らえたとみてよいだろう。九月七日の喚問では、マジョッキが国王の死去前後の時期に旅費を貰ってロンドンに来ていたこと、そのときミラノ委員会の中心だったパウエルと会っていたことが明らかになり、イタリアで厩舎長のレステリに一〇〇ポンドで買収されて証言しただけでなく、イギリスの専門委員からも買収されるという、作為性がきわめて高い証言であったことが暴露されたのである。[22] "Non mi ricordo" はときのはやり言葉となり、その一部はすでに紹介したが、俗謡にも歌われ嘲笑の種になった。決定的なことは前章で紹介したように、マジョッキは一一月八日、一〇〇ポンドの金銭でレステリに買収され、王妃様に背く邪な証言をしたことを詫びる、たどたどしく書いたメモを王妃の弁護団に渡したのである。マジョッキによる偽証の問題は、翌日及び一〇日には貴族院の傍聴席の周辺にセンセーションを巻き起こした。[23]

二人目の証人ガエタノ・パトゥルゾはナポリ在住の商船（ポラッカ）の船長である。彼は二六九トンの自分の船で一八一六年にキャロライン妃一行をシチリア、チュニス、マルタからギリシア、イスタンブール、イェルサレムまで案内し、またシチリアまで帰った。船の指揮は一行に加わった英海軍の艦長フリン中尉が当たり、妃に忠実なハウナム中尉がそれに協力した。パトゥルゾの証言は、同行者についてはほぼ正確であり、一行が「聖キャロライン騎士団」と称されていたことも答えた。彼は、船内のキャロライン妃ほかの各寝室の配置について証言し、妃とペルガミがデッキで腕を組んで歩いていた、地中海では高温となったためデッキにテントを張り、日中はテントの中で過ごすことが多かった、テントの中で妃がソファーにペルガミがベッドに座っているのを見かけた、デッキの砲門の上に二人が並んで腰掛け、不安定なので腕を回して支え合っていたのを見かけた、テントは夜には片づけた、などと証言した。また当地へ来る旅費はイギリス当局の負担で自分は一切出していないし、自分の休業補償として一ヶ月につき八〇〇ドルを要求した、と述べた（この金額に驚き

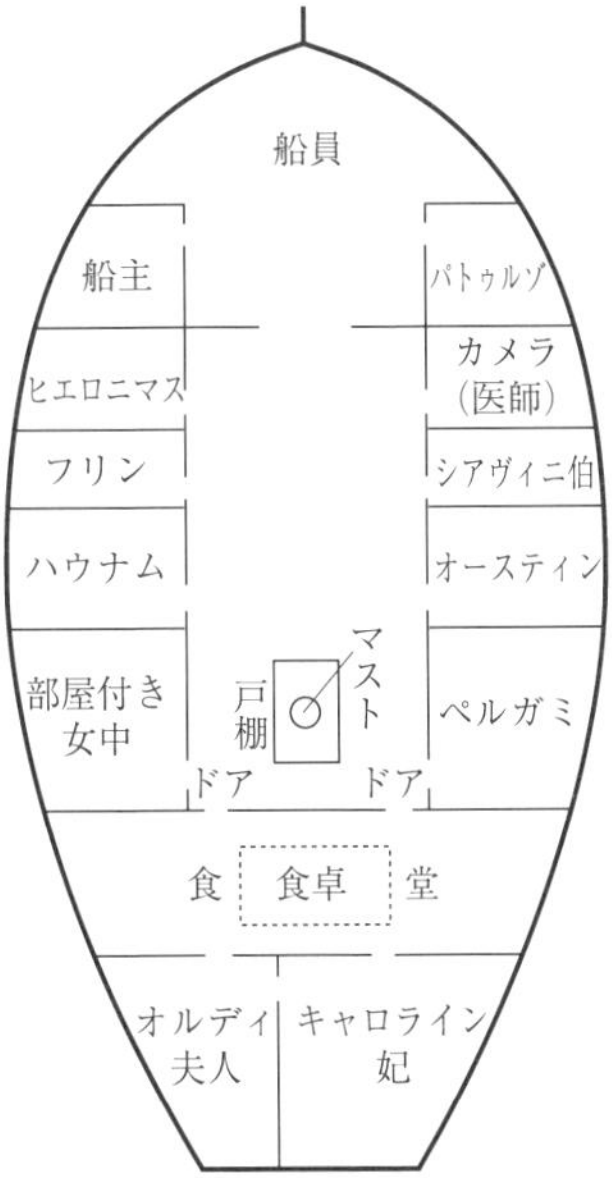

図 64　パトゥルゾの証言による船室の配置図

の声が上がった)。彼は求めに応じて商船の部屋の配置図を描いて見せたので、その写しを図版で示しておこう。彼はミラノ委員会の証人ではなかったが、デンマンの反対尋問に答えて、今回ナポリからロンドンに来る途中に案内人に連れられてミラノに寄り、二〜三日の間ブラウン大佐の前で証言してきたことを明かした。彼の証言が事前にかなり調整されていたことを示している。[24]

三人目の証人ヴィンケンゾ・ガルジーロは、前の証言で出た商船の持ち主であり、やはり妃一行に同行した。ガルジーロはミラノ委員会が閉じられた後一九年一二月末に、ミラノに招かれブラウンとイタリア人弁護士ヴィメルカーチの前で追加証言した人物であった。前二人の証人と同じ場面の情景について類似の証言をしたが、二人の関係をより露骨に表現した。ペルガミがデッキの砲門の上に座り妃がその膝の上に座っていた、二人がキスをしているのを見たが、一度だけではなかった、またデッキを歩くとき、妃はペルガミの左腕を取っていた、など。[25] とくに前証人がテントは夜にはたたんだと繰り返し明確に証言したのに、彼は夜もテントを張りそこで寝ていた、と証言したのである。ガルジーロによる誇張した証言を信憑性が低いとみるのは筆者だけではないだろう。この証言に入る前に証人同士が事前に話し合うことを禁止すべきだという問題が提起され、禁止する方針が決まっていたが、事前協議をした形跡がありありと見えたようであった。なおパトゥルゾとガルジーロがペルガミと対立したという事実は確認できない。

第四の証人はピエモンテの出身で二年ないし二年半の間料理人として妃に仕えていたフランチェスコ・ビローロであり、ミラノ委員会でも証言した。彼はピノ将軍の配下でペルガミと知り合っていた。証言の中心はやはり地中海・パレスティナ旅行に同行中のことであり、妃はよくデッキのテントの中で寝ていた、デッキで彼女とペルガミが手を取り合って歩いていた、彼女の寝室から出てくるペルガミと出会い怒鳴られた、などと述べた。また金銭問題でペルガミに不満があり何度かいさかいがあった、とも答えており、ペルガミへの反感や妬みがこの証言の動機となったことがうかがわれる。[26]

貴族院の王妃「裁判」における証人（証言順）

国王側証人	王妃側証人
マジョッキ、テオドーレ	レマン、ジェイムズ
パトゥルゾ、ガエタノ	セント・レジャー、アントニー
ガルジーロ、ヴィンケンゾ	ギルフォード伯
ビローロ、フランチェスコ	グレンバーヴィ、シルヴェスター・ダグラス
ペチェル、サミュエル（艦長）	リンゼイ、レイディ・シャーロット
ブリッグズ、トマス（艦長）	ランダフ伯
クッキ、ピエトロ	クレイヴン、ケッペル
クレス、ジェーン・バーバラ	ゲル、ウィリアム
ビアンキ、ジゼッペ	キャリントン、ウィリアム
ラガゾーニ、パオロ	ホイットコム、ジョン
メジャニ、ジェロラモ	シカード、ジョン・ジェイコブ
オッジョニ、パオロ	ホランド、ヘンリ（医師）
デュモン、ルイーズ	ミルズ、チャールズ
ガルディニ、ルイジ	トゥイエ、ジョゼフ
フィネッティ、アレッサンドロ	フォルティ、カルロ
ブルサ、ドミニコ	フリン、ジョン（海軍中尉）
ビアンキ、アントニオ	ハウナム、ジョウジフ・ロバート
ルチニ、ジョヴァンニ	シャープ、グランヴィル
ランカッティ、カルロ	グギアリ、サンティノ
カッシーナ・フランチェスコ	ジャロリニ、ジゼッペ
レステリ、ジゼッペ	パウエル、ジョン・アラン（ミラノ委員会）
ガリ、ジゼッペ	プランタ、ジョウジフ（外務省職員）
デル・オルト、ジゼッペ	ポミ、フィリッポ
グッジアリ、ジゼッペ	ベレスフォード、サー・ジョン・プア
サッキ、ジゼッペ	オマーティ、ボンフィグリオ
ヘア、ロバート	インマン、サミュエル
	ミオニ、アントニオ
	サルヴァドーレ、ドミニコ
	オリヴィエリ、アレッサンドロ（元大佐）
	マッジョリ、トマソ・ラゴ
	ヴァッサリ、カルロ（騎士）
	マルティネ、ファンケット

第五の証人サミュエル・ジョージ・ペチェルは当時イギリス海軍のクロリンド号の艦長で、最初に一五年三月キャロライン妃一行をローマ近くのチヴィタヴェッキアからジェノヴァまで運んだ、このときはイギリスから来たシャーロット・リンゼイらが同行しており、艦内で妃と一緒に食事をしたが、召使いのペルガミも同じ食卓に座っていた、と証言した。二度目は一六年一月にシチリアのメッシーナからシラクーザ、カターニアを案内した。このとき妃は彼女の船室で食事をしており、誰が一緒だったかは知らない、と証言した。この点は六章でもふれたが、艦長が船室を提供してくれたので自室で専用の料理人をおいて食事をした、と妃自身が記している。(27) 第六の証人イギリス海軍のトマス・ブリッグズはリヴァイアサン号の艦長であり、同艦が一五年一一月にキャロライン妃一行をジェノヴァからシシリーへ運び、その後をクロリンド号が引き継いだ。一行にはオルディ伯爵夫人、ペルガミその他が含まれ、キャロラインの希望でペルガミの船室を彼女の部屋の近くに設定した。二人が手を取り合って船内を歩いたり、上陸して歩いていることもあった。自分が見たのは全体で三〜四回くらいで、自分としてはとくに異常な状態とは思っていない。食事も同じ食卓で取っていた、と証言。(28)

第七の証人ピエトロ・クッキは大ホテルの代理人としてトリエステの宿屋ブラック・イーグルの経営に当たっている人物で、キャロライン妃一行が一七年三月に同地を訪れ六日間宿泊したときの状況を証言した。やはり彼女とペルガミが手を取り合って歩いていたが、二人の寝室の詳細な様子は知らないと答えた。ミラノ委員会でブラウンやパウエルの調査を受けたことは確答した。(29)

第八の証人ジェーン・バーバラ・クレスはカールスルーエ在住の二五歳の既婚ドイツ人女性であり、ミラノではなく少し遅れて一九年五月にハノーヴァーに招かれ大使から証言を求められ、またフランクフルトでも名前を知らない紳士の前で証言していた。証言は八月二六日から始まった。当時同地の宿屋ポスト・インに部屋付き女中（Keller-maid）として住みこんでおり、この宿にキャロライン妃一行が一七年二月に一週間余り投宿した。証人は通訳を通して夕刻七時から八時のころ、ペルガミの寝室に水を持参したところ、ペルガミがベッドに横たわり、キャロラインはその近くに座っていた。クレスが部屋に入ったときはペルガミがキャロラインの首に腕を巻いていて、彼女は急いで起き上がった様子だった、またペルガミの寝室のベッドを整えていたとき、女物の上着を見かけた、ベッドに濡れたしみがついていた、などと国王側の検事総長の質問に答えた[30]。ブルームは証言の信憑性を確かめるため、証人の生活実態と身辺状況について詳細に質問したが、この尋問に保守派の議員から異議が出され、王妃側の反対尋問を制限すべきだという主張をめぐる論議で丸二日を費やした。八月二九日、事例の特殊性に鑑み王妃の法律顧問団を出席させ、その考えるとおりに反対尋問を進める、というリヴァプール首相の動議を賛成一二一、反対一〇六の一五票差で可決した。その後休会にするというアースカイン卿の動議を賛成六一、反対一六四で否決して、クレスへの質問が再開された。彼女はペルガミの寝室で二人を見たのちオルディ夫人の寝室に水を持参したが、そこにキャロラインもいた、さらにマンスフィールド伯の質問に対し、朝ペルガミのベッドにしみを見たという証言について、枕の様子から見ても二人が寝たとは思えなかった、などと前言をひるがえした[31]。

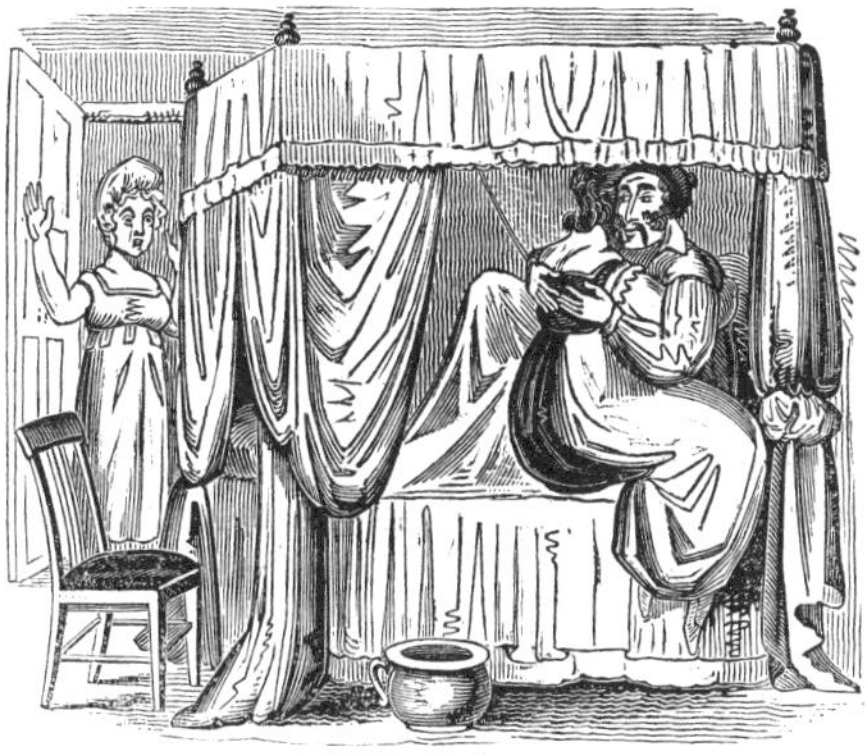

図 65　無害な愛の楽しみ（クレスの証言に基づく諷刺画、『イェルサレムへの新たな巡礼』に掲載）

九人目の証人はイタリア系スイス人でヴェネツィアに住むジゼッペ・ビアンキで、ホテルのガードマン。ペルガミ、マジョッキらを伴ったキャロライン妃一行を二回見かけた、二回目のときは「ペルガミ男爵」と呼ばれており、二人はしばしば手を取り合って歩いていた、などと短く証言した[32]。一〇人目の証人パオロ・ラガゾーニはヴィラ・デステに近いビアンゴの石工親方であり、二〇〜三〇人の職人を雇ってヴィラ・デステなどで仕事をしていた。彼はキャロラインとペルガミはアダムとイヴのように見え、同地の劇場で共演したこともあった、またヴィラの庭で妃とペルガミが手を取り合って歩いているのを見た、バーソロミューの祝祭のとき二人がベンチに座っていた、また劇場に二人で入っていった、などと証言した[33]。しかし反対尋問で、政府の命令だからミラノに証言に行けとレステリから言われた、今回もレステリがオランダまで同行した、という事実が明らかになった[34]。ここでもレステリが暗躍していた。

一一人目は庭師親方ジェロラモ・メジャニ（ヒエロニモ・ミアルディ）であり、ヴィラ・デステでしばしば仕事をしていた。ペルガミは元来貧しい男だが、キャロラインに仕えて羽振りがよくなった、カヌーや馬車でしばしば二人一緒にいるのを見かけ、ペルガミの膝の上にキャロラインが座りキスをしていたこともあり、夫婦のように見えた、などと証言。ティンダル（判事）の反対尋問に対し、ミラノ委員会では自分が話す内容がすでに書面に書かれており、それに署名した、立ち会った一人はブラウン大佐だったなどと述べた[35]。反対尋問もさほど突っ込んでいないが、証言が作為的につくられた可能性がある。次の証人パオロ・オッジョニは、一八一七年にヴィラ・デステでキャロラインに仕えていた料理人。キャロラインとペルガミがしばしば一緒に手を取り合って行動し、炊事場にもよく来た、地域の舞踏会のとき妃も二度加わったことがあるが、地域の人を相手にしては踊らず、一人で踊るか、ときにはペルガミと踊っていた、などと述べた[36]。

話題の証人ルイーズ・デュモンはスイスのヴォー地方の出身、フランス語をしゃべる着飾った若い女性であり、議場の注目を浴びた。彼女はローザンヌでキャロラインに雇われ仕えることになり、部屋付き女中として以後の地中海旅行などにすべて同行した。ペルガミは廷臣としてキャロラインに仕えており、ナポリに着くまで妃はオースティンと寝室を共にしていたが、一三歳になって大きくなりすぎ、近くの小部屋に移した。寝室にはオースティンとペルガミが居たことがある、ナポリ滞在中あたりから妃とペルガミは手をつないで庭を歩くなど、親密になった、ペルガミがシャツだけで靴下も履かずスリッパがけで自室から出て妃の部屋に向かうのに出くわし、自分は身を隠した、妃もそのとき自室で衣装をつけていなかった、ということもあった。ペルガミと妃が一緒に食事をしていた、船のデッキのテントで過ごした、船内で妃が入浴したときはペルガミが取り仕切り、水をマジョッキが準備し自分が前後に着替えをもって待機した、などと証言した。

英語を若干解する彼女のイギリス人同行者についての情報はより詳しく、また妃はアウグスタで自分の肖像(トルコ女性のスタイル)を描かせたが、トルコ服を着たペルガミの肖像画も見たことがある、キャロラインはペルガミに「そなた」(tu)と呼びかけていたが、ペルガミの方は「お妃」(princess)と呼んでいた、とも述べた。第七章ですでに述べたが、彼女は妃によく仕え妃の性格、人柄に惹かれ高く評価していたのだが、それを尋ねられると覚えていない、妹に手紙で何度か書いたことがあるが内容は覚えていない、と逃げた。父違いの妹は今も妃に仕えており、妹宛の手紙が弁護団から資料として提出され討議録に加えられた。デュモンが妃に背いて証言に立ったのは、一時期深い関係にあったサッキの強引な勧誘によるものだった。サッキが妃の金貨を盗んだとき、彼を妃の部屋に入れる手引きをしたかどでサッキだけでなく、デュモンも解雇された。二五人目の証人となるサッキは妃とペルガミに恨みを抱き、報復したいと思っていたのである。(37)

次の証人はヴィラ・デステ近郊に住む石工ルイジ・ガルディニと、同じく装飾ペンキ工のアレッサンドロ・フィネッティであり、二人ともキャロラインとペルガミが手を取り合って歩いていた、並んで座ってペルガミが手を延ばして妃を抱いていた、妃がロバに乗りペルガミが付いて歩いていた、などと証言した。続いて短い証言だが、ドミニコ・ブルサ(ヴィラ・デステ地域の石工)、アントニオ・ビアンキ(コモ地区の住民)、ジョヴァンニ・ルチニ(ヴィラ・デステで仕事をしていた塗装工)、カルロ・ランカッティ(ヴィラ・デステから二年間妃に仕えた菓子屋)、フランチェスコ・カッシーナ(コモ近郊の石工、ヴィラ・デステほかで一七年間雇われている)の五人が短い証言をした。彼らは妃とペルガミが手を取り合って歩いていた、乗り物にペルガミが座り、妃がその膝の上に座っていた、などと証言した。(38)

次の証人ジゼッペ・レステリは一六年八月末か九月初めに厩舎長として雇われ、翌年一一月末にルイなる人物から向こう三ヶ月分の資金をもらって退職した人物である。レステリは証言では妃とペルガミが馬車に並んで座っていた、など大して重要な証言はしていないが、マジョッキやクレーデ（貴族院の証人ではない）を買収しラガゾーニをミラノに証言に行かせるという、オムプテーダ男爵の手先となっていた人物である。(39)

次のジゼッペ・ガリ（ミラノとコモの中間にあるクラウン・インの給仕）は、キャロライン妃一行一〇名余りが夕食に訪れ、妃とペルガミが個室で食事をとり、立ち去る前に妃とペルガミがキスをし、ペルガミが妃の肩を抱いていた、などと証言。次のジゼッペ・デル・オルト（ヴィラ・デステで妃に仕えていたパン屋）は、庭でペルガミが妃の肩を抱き、キスをしていた、さらに次のジゼッペ・グッジアリ（コモ湖のボート屋）はボートで二人を劇場に連れて行ったとき、二人が四回ほどキスをした、などと述べた。しかしグッジアリは反対尋問のなかで、キスの現場を見たのは自分ではなく他のボートマン（一〇人いたという）であり、結局その名を示せなかった。

右に登場した短い証言については、反対尋問は十分展開されずに終わっており、伝聞も含まれていたに違いない。(40)

国王側最後の大物証人ジゼッペ・サッキは元軍人、一年間ヴィラ・デステなどでキャロラインに従者として仕えた。ペルガミと妃がしばしば一緒にいていつも手を組んで歩いていた、二人で寝室に入って出てこなかった、二人が並んで座り抱き合ってキスをしていた、など縷々述べた。彼が解雇された理由を今回は菓子屋と喧嘩したため妃から解雇されたと述べ、ペルガミと喧嘩したのではないかと問われると、覚えていないと逃げた。彼の解雇理由は妃の部屋からルイ金貨を盗んだことにあった。事実らしいのは、ミラノに妃の手紙を騎乗して届けに行き、夕刻に帰ってペルガミに報告しようとしたら、ペルガミが自室ではなく妃の部屋から出てきた、ということである。ある質問には自分は中尉だったと答え、後では普通の兵士と答えている。ブルームの反対尋問で、自分はボランティアではないのに、従者として安定した給与は貰えず、解雇された後は仕事がないと述べ、不満をもっていることが明らかになった。(41) すでに述べたように彼が証言に立ったのは、ペルガミと妃に対する恨みであり、仕返しをしようとしたというのが真相とみてよい。最後にテオドーレ・マジョッキが四度び召喚されブルームらの尋問が行われ、彼は読み書きがよくできない（自分の名前ぐらいしか書けない）ことがわかった。(42) サッキにつづいて海軍のヘアの短い証言で国王側の証人調査は終わった。

告発側の二六人の証人喚問は王妃キャロラインとペルガミの親密ぶりと密通を思わせる、作為性が高い不確かな多くの証言を引き出して終わった。なかにはマジョッキのような明らかな偽証もあった。証言から明らかなように、主な証人たちは従者、料理人など何らかの形でキャロラインに雇われたか出仕していた者であり、その大部分が解雇や低報酬などでキャロラインとペルガミに不満をもつ者たちであった。証言内容の多くはたちまち戯画化され、多くのパンフレットや雑誌に掲載されて広まった。しかし議会において、現王妃のこのような不透明な嫌悪をもよおす不快な「密通」の次第が、事細かに外国人の庶民の口から語られるのは、前代未聞のことであり、国王の明らかな無理押しに、リヴァプール首相（伯爵）と貴族院はまさに良識を失っていたといわざるを得ない。一方、キャロラインを虐げる原因となった国王の大っぴらな女性関係や「密通」は何ら問題とされなかった。この事実が一般庶民の男女や、階級を問わず良識ある人びとを王妃支持に向かわせたのである。貴族院の「裁判」が始まるとキャロラインを擁護する急進派や一般民衆の興奮は極度に高まり、彼女が最初に貴族院に出頭したとき、ウェストミンスター地区では彼女を歓迎する群衆が街頭をうめつくし、彼女の馬車の前後にも群衆が列をつくり、「ゴッド・セイヴ・ザ・クイーン」と歓声をあげた。当局は数百人の特別警官を道筋に配置した。すでに述べたが、刑罰法案の審議の停止と廃案を求める数多くの請願が各地のグループや団体、女性グループから両院に寄せられた。また貴族院が一時休会になった九月八日から一〇月初めには、再びブランデンブルグ・ハウスの周囲は王妃を支援する群衆が連日集まり、王妃にエールを送った。とくに象徴的だったのは一〇月三日、数千人からなる海軍の水兵や商船の船員たちが、王妃に連帯のメッセージを渡し、支持を表明するため水路と陸路でブランデンブルグ・ハウスに集結した賑々しい出来事であった(43)。

王妃を歓迎し支持するメッセージが全国各地の個人と地域グループから寄せられていたが、『アニュアル・レジスター』のまとめによると、九月時点までに計七八通が確認されている。そのうち署名者数が明記されている

図66　ブランデンブルグ・ハウス前に集まった王妃支持の大群衆（1820年10月3日）

四一通を以下に列挙しておこう。一部は前章で紹介しているが、女性の集団によるメッセージが目立っており、関心の高さがうかがわれる。(44)

4　王妃弁護側の証人と証言

国王側二六人の証言は九月七日にすべてを終り、検事次長はそれらの証言を要約し法案を支持する証拠は整ったと述べた。議員の中にはもはや王妃側の反証や弁論の必要はないといった一方的な意見を出す者もいたが、リヴァプールは翌八日、王妃側の法律顧問団の希望があれば、例証したいと考える証拠資料を示して審議を進めるよう提案した。ブルームら法律顧問団はその弁護の準備のため若干の時間が必要と主張し、三週間後の月曜日一〇月三日にブルームの弁論から始めることになった。この三週間に大法官庁の司法官ジェイベズ・ヘンリを急遽ミラノ、ペーザロに派遣し、反証を集めさせるなど、王妃側は最終的な証人の選定と招請、反証集め、及び弁論の準備に忙殺された。イタリアから招いた国王側の証人は妃の近くにいた人物ではあるが、大部分が下層階級の者であり、しかも中心的な証人は解雇された者であった。王妃側はそれを踏まえ下層階級の証人は最大限避けるようにし、イギリス人を増やしたが、その分、証言の具体性という点では不足するところがあった。ロンドンに来ているオルディ夫人やブロン（デュモンの異父妹）を証人に加えることも真剣に考えたが、断念した。[45]

ブルームは一〇月三日の冒頭の弁論においてキャロラインの嫁入りのときから説き起こし、故人の首相ピット（小）、同パーシヴァル、ホィットブレッドら有力政治家が王妃を支持していたし、今回の証言は肝心のところで不明なことが多く、また「覚えていない」を繰り返すなど、検事総長が理解したほどには信憑性がない。ナポリではイギリスからシャーロット・リンゼイ、シャーロット・キャムベル、フィンチなどの貴婦人たちが王妃の旅に合流しており、イタリア人の召使たちが述べた現場にいたはずである。王妃の近習の一人だったマジョッキの証言は肝心なところできわめて不鮮明であり、“Non mi ricordo”を繰り返すばかり、デュモン、サッキ、商船の船主、船長であるガルジーロ、パトゥルゾも真実を語っていない、と論じた。ブルームの弁論は翌日まで続き、その中で一八〇四年一一月一三日付けの義父ジョージ三世の愛情あふれたキャロライン宛ての手紙も資料に提出した。[46]

ブルームに続いて弁護団のウィリアムズが弁論に立ち、翌五日まで論陣を張り、デュモンが寝室におけるキャロライン妃の様子を説明しながら、妃が着ていた衣装を覚えていないと述べるなど、デュモンの証言は信憑性がない、などと論じた。この日の午後から弁護側が準備した証人への尋問が始まった。[47]

最初の証人ジェイムズ・レマンは王妃の顧問弁護士ヴィザードのもとで働く事務員。王妃の指示により、バーデン大公の侍従を証人として当地に招致する書簡を持参してカールスルーエまで行ってきたが、大公はイギリス国王の恩顧を得ているという理由で拒否されたとのみ述べた。第二の証人アントニー・バトラー・セント・レジャーは一八〇八年から一八一九年一〇月まで王妃の侍従を務めた人物。大陸へは最初のブラウンシュヴァイクま

民衆グループによる王妃を支持・激励する建白書の署名者数

都市・地区名・団体名	署名者数	都市・地区名・団体名	署名者数
オールストン	200	ロンドンの職人	29,500
バーナード・カースル	600	ラッドロウ	660
バーナード・カースル（女性）	600	マリラバン(ロンドン、既婚婦人)	8,700
ボウルトン	6,200	マリラバン	7,500
ブリストル（女性）	11,050	モーペス	264
イギリス海員（ミドルセックス）	3,800	ニューカースル・アポン・タイン	5,000
カースル・ドニントン	300	ノーサムプトン（小商人、職人）	1,600
クラーケンウェル（ロンドン）	2,500	ノース・シールド	1,250
ダービィ	4,300	ノッティンガム（女性）	7,800
エクシター（女性）	9,000	ノッティンガム	7,100
エクシター	11,000	プレストン	2,300
グロスター市	1,700	プール	800
ポートシーの福音派教会	1,000	レディング	2,000
ハリファックス（女性）	3,700	サンドウィッチ	480
ハリファックス	3,600	シェフィールド（女性）	11,100
ヘクサム	700	シェフィールド	4,600
ハイ・ウィカム	400	セント・スティーヴン（ローンセストン）	400
キムプトン、グレイトリ	90	ストックポート	3,600
レスター民兵隊（個人）	300	ウェイクフィールド	1,440
リヴァプール	30,000	ホワイトチャペル教区(ロンドン)	4,000
ロンドン（既婚婦人）	8,500		

（*Annual Register*, 1820, pp. 423-424. による）

で同行したが、自分の体調と家族のことがありそこで妃と分かれて帰国した。一九年七月か八月に妃から来信があり、九月に帰国するという意向だったので、ドーヴァーまで出迎えるつもりだった。その後体調をくずして侍従も辞した、と述べた。(48)

次に証言に立ったギルフォード五代伯は一八一五年三月にナポリでキャロライン妃一行を訪ねてしばらく同行し、その後同年一一月に短期間ヴィラ・デステを訪ねて妃と会った。ナポリで一行にはレイディ・シャーロット・フォーブス、ウィリアム・ゲル、ケッペル・クレイヴン、医師ホランドが同行しており、従者としてペルガミも見かけた。一一月にはヴィラ・デステで妃と一緒に食事をしたが、ペルガミも同じ食卓にいた、と証言した。検事総長の反対尋問では、ギルフォード伯の妹シャーロット・リンゼイは自分より一足遅れて一行に加わり、部屋付き侍女を務め、一八一五年五月初めに自主的に辞めたこと、その後任はイタリア人のオルディ伯爵夫人が務めていた、ヴィラ・デステで妃が男と手を取り合って外を歩くなど見たことはないが、ボートにペルガミと一緒に乗っているのは見かけた、彼は漕ぎ手であり、妃には見苦しい行いなどまったく見られなかった、と述べた。(49)

第四の証人グレンバーヴィ卿は妻レイディ・グレンバーヴィ（ノース元首相の長女、ギルフォード五代伯の姉）とともに妃と親しく付き合っていた。グレンバーヴィ夫妻は一五年三月にジェノヴァで妃一行を迎えたとき、妻が以前にキャロラインの部屋付き侍女の経験をしていた関係で、正式の部屋付きの侍女レイディ・シャーロット・キャムベルが到着するまでのほぼ二ヶ月間、その役を務めた。ペルガミは召使い（servant）の服装をしていたかという反対尋問に対し、しゃれた従者の服装をしていたと答えた。(50)

レイディ・シャーロット・リンゼイが次の証人である。証言によれば、彼女は一八〇八年に最初にキャロラインに仕え始め、妃が一四年に大陸へ渡ったときにブラウンシュヴァイクまで同行した。また一八一五年二月にナポリで妃一行に加わり、二ヶ月ほど部屋付き侍女を務めた。ペルガミは従者として仕えていた、ペルガミの弟ルイジには覚えがあるが、母親やヴィットリンという女の子はいなかった。ペルガミの妃に対する態度あるいは妃のペルガミに対する態度には、まったく問題はなかったと思う。あるとき妃の馬車にペルガミが乗り込んできたことがあるが、それは妃から呼ばれて車内にあった食べ物や飲料を取り出すためだった。妃はペルガミに対しては前任のシカードに対するのと同じ態度を取っていた。自分が侍女の仕事を辞めたのは兄のギルフォード伯から帰国するよう言われたからであり、妃の行動に嫌気がさしたからではなかった。私は妃の寝室で妃とオースティンの三人で食事をし、通常ペルガミは召使いとして後ろに侍っていた。少なくとも私が妃と同行していた間は、ペルガミはあくまで従者（courier）として行動していた。妃は上流階級にふさわしい行いをしており、不謹慎なことはなかった、と繰り返し述べた[51]。

次の六人目の証人ランダフ伯は夫人とともに一八一五年一一月からイタリアに滞在し、はるばる証言に駆けつけた。彼は、ナポリやヴェネツィアでも夫妻でしばしば妃と会い、食事を共にした。妃は王族にふさわしい立ち居振舞いだったし、祖国に不名誉となるようなことはなかった。妃が主催しナポリのミュラ王に捧げた舞踏会に自分も出席したが、そのときの妃の衣装には覚えがない。当時名前は知らなかったが、ペルガミは確かに妃に仕えていたと証言した[52]。次の証人ケッペル・クレイヴンは王妃の侍従として宮廷服姿で出席。彼はブラウンシュヴァイクで妃に合流し、以降ミラノからナポリまで六ヶ月間侍従として同行した。妃はミラノで一人の従者を不行跡のため解雇したので、その後任の推薦を自分がオーストリア皇帝の侍従長ギシリアリ侯爵に依頼し、ペルガミが推薦されてきた。ナポリで証人や近習のウィリアム・ゲルがいる部屋にペルガミがきたことがあるが、彼は椅子には座らなかった、ナポリで妃がナポリ王のために主催した仮面舞踏会において、妃は三通りの衣装〈トルコ風ドレス、ナポリ風ドレス、天才的歴史家と称する白色の衣装〉で登場した。スパイが来ているという話は聞いたが、誰であるかは知らなかった、などと証言した[53]。

第八の証人は、妃が大陸へ出発する一ヶ月前から侍従を務めているウィリアム・ゲルである。彼は次のように証言した。彼はペルガミについて推薦者オーストリア皇帝の侍従長から、ペルガミ家はフランス革命によって財産を失ったが、立派な家系の出であり、妃に仕えれば必ずや立派な働きをして昇進するだろう、との推薦を受けた。また自分はパレスティナに向かう妃とナポリで分かれたが、その理由は私の通風もちを妃が気遣ってのことだった。その後も妃とはたびたび会い、多くの高位の人びとが妃のもとに訪れていたことを知っている。自分は三ヶ月間、妃たち一行と一緒に暮らしたが、妃とペルガミの間に不適切な関係があったなどとはまったく考えることができない。妃がペルガミと会話を交わしたのは仕事上のことだけで、それ以外のことはなかった[54]。

次の証人ウィリアム・キャリントンは前の証人ゲルの近侍であり、海軍見習士官になるまでの九年間その仕事にあった。一八一四年末にナポリでその仕事につき、妃の邸に住んだ。ペルガミも一行に加わっていたが、彼の寝室と妃の寝室は六〇フィート離れており、その間にオースティン、ヒエロニマス、ホランド医師の三室があった。妃が仮面舞踏会を催したことは覚えているが、召使いたちが特別な装いで参加したという話は知らない。また告発側の第一証人マジョッキのことも覚えているが、彼がオムプテーダの名前を口にするのを聞いた、とも述べた。そのオムプテーダ男爵について王妃の弁護士ラシントンがたたみかけて尋ねると、検事総長ら国王側がストップをかけ、中断して議論になった。妃の弁護団のラシントンはオムプテーダが妃に対するスパイとして行動し、妃の召使いたちを破滅させ、妃の私的な保管庫をこじ開けさせるなどしたことを明白にすべきだと引き下がらず、マジョッキとキャリントンを改めて喚問することになった。マジョッキはまた「覚えていない」を繰り返し、ゲルの召使いに会ったことはあるが、オムプテーダが行なった行為についてその召使いに語った覚えはない、と主張した。一方キャリントンは、オムプテーダが妃の部屋のかぎを盗むため、御者と侍女を雇った。そうした動きがあったため、妃に雇われていた召使いが一人解雇された、とマジョッキから聞いたと述べた。オムプテーダの件はイタリア人召使いたちの間でしばしば話題になり、みなよく知っていたとも述べた[55]。

一〇人目の証人ジョン・ホイットコムはさきに証言に出たケッペル・クレイヴンの近侍であり、ナポリのキャロライン邸の寝室についてキャリントンと同様な証言をした。次の証人ジョン・ジェイコブ・シカードは通算二一年近く料理人として王妃に仕えており、もと外国人だが帰化した者。一八一五年二月にナポリを離れロンドンに帰っていたが、その後妃と再会したのは二〇年二月にジョージ三世の死去の知らせを伝えに行き、リヴォルノで妃と会ったときだった。ナポリにおけるキャロライン妃の生活について他の王妃側の証人と共通することを述べた。(56)

次の証人ホランド医師は、妃がイギリスを出発したときからクロリンド号でシチリアを回ったときまで同行した。彼の証言。私はペルガミが妃と一緒に食事をしたことなど見たことはない、二人の間は女主人と召使いの間柄であり、他の召使いの場合と同じであった。自分が妃に同行したのは二年足らずであるが、妃はナポリではイタリア人とイギリス人からなる多数の高位高官の人びとの訪問を受け、ジェノヴァでは同地に滞在していたすべての主要なイギリス人の訪問を受けていた。(57)

一三人目の証人チャールズ・ミルズはローマ在住者であり、一八一七年から二〇年までしばしば妃と会っていた。ペルガミは侍従を務めており、その立場で妃の食卓に座っていた。二〇年二月に王妃になってからも会ったが、王妃とペルガミとの関係はまったく変わっていなかった、と述べた。(58) 次の証人ジョゼフ・トゥイエはイタリア総督の配下にあった元騎兵大佐であり、現在はフランス軍に所属し、鉄の王冠とレジョン・ド・ヌール勲章を受章している。兄が将軍で自分はその副官を務めていたが、ペルガミがその配下にいた。彼はまじめな下級将校だった。その後彼は一八〇八年か〇九年にピノ将軍の直属となり、ナポレオン軍の一翼としてスペイン戦線に従軍し、将軍から厚い信頼を得ていた、彼がロジの監獄にいたという話はまったく聞いたことがない、と証言した。(59)

一五人目の証人カルロ・フォルティは元イタリア総督の配下にあった軍人、一八一七年にミラノでキャロライン妃一行の護衛従者となり、王妃がイギリスに帰国するまで同行した。彼は通訳を通じてほぼ次のような注目すべき証言をした。ミラノからローマへ移動したとき、一行は妃が乗る四輪馬車と他の二台の馬車からなり、自分はひとりだけ騎乗して脇を随行した。妃と同乗したのは三人で、一番左にペルガミ、中央にオルディ伯爵夫人、右に妃が座り、ヴィットリンは妃かオルディの膝の上にいた。ペルガミが退出するときに妃の手にキスすることはあったが、二人がキスをするなどまったく見たことがない。ペルガミは王妃が帰国するときサント・メールまで同行した。自分はペルガミの妻がこの一行に加わったのをみたことがない。彼女はミラノに男の召使いと女中とともに暮らしており、ペルガミが妃一行とともにペーザロにいたとき、自分は彼の手紙を届けに彼の妻の家に行ったことがある。オルディ夫人は彼の妹であり、ペルガミの弟ルイジもローマへ移動する一行に加わっていた。また問いに答えて、ペルガミは妃に対して丁重な言葉遣いをしていたと述べた。フォルティはキャロラインの帰国まで付き添っており、その証言は具体的かつ説得的であった(60)。

次に証言したイギリス海軍将校ジョン・フリンは一八一五年当時メッシーナに駐留しており、妃一行をシチリアからイスタンブール方面へ彼が指揮する商船で案内した。国王側証人たちが船のデッキで砲門の上にペルガミが座り、その膝に妃が座っていたなどと述べた旅行である。フリンは、船上で真夏を過ごしたので、妃がデッキにテントを張って過ごしたこともあったが、大砲の上にペルガミが座ったことも、その膝に妃が座ったこともまったくなかった、二人が同じベッドで過ごしたことなどあり得ない、また入浴の桶は大きくて妃の船室には持ち込めないなどと述べた(61)。次の証人ジョウジフ・ハウナムは妃に育てられた忠実な海軍中尉で一八一五年四月にジェノヴァから妃の一行に加わり、前証人フリンとともに地中海旅行に同行した。証言も共通部分が多かったが、ヴィラ・デステの生活でキャロラインが大きな舞踏会を催したとき(他の証言にもあった)、ペルガミの弟がイタリア喜劇のハーレキンを演じ妃がその愛人コロンバインを演じたのか、との問いに、ペルガミの弟のハーレキン役は間違いないが、妃の役については記憶がないと繰り返し、妃が機械人間の役をしたことは明言した。ペルガミと妃がキスをしたなどまったく見たことがない、と断言し、反対尋問に対しても、ペルガミやその弟、母親が妃と一緒のテーブルで食事をしたとしてもそれが何ら問題になることではなく、ペルガミは妃の召使いの立場を忘れることはけっしてなかった、と力説した(62)。

次のグランヴィル・シャープの証言はインドのダンスに関するほとんど意味のないものだった。一九人目のサンティノ・グギアリはヴィラ・デステの仲買商で、労働者の監督、毎土曜日の賃金支払いの責任者であった。国王側の証人になった数人の職人を知っていると述べ、ペルガミと妃をアダムとイヴになぞらえる国王側証人の話があったが、ヴィラ・デステの岩屋のなかにアダムとイヴの像が置かれていたと証言した。次の石工親方ジゼッペ・ジャロリニもヴィラ・デステでよく似た立場にいた人物であり、弁護団はその質問において、国王側の証人レステリが王妃に不利な証言をする者に金銭を出したという疑惑を証明しようとしたが、検事総長らの反対もあり、またすでに次の証人パウエルの指示でレステリが帰国の途についていたため、追求は中途で終わった。ミラノ委員会のパウエルに対する尋問ではブルームらは気乗りしないままに終わった。レステリに与えたパスポートについて外務省職員ジョウジフ・プランタが証人に立ち、「王妃の告発にかかわる」従者として発行したと述べた。(63)

次に証言したフィリッポ・ポミはヴィラ・デステに近いバローナに住む大工。同地にペルガミの家と彼が経営するパブがあり、ロジーナという女性に経営させていた。今もペルガミはバローナに住んでいる。ポミの証言で注目されるのは、レステリに関するものだった。レステリはポミに言った。「君が望むなら男にしてやろう」と。その意味を尋ねると、彼は「君はこの家にずっと住んでいるのだから、妃に不利な証言ができるだろう」と言ったので、私は「これだけ良いことをしてくれた妃のために、不利な証言をする材料などまったく持ち合わせていない」と述べた。買収の密使レステリはポミも買収しようとしていたのである。(64) 次の証人サー・ジョン・ベレスフォード少将は妃が乗った軍艦ポアクティエズ号の艦長。先に証言したキャリントンが同艦の操舵手として勤務していたことがあり、キャリントンはまじめで立派な人物である、などと証言した。(65)

次の証人ボンフィグリオ・オマーティは、ミラノの妃の法的代理人コダッツィ弁護士の下で働く事務員である。彼はミラノ委員会に協力したヴィメルカーチ弁護士から、妃に関する文書を提出せよと言われ、渡してしまったのだが、そのいきさつを問い正そうとする弁護団を国王側がさえぎり、紛糾した。弁護団は重要な書類が国王側に買収されたことを追及しようとしていた。再会された質問のなかで、証人は書類を七～八回手渡し、代わりに不満な額ではあったが六回金銭を受け取った。また警察官の職を世話すると言われた、と証言した。この間グランヴィル・シャープによる、前の証言に出たトルコ風ダンスの説明があり、また海軍省のサミュエル・インマンによって先の証人キャリントンの乗艦記録が提出された。[66]

次に証言したアントニオ・ミオニはヴェネツィアから来た元警官であり、ミラノ委員会にザングラなる人物から呼び出しを受けた人物。王妃の弁護団は、ミラノ委員会が証人たちを買収して、王妃をおとしめる陰謀を企んだのではないかという点に絞って質問した。委員会の協力者ザングラはミオニに旅費を支払い、ほかにナポレオン金貨を大きな手一杯もっていたと証言した。ローザンヌに住む文学の教授でイタリア語とラテン語を教えている証人ドミニコ・サルヴァドーレも、一八一八年、ミラノ委員会の協力者サッキとキャロライン妃をおとしめる問題で話をしたことがあった、と述べた。サッキを委員会の手先とする見方に国王側が反発し、採決によって質問は打ち切られた。しかしミラノ委員会の性格をめぐって激論があり、再度パウエルを尋問することになった。[67]

次の証人アレッサンドロ・オリヴィエリはかつてフランス陸軍の大佐の地位にあり、ナポレオンのモスクワ遠征に加わってロシアで捕虜になり、一五年二月にイタリアに帰国した人物。一六年末にキャロライン妃に紹介され、以後、初期は断続的に妃に仕え、一八年一一月からはペーザロにおいてペルガミと二人で侍従の役目を果たした。ペルガミは妃の召使いとして振舞っていた。移動の馬車には先の証言のとおり、妃、オルディ夫人、ペルガミと幼いヴィットリンが同乗していたと述べた。[68]

次のトマソ・ラゴ・マッジョリが出る前に、妃一行がイェルサレムに行ったときに命名していた「聖キャロライン騎士団」の証書をハウマンが提出し、またミラノ委員会に関して、証人レステリの帰国を認めた状況に関する手紙等がパウエルによって提出された。[69] マッジョリはコモの町の漁師、コモ湖のボートマンとして妃に雇われ、コモから湖を渡ってヴィラ・デステまで二〇回位妃とペルガミらを乗せた。その船にはコモの役人や楽師も乗っていたし、妃とペルガミがキスをするなどあり得なかった。証人は妃がコモ湖畔を離れた後の一八一八年からは従者として仕え、ペーザロ生活をへて今年六月のサント・メールまで同行した。妃がミュンヘンでバイエルン王と食事をしたとき、ペルガミも同じ食卓に着いていた。質問に答えて、妃とペルガミの間にいかがわしい関係はまったくなかった、と声を張り上げた。(70)

立派な口ひげを生やした証人カルロ・ヴァッサリ元騎兵大尉は、現在王妃の馬匹係を務めているミラノ生まれのカトリック信徒である。彼は一八一八年から妃一行と行動を共にし、旅行や移動の際に妃が乗った馬車の座席について、先の証言と同様な内容を述べた。ペルガミは妃一家の監督の役目を背負い、従者の雇用と解雇も彼の仕事だった、と述べた。(71)次の証人ファンケット・マルティネ夫人はマウジュで婦人帽子屋を営んでおり、先の証人ルィーズ・デュモンは若いころからよく知っている。彼女は私の質問にキャロラインの行いについて悪いことはまったく知らないと答えた。デュモンの答えを正確に言えば、妃について悪く言っているのは「中傷以外の何ものでもありません。彼女の敵たちが彼女を破滅させるためにつくった中傷です」であった。証人は夫と一緒に当地へ来ており、その費用として七〇ポンドを貰ったと証言した。(72)

最後に国王側の証人リヴァイアサン号の艦長トマス・ブリッグズが再度呼ばれ、ペルガミの地位が一八一五年一一月ごろから変わり、妃と同じ食卓で食事をするようになったことを述べた。(73)一〇月二四日、中断をはさんで二ヶ月を越え、正味五週間に及んだ証人の喚問調査は終了した。デンマンは証言を総括して、前半の国王側の証言は後半の王妃弁護側の証言によって完全に覆されたことを縷々述べ、国王側の証言はつくられたものだと主張した。(74)

しばらく討議が行われた後、一一月二日に刑罰法案の第二読会の採決が提案され、興奮した論議が数日つづいた。(75)こうした法案を提出して制定しようとする考え方は国制上正当化されるものではない、と当初から考えてきたグレイはこの時点で次のように述べた。「覚えていない」を繰り返したマジョッキや、デュモン、サッキらの証言がいかに信憑性がなかったかを改めて確認した。それゆえ証拠の点からも法案は支持できないと述べ、さらに次の点を力説した。われわれはそれが安っぽいものであっても、「院外で支持されている意見をまったく考慮せずに事をなすことはできない。……もしこの貴族院で可決されたとしても、庶民院で法案が否決されるならば、いかに厄介なことになるか」についても、十分考慮すべきだ、と。[76] リヴァプール首相はグレイの意見を尊重しながらも、法案採択を支持する立場を述べた。

第二読会の採決は一一月六日に行われ、一二三対九五の二八票差で可決された。[77] その後の議論の過程で法案の離婚に関する条項を削除する動議が出たが、採択によりその動議は否決された。一一月一〇日、リヴァプール首相によって第三読会の法案採決の動議が提出され、一〇八対九九の九票差で可決された。首相は一六票差があれば法案成立をあきらめない意向であったというが、閣僚の四分の三は廃案を望んでいた。かろうじて可決されたこの結果を見て、首相は同法案の六ヶ月間の延期・廃案の動議を出し、満場一致で採択された。首相は「世論を無視できない」と考えたのである。[78] このときにはすでに証人マジョッキが買収されて偽証したことを打ち明けており、国王側と王妃側双方の弁護士の間に大きな興奮を引き起こしていた。ジョージ四世は「自らの要請で生まれたこの法案が廃棄されたと聞いて喜んだ」という。「こんなことでどうして彼［国王］に信頼がおけようか」とアーバスノット夫人（有力政治家の妻）は日誌に記している。[79] 疑わしい多くの外国人証人を招いて、王妃の密通を白日のもとにさらそうとした貴族院による王妃排斥の「裁判」は、こうし

図 67　改革派議員グレイ伯

て幕を閉じたのである。

5 「裁判」の結末と政治家、興奮した世論

さきに六日の第二読会の採決結果を聞いたキャロライン妃は、理解者のデイカー卿を通じて貴族院への抗議文を提出し、次のように主張した。王妃に対して敵対票を投じた議員のなかには国王側の証言だけは全部聞き、王妃側の証言には欠席した者もいる。「私は神の前で、自分にかけられている容疑について、まったく潔白だと主張する。私は変わらぬ確信をもって、この前代未聞の調査の最終結果を待っている。[80]」さらに一一月一〇日にその最終結果を貴族院内の一室で聞いたとき、彼女は「何を言われようと王妃はいぜんとしてここにいる」と激しい口調で述べ、しばらくは銅像のように動かなかった。[81] この日ブランデンブルグ・ハウスへ帰る彼女の馬車の後には祝賀の行列が続き、車にぶら下がる者もいた。しかし暴動を起こすとか法案に賛成票を投じた議員の馬車を襲うという事態は起こらなかった。[82]

妃は「裁判」の期間中、セント・ジェイムズ地区に住いを設け、「裁判」が行われる日には毎日議事堂に足を運んだ。マジョッキと対面して以来、会場には入らず別室に待機することもあったが、この「裁判」は自らの私生活と言動が白日のもとにさらされ、辱めを受けた耐えがたい日々であったに違いない。彼女は貴族院に対し繰り返し抗議の請願を送っており、それが議場で読み上げられてはいたが、それ以上には進まなかった。「裁判」の成り行きをかたずを飲んで見守っていた改革派の市民は、一挙に緊張が解け、街頭で歓喜の声をあげ、オクスフォード街やハノーヴァー・スクエアなど多くの地域でイルミネーションが飾られ、家々から「ゴッド・セイヴ・ザ・クイーン」の声が繰り返し響いた。クリーヴィら改革派議員のクラブ・ハウスであるブルックスでは、第三読会の結果が伝わると歓声があがり、そのバルコニーは王冠とキャロライン王妃の頭文字Q.C.で飾られた。

クリーヴィはこの店で午後三時「三度目の正直……法案は葬られた。神に感謝する」と日誌に書いた。(83) シェークスピア劇『オセロ』を観ていたドルーリ・レーンやコヴェント・ガーデンの劇場でも、王妃側の勝利のニュースが伝わると、観衆は観劇そっちのけで歓声をあげた。以後三日間、ロンドン市中には灯りがともされ、ピカデリーのパブから王妃を称える旗も翻っていた。そのパブの近くの地面に絞首台が描かれ、その下に、「何のためにしたのか？ 覚えていない（Non mi ricordo）」と書かれていた。興奮は地方各地にも広まり、王妃祝賀の歓声が普通は静かな町や村にもとどろいた。(84)

当時ケインブリッジの学生だった歴史家トマス・マコーリも「王妃は救われた」と歓喜した一人であった。ウィリアム・コベットはキャロラインを支持し続けた代表的ジャーナリストの一人であるが、その娘アン、息子ジョンも熱狂的な支持者だった。ジョン・コベットは、王妃の主義は「国王、政府、及びすべての官僚、聖職者、牧師」に反対すべく「あらゆる民衆」を駆り立てたのであり、まさに「王妃は急進主義者」である、と述べた。もっともコベットの女性観は家族を重視する伝統的なもので、母、妻、妹、娘といったそれぞれの役割を重んじる立場であった。(85) もとより王妃は真実の急進派ではありえなかった。またウーラーの『ブラック・ドウォーフ』も王妃を「改革派の頭目」であると喧伝した。国王はこの事態が年を越して一月までつづくと、急進派の新聞・雑誌によってますます煽られ、反逆や暴動に発展しかねないと恐怖に取りつかれ、自らハノーヴァーに移る話さえしていた。(86)

キャロライン王妃事件がもたらした興奮は、時代の世相を諷刺画で鮮やかに描き出したホーン、クルックシャンクら諷刺画家たちの活躍の場にもなった。なかでも二〇年八月初めにウィリアム・ホーンがおもちゃの梯子付き一シリングで売り出した『王妃の結婚梯子』は飛ぶように売れ、王妃「裁判」が始まった三日後に一二版、翌年には五一版を重ねた。一〇月に出した反対尋問の記録をもじった『覚えていません』(Non mi ricordo）も爆発的に売れた。その冒頭の言葉は〈あなたは誰ですか――覚えていません、あなたはどこの国の人か、外国人かそれともイギリス人か――覚えていません〉で始まっていた。一方、『王妃の結婚梯子』をパロディ化した国王派側の諷刺詩『急進派の梯子』（同一〇月発行、画はジョージ・クルックシャンクが描いた）も話題を呼んだ。さらに国王派の色彩が強い画入り諷刺詩『新巡礼の進路』（一〇月発行）は、作者不詳であるが、キャロライン妃一行が地中海からイェルサレムへ巡礼旅行し帰国した後までを語り、わかり易い諷刺画によって人びとの興奮をかき立てた。(87)

一一月二九日、「虐げられた王妃」の勝利を祝賀する感謝の集いが、王妃と王妃を支持する市民・急進派によってセント・ポール大聖堂で催された。ブランデンブルグ・ハウスからシティに至る道筋には王妃を歓迎する多くの人びとが立ち並び、ハイドパーク・コーナー周辺は群衆がひしめいていた。その総数は五万人を超えたといわれる。行進の先頭には「王妃の護衛隊――民衆」と書いた旗がひるがえっていた。シティに入るとウッド元市長が付き添い、大聖堂内にはウッド夫人ほか着飾った女性など中流階級の男女が集まり、議員ではジョウジフ・ヒューム、ジョン・ケム・ホブハウスらの急進改革派が王妃を歓迎した。この時点が「キャロライン・フィーヴァー」の頂点であった。(88)法案の廃案後は、国王と政府側が表立った反王妃の動きを控えるようになり、後に述べる『ジョン・ブル』のような国王派の週刊誌は発行されたが、翌年に入ると民衆側の熱も少しずつ冷めていった。

ここで注目したいのは、法案廃棄の動議が首相から出たとき、グレイが表明した見解である。彼は政府がこの問題で取ってきた方針を批判し、議会は「課せられた義務を放棄し、……一方に偏した証拠のみを取り上げ、誇張した根拠のない罪人呼ばわりに信任を与えようとした。そのため何ヶ月もの間、国民を運動に駆り立て、その結果公的及び私的なビジネスの広範な停滞を招き、国内の平和と平穏を脅かす敵対者たちにもっとも都合のよい好機を与えた。政府は国王を裏切り、王妃を辱め、いやというほど聞かされた嫌悪をもよおす不快な証拠が議会に提出されることによって、社会のモラルに衝撃を与えた」と述べた。さらにミラノ委員会が「真実を調べ出すのではなく、有罪にする証拠を見出すために」行動し、「イギリス王妃の名誉と名声をおとしめる資料を作り出した証人や代理人による物語」にあまりにも信頼をおいたことに、大きな責任があると批判した。[89]グレイが示したこの総括的見解は、四日前の演説と合わせて、後に第一次選挙法改正を実現に導いた政治家の見識を示したものと言えるであろう。

キャロライン事件を論じた多くの著書、論文はすべてこの王妃「裁判」に言及しているが、その多くは前半の国王側の証人たちが議会の場で語った、キャロラインとペルガミの間の誇張された衝撃的な「密通」の話に振り回され、冷静な視点を見失っているものが少なくない。スミスの客観描写の公正さと比べて、フルフォードの著書はその好例と言えるかもしれない。[90]キャロライン「裁判」はイギリス貴族院の不名誉に大いに貢献した。最後の追い詰められた段階で「世論」に譲歩して廃案に踏み切ったリヴァプール首相の決断によって、その不名誉は破局に至る直前でかろうじて救われたのである。

第十章　国王の戴冠、王妃の葬送とロンドンの民衆

1　王妃フィーヴァーとその後

セント・ポール大聖堂で二〇年一一月二九日に行なわれた王妃の勝利を祝賀する感謝の集いは、まさにキャロライン王妃フィーヴァーの頂点を示すものであった。しかし「王妃に対する刑罰法案」が廃案になり、立法という法的手段による離婚と王妃の地位と特権の剝奪は不可能になったものの、国王が王妃を承認したわけではなく、また国教会の祈禱書から削除された王妃の名前を復活させたわけでもなかった。翌二一年一月二三日に議会が開会すると、王妃の名を祈禱書に復活させる活動が庶民院を舞台に展開される。

初日にホイッグ議員ハミルトン卿が立ち、三日後の金曜日に祈禱書からの削除の問題に関して動議を出すと予告した。それを受けてウェザレル議員が金曜日までに関連する過去の資料を利用できるよう議会で準備すべきだ、という動議を出した。議論の末この動議は採決に付され、賛成一六九、反対二六〇で否決された。これが祈禱書への王妃の名前の復活へ向けての第一段階とみられ、ブルーム、クリーヴィら王妃擁護派は緒戦で敗れたのであった。ただ翌日の議論で政府を代表するカースルリーは資料を準備すること自体には何の問題もない、と述べている。ハミルトンは予定通り一月二六日に「王妃キャロライン殿下の名前を祈禱書から削除し国教会の禱りの言

葉から削除した、一八二〇年二月一二日の枢密院布告は思慮が足りず不適当である」という主旨の動議を提出した。論議は延々とつづき、審議は後日に持ち越すという動議が賛成三一〇、反対二〇九で可決された。次の動議は二月五日、親王妃派の議員タヴィストック侯爵により、王妃を犯罪者扱いして「王妃に対する刑罰法案」の採択を迫った政府の行為はどのようにみても正当化されるものではない、という政府批判の動議が提出された。議論は翌日までつづき、カースルリーが政府を弁護する熱弁を振るった。六日の採決では賛成一七八、反対三二四という結果で否決された。王妃の名前を祈禱書に復活させることは、庶民院においてもきわめて厳しい状況になったのである。

この間にも王妃を擁護する請願が次々に議会の両院に寄せられていた。コーンウォールの片田舎の町トルアロウからのもの（一月二四日紹介）、スコットランドのバンフのバラからのもの（一月二五日同）、三三四〇人の署名を付したダラムからのもの（一月三一日同）、一三〇〇人の署名を付したロンドンの桶職人からのもの、及び一万人の署名を付したリヴァプールからのもの（二月二日同）、九七六人の署名を付したサウス・モウルトンからのもの（二月八日同）があった。他方サウス・モウルトンの自治体による王妃批判の請願は一八三人の署名しかなかったと報告された。反王妃派は自治体当局に多いという分析もなされ、「人民の声は神の声」という古来の格言は正しいという主張も出た。(1)

庶民院では王妃へ支給する年金を以前から提案されている年五万ポンドへ増額する案が委員会に付託され、財務省の支持を得て成立に近づいていた。ところが王妃は一月三一日、ブルームを通じて見解を寄せ、王妃の名前が祈禱書に復活するのでなければ、年金増額は断る、と伝えてきた。(2) この見解がブルームによって紹介されると、庶民院は激論の場に変わり、政府を代表するカースルリーは三万ポンドで十分だという意見さえ述べた。改革派議員ヒュームでさえ、この王妃の主張は無分別なばかげたものと受け止めていた。祈禱書への王妃の名前の復活はすでにデッドロックに乗り上げていたからである。年金五万ポンド支給案は翌二月一日に委員会に付託された。(3)

一方、国王はブライトンから議員のチャールズ伯カニンガムに対し、少ない方の金額を支持せよという文書を送ったが、それを聞いたアーバスノット夫人は「なんと哀れな、けちな人」と日誌に記した[4]。庶民院は二月一二日に王妃に年五万ポンドを支給するという委員会の報告を認めた[5]。祈禱書に王妃の名前を復活させる動議は、二月一三日スミス議員によって提出され、長い討議の末、翌一四日の採決により賛成一七八、反対二九八で最終的に否決された[6]。こうして祈禱書への名前の復活は実現しなかったが、三月初めには王妃も年金五万ポンドを受け入れたのであった。

ブランデンブルグ・ハウスの周辺には政府側のスパイが出入りしており、王妃が頑丈な大型の馬車を注文している、大陸に出国する計画ではないか、といった不確かな情報も流れていた[7]。国王と政府側は王妃が出国してくれることをひそかに望んでいたのである。アン・ハミルトンとブランデンブルグ・ハウスの隣に住んでいるオルディ夫人が喧嘩したという情報もあった[8]。王妃はクレイヴンを通して首相に王妃にふさわしい市中の宮殿を提供するよう申し入れていたが、首相の返事は断るわけではないと言いながら、新たな配慮はまったくなされなかった。王妃は二月になってサウス・オードリ・ストリートにあるケインブリッジ・ハウスを三〇〇〇ポンドで購入したが、その後も大部分はブランデンブルグ・ハウスに住んだ[9]。一方、ミラノではかつての委員会の中心メンバーであったブラウン大佐が、一月八日夜、劇場からの帰り道に彼の住居から一〇〇ヤードほどの場所で二人の暴漢に襲われ、刃物で刺される事件が起こった。直ちに医師の手当てを受け傷は大事にはならずにすんだものの、暴漢は大佐を確認した上で襲っており、ミラノ委員会と貴族院の「裁判」の余波にほかならなかった[10]。

政府側も急進派の新聞・雑誌に対抗してメディアを使って攻撃を始めていた。二〇年一二月には反王妃派の週刊誌『ジョン・ブル』(*John Bull*)が、匿名の編集発行者テオドール・フックによって発刊され、王妃のもとに出入りするアン・ハミルトンやジャージー夫人などレイディたちをみだらな女性に仕立て上げ、彼女たちのモラルを攻撃し始めた。『ジョン・ブル』は毎週九〇〇〇部も売れ、バックナンバーも刷り増された。このジャージー夫人（一七八五年生まれ）とは、皮肉にも、かつてキャロライン妃を苦しめたジャージー伯爵夫人の息子第五代ジャージー伯爵の妻であり、富裕な銀行家の娘であった。第五代伯爵も貴族院の王妃「裁判」で一貫して王妃擁護の票を投じており、伯爵の邸は「裁判」中には「騒動の巣」と呼ばれたほど[11]、王妃支持運動のセンターの役割を果たしていた。夫妻そろって王妃擁護に活動したのである。『ジョン・ブル』のいくつかの号は繰り返しジャージー夫人に攻撃を浴びせたが、ジャージー夫人はひるむ様子はなかった[12]。

フックは『ジョン・ブル』を発行しつづけただけでなく、貴族院の「裁判」における検事総長の論告を、『王妃に対する検事総長の論告』として一巻の書にまとめて出版した。同書のなかに、地中海旅行の船内でペルガミに助けられて入浴するキャロライン妃を描いた諷刺画（図61を参照）など五〇枚の色刷り図版を載せた[13]。これらはキャロライン熱を冷めさせるのに少なからぬ効果があった。王妃が祈禱書への復活とは無関係に年金五万ポンドへの増額を受け入れたころから、王妃に対する国民的関心は少しずつ冷めていった。

2　国王の戴冠式

王妃は二一年三月から五月にかけてリヴァプール首相宛に何通かの手紙を送り、宮廷で接見を行いたい、地位が高い女性の侍女を紹介してほしい、などと要求した。色よい返事はなく、国王宛にも手紙を送ったが、未開封のまま返送されてきた。国王と政府は六月九日、一年近く延期してきた国王戴冠式を七月一九日にウェストミンスター・ホールとアビーにおいて執り行うことを発表した。王妃は戴冠式に出席したいと政府に申し出たが、戴冠式の議事と参列者を決める権限は国王にあり、国王は王妃の出席を認めない、と王妃に伝えるよう首相に命じた。七月一一日には、枢密院が「本王国の国王の妻は戴冠する資格はない、王妃殿下にはその資格がない」というその前日に決めた決定事項を、当時王妃の侍従を務めていたヘンリ・フッド卿宛に送ってきた。王妃はそれを読むと直ちに内相シドマス卿に、王妃として国王の戴冠式に出席したい、ふさわしい席を用意してほしい、と書き送った。しかしシドマスから王妃が出席することを国王は歓迎しない、という無署名の返事が届いた[14]。それに対し王妃は法律顧問に相談し、彼女の署名を付した国王宛の抗議文を送った。その末尾には、戴冠式への王妃の出席を拒否するのは「恒久的な正義の原理に基づかないものであり、この原理に基づかなければ、法律は圧制の仮面でしかなく、専制の手段を強化するものでしかない」と調子が高い主張を展開していた[15]。一方、法律顧問たちは相談し王妃が当日式場に行かないよう薦めていた。しかし王妃はあくまで戴冠式に出席する考えであった。

図68　ジョージ4世の戴冠式（1821年7月19日）

戴冠式は午前九時から執り行われた。王族や貴族の夫妻が勢ぞろいして集まった。王妃は早朝に出て式場に入る計画であり、四時ごろにはサウス・オードリー・ストリートのケインブリッジ・ハウス周辺は馬車の準備などでざわついていた。五時過ぎにフッド卿夫妻、アン・ハミルトンらとともに馬車でウェストミンスターに向けて出発した。一行が進むにつれて群衆が増え始め、グリーン・パーク付近では「王妃だ」「王妃万歳」という叫びが間断なく聞かれた。しかし王妃は、戴冠式の受付があるウェストミンスター・アビーの門番所で入場を拒否されたのである。フッド卿がその交渉に当たった。フッドはわが王妃が来られたので通すよう主張したが、門番は貴族の入場証が必要だと言い張った。フッドは自分の入場証はここにあると示したが、それで一人だけ入れるといわれた。フッドが王妃ひとりだけで入りますかと尋ねると、王妃は最初は同意したが、すぐにひるがえした。フッドが王妃だからといって入場は認められない、と頑強であった。[16] 王妃一行は結局引き返さざるを得なかった。門番は王妃だからといって入場は認められない、と頑強であった。沿道には王妃を歓迎する人びとが街道や建物の窓から合図を送ったが、前年一一月のセント・ポール大聖堂へのパレードほどには盛り上がらなかった。『アニュアル・レジスター』によると、群衆のなかから「恥を知れ」「出て行け」「コモに帰れ」「ペルガミのところに戻れ」という叫び声も上ったという。[17] 王妃は疲れきってブランデンブルグ・ハウスに帰り、四時間ほどベッドについた。翌日夕食時には元気そうにみえたが、翌日夜明けに下剤と水を要求し、アヘンチンキを少し加えて飲んだ。王妃の健康は悪化しており、加えてフッド卿夫妻やアン・ハミルトンとも仲違いし始めていた。

七月三〇日にドルーリ・レーン劇場で戴冠式に代わる催しが行なわれ、王妃は病をおして出席した。これが公衆の前に王妃が姿を見せた最後の機会であった。その帰途に胃の痛みを訴え、病の床に伏すようになった。翌日来診したホランド医師は胃に重い炎症があるとみて衝撃を受けた。王妃はホランドに「毒を盛られたと思うか」と尋ねた。その後次々に医師が呼ばれた。八月三日には国王の医師エインズリが加わり、マトン、ワレン、ホランドと合わせて四人体制となり、三日、四日ともに症状の改善はみられない、と発表された。三日にはブルームに「私はまもなく死ぬことを知っています。まったく後悔はしていません」と王妃は語った。五日と六日は小康状態を保ち、ベイリーが医師団に加わった。しかし六日の夜はよく眠れず、七日に容態は急変し、午後一〇時二五分、波乱に富んだ生涯を閉じた。彼女の死の床に最後まで付き添ったのは、医師を除けば、フッド卿夫妻、レイディ・ハミルトン、ウッド元市長と長男ジョン・ウッド、オースティンの六人であった。王妃死去のニュースは深更になってハマースミス地区をかけめぐり、「王妃の御霊に平穏を」という祈りの声が周辺に広まった。[18]

八月八日の『タイムズ』の社説は、「迫害された王妃の悲劇と死はついに恐るべき結末に至った。ブラウンシュヴァイクのキャロラインはもはやこの世にいない、というこの欄の記事を読む何万人あるいは何百万人の人が、目を涙でいっぱいにするであろう。この時代でもっとも偉大な、そして恐らくもっとも善良な女性は、昨七日午後一〇時二五分、早過ぎた死と呼ばれるようにして逝った」と追悼の言葉を述べた。[19] やがて彼女が残した遺書が発表された。遺書は八月三日から七日にかけて四回作成され、最初の二つはブルーム、デンマン、フッド、ホランド医師が証人となり、三回目のものはホランド医師、最後のものはヘンリ・トムプスンが証人となっている。主な内容は自分の持ち物をオースティン、ヒエロニマス、マリエッテ・ブロンらに与える、購入したケインブリッジ・ハウスについて残金一万五千ポンドの支払いは政府が肩代わりしてほしい、わが遺体はブラウンシュヴァイクに葬ってほしい、その棺には「ブラウンシュヴァイクのキャロライン、虐げられたイギリス王妃ここに眠る」と書いてほしい、というものであった。[20]

どのような葬儀を行うべきか、がもっとも大きな問題であった。ラシントン医師、レイディ・ハミルトン、フッド夫人らは遺体を花と薬草で埋めることはできたが、三日以内に葬儀を終えなければならないのにその先には進められず、リヴァプール首相に葬儀の取り仕切りを要請した。首相は国王の命に従うことしかできない、と答え、最初はウィンザーで行うのが無理なら、ウェストミンスター・アビーで私的に葬儀を行うことを、国王に提案した。[21] しかし国王は、遺言に沿って遺体をブランデンブルグ・ハウスからテムズ川を船で運び、ハリッジから軍艦でエルベの方へ運ぶよう伝えてきた。混乱を避けるためであった。さらに国民的な服喪は必要ないと主張し、王室内だけの短期間の服喪ならば認める、という考え方を示した。[22] 当の国王は初めてのアイルランド訪問に出かけており、王妃が死去したその日に王室専用船でホリヘッドに着いていたので、国王の指示を受けるのに手間取っていた。国王は一二日にホリヘッドを発ち、同日午後、彼五九歳の誕生日にダブリンに到着した。[23] 一方、八月一二日にはブランデンブルグ・ハウス内の広間でウッド師の説教による追悼の式、ハマースミスのセント・ポール教会とハマースミス教会で追悼の式典が行われた。一三日になってようやく首相から連絡が届き、八月一四日に王妃の遺体をブラウンシュヴァイクへ運ぶため、ブランデンブルグ・ハウスからニュー・ロード（現在のマリラバン・ロード）を通ってロムフォードへ行き、そこからハリッジの港まで直行するという、葬列行進の計画が伝えられた。治安、警備に責任をもつミドルセックス州（ロンドンを含む）長官ベイリーにも一三日になって伝えられた。[24] こうして一四日には身近な服喪者のほか、紺制服の親衛騎兵隊も動員した大規模な葬列行進が行われることになったのである。

3　棺に戴冠した王妃とロンドンの民衆

葬送の当日は早朝五時過ぎに葬儀を総括するベイリー長官が姿を見せ、やがて王室紋章官サー・ジョージ・ネイラーが喪主のフッド卿、紋章係とともに到着し、その後ラシントン医師、ワイルド、ブルーム両弁護士、ウッドらが続々と到着した。王妃の棺の上にはネイラーが持参した黒と金の刺繍がある台座フトンが敷かれ、上に王妃の冠が安置されていた。出発するとき台座と冠はネイラーが乗る王妃用馬車の座席に移され、霊柩馬車の直前を進んだ。キャロラインは死してようやく冠を戴くことができたのであった。王妃の遺体をブラウンシュヴァイクへ運ぶ葬列行進は、ベイリー長官の指示のもと、八月一四日午前八時前一五分にブランデンブルグ・ハウスを出発した。ハマースミス教区の典礼係が先導し、次にハマースミスにあるラティマー慈善学校の子どもたちが花かごを持ってつづき、その後に乗馬従者、王妃用馬車、八頭の黒馬が引く霊柩馬車とそれを護衛する親衛騎兵隊が列をなし、計一一台の馬車がつづくという長い隊列であった。一方、リヴァプール首相は霊柩馬車の側面に「ブラウンシュヴァイクのキャロライン、虐げられたイギリス王妃ここに眠る」と書きつけるように、という王妃の遺言には従えない、と拒否した。[25] すでにその言葉を記した白いプレートが馬車に貼り付けられていたが、前

図 69 ブランデンブルグ・ハウスを出発したキャロライン王妃の葬列

日の夜に取り外された(26)。

一連の馬車にはフッド夫人とアン・ハミルトン、ラシントン医師夫妻、ウッドとヴァッサリ、ヘス大尉とオースティン、ハウナム、フリン両中尉、ヒエロニマスとブロンという王妃の身近にいた人びとが乗っていた。隊列がブロードウェイに入ると、先頭の子どもたちが篭の花を道路に撒きながらゆっくり進み、沿道の民家から多くの人びとが出てきて哀悼の気持ちを示した。その割合は女性のほうが多かった。やがて雨が降り始めたけれども、沿道の人垣はふえる一方であった。ハイドパーク・コーナーの付近には、葬送に加わるため傘をさした人びとがつめかけ、大集団となって葬列の到着を今か今かと待っていた。一一時ごろになって葬列はようやくケンジントンに到着し、当初の方針どおり市街地を避けて北に折れベイズウォーター側に出ようとした。しかし群衆がその道をふさぎ、「市中を通れ、恥知らず」と罵声を浴びせた。そのため行程を変更してハイドパークの南側ナイツブリッジを通りハイドパーク・コーナーに近づいた。ここで市会議員ハーカムが騎乗してロンドン警察長官ロバート・ベイカーの所に来て、市街を通るよう要求した。ベイカーは命令は変更できないと繰り返す。一二時ごろにハイドパークの東端を北上するところで、民衆側はカンバーランド・ゲ

図70　キャロライン妃が養子にして育てたウィリアム・オースティン

イトからオクスフォード街を通らせようとした。ここで軍隊が動員され、市民に向かって発砲し、四〇〜五〇人に銃弾が命中し、二人が死亡した。その一人はソーホーに住む大工リチャード・ハニー、いま一人は煉瓦積み工ジョージ・フランシスであった。「急進派」の王妃の死を悼んで街頭に集まってきた人びとの大部分は、労働者や職人であり、下層階級に属する人びとであった。王妃支持運動はここに明らかに民衆運動になっていたのである。だがこの運動で労働者がイギリス兵に銃撃され殺害されたのだった。[27]

葬列には市民、民衆、労働者の数がふえ、賑々しく長いものとなり、当初に計画したコースをとってエッジウェア・ロードからニュー・ロード（マリラバン・ロード）を東進したが、トトナムコート・ロードとの交差点で再び民衆が立ちふさがり、葬列は南に曲がりドルーリ・レーンからシティの中心街を通り抜けることになった。群衆のなかから「われらは勝った」という叫びがあがったのもこのときである。紺制服の親衛騎兵隊（オクスフォード・ブルー）は王妃の死を悼む民衆に同情的であり、他の軍隊による鎮圧行動にはいっさい加担せず、葬列の護衛隊の役目を誠実に果たした。民衆側から「紺制服に幸いあれ」というエールも聞かれた。遺体につづく大工、真鍮職人、モロッコ革仕上げ工、桶職人などの労働組合員の行列は、「世論の力」「団結して立ち上がれ」「スペイン革仕上げ工　正義は勝つ」などと書かれた旗やのぼりを掲げていた。[28] この日の王妃の葬列の市中行進は、民衆側に死傷者を出したものの、民衆側の要求に沿ってコースを変更させることに成功したのであり、勝利は民衆側にあったことを確認しておこう。

シティの境のホワイト・チャペルで市長らは葬列を離れ、マイル・エンドで多数の水兵が加わり、一路ハリッジに向けて速度を速めた。午後八時にロムフォードに着き、一同インで夕食をとった。紺制服組はここで交代し第四軽騎兵隊が引き継いだ。一一時少し前に出発しコルチェスターに午前二時に到着、しばらく休息して午前六時前に再び行動を開始し、一五日一一時半にハリッジに到着した。夜を徹した強行軍であった。編成は六台の弔いの馬車、六台の付き添い人の馬車、護衛の二五騎のほか、ブルーム、パーシヴァル元首相夫人、議員ヒューム、ホブハウスらの私的な馬車もつづいていた。同伴者たちは棺とともにフリーゲート艦グラスゴウ号に乗り込み、四隻の小艦隊を編成し一路スターデに向かった。王妃の棺には王旗（Royal Standard）が掛けられており、海はガラスのような凪であったという[29]。キャロラインは死してようやく王妃の冠と王旗を贈られたのである。乗り込んだのは、喪主のフッド卿夫妻、レイディ・ハミルトン、ウッド、ラシントン医師夫妻、弁護士ワイルド夫妻、ヴァッサリ、ハウナム中尉、オースティンらであった。一九日午後二時にカックスヘイヴンに着き、エルベ川をのぼり、翌二〇日スターデに到着した。スターデからハノーヴァーへ葬列をつくって進み、八月二四日正午にブラウンシュヴァイク城外のオッファウに到着した。同地の葬儀は真夜中に行われる慣習であるため、日中は待機した。午後一〇時にブラウンシュヴァイクの黒服隊の護衛のもとに遺体は先祖伝来の墓地に向かい、午前〇時に牧師ヴォルフによる告別の言葉を聞いた後、埋葬された。「虐げられたイギリス王妃」キャロラインはここに安んじて永遠の眠りについたのである[30]。

ロンドンでは葬儀の余韻が残っていた。一四日の葬列行進のなかで二人の労働者、大工リチャード・ハニーと煉瓦積み工ジョージ・フランシスが軍隊の銃撃で死亡したからである。翌日、遺体の検死が行われ、多くの目撃証人を集めて銃撃と死亡の実態を確認する作業が行われた。警備の軍隊側に過剰な警備や不当な発砲がなかったのかどうかが問われていた。果たして暴動法を読み上げるほどの暴動状態であったのか。当日の治安警備の失態は明らかであり、その責任を免れることはできなかった。軍隊を指揮していたサー・ロバート・ウィルスンは解任され、ベイカーも辞任に追い込まれた[31]。

二人の死亡者を出したロンドンの職種組合と急進派の指導者や協力者たちは、直ちに二人の公葬を行う計画を進めた。船大工ジョン・ガスト、医師ジェイムズ・ワトスン、外科医ゲール・ジョーンズらが中心となり、翌一五日には遺族フランシス夫人の了解を得て、準備のための集会を開くビラを撒き、煉瓦積み工の組合にも働きかけた。二一日に東スミスフィールドにおいて各職種の代表が集まって集会が催され、公葬の日を八月二六日と決めた。その計画ではさきのキャロライン王妃のコースとは逆に、まずスミスフィールドに集まり、馬車を仕立ててハマースミスまで葬列行進を行うというものであった。二六日には昼ごろにスミスフィールドに民衆が集まり、午後一時に四台の馬車を編成して葬列行進は出発した。まずフランシスの家で棺を収容し二〇〇人の煉瓦積み工の集団が加わり、オクスフォード街を西進してハニーの慈善協会のメンバーを加え、グローヴナー・スクエアでハニーの棺を収容した。急進派のリネン織商ウェイスマンが騎乗して葬列を先導し、ブラスバンドは「死の行進」を演奏した。ハイドパーク・コーナーでは待っていた大きな集団が加わって数万人に膨れ上がり、ナイツブリッジの兵舎の横をほぼ整然と通り、午後四時にハマースミスの教会に到着した。ここで葬儀が行われ、民衆のかなりの者が棺に触れることができた。ここまでは平穏に過ぎたが、解散した後の帰り道、ナイツブリッジの兵舎の横で、窓から兵士があざ笑っているのが見えたのをきっかけに民衆の行動が暴発し、兵舎に向けて投石をつづけた。二八二の窓が壊されたという。兵士側は行動を控えたので、それ以上の混乱にはならず、午後一〇時にようやく平静に戻った。(32) キャロライン王妃事件はこうして最後の幕を閉じたのである。

終章　キャロライン王妃事件をどうとらえるか

1　この事件のもつ意味

一八二〇年は、帰国したキャロライン王妃に対し国王とリヴァプール政府による王妃の不義疑惑を裁く貴族院の「裁判」が強行され、「キャロライン王妃事件」の興奮が頂点に達したときである。この事件は政界を国王支持派と王妃支持派の二つに分断し、議会の内外で激しい応酬がたたかわされ、「虐げられた王妃」を支持する運動は中流階級と下層階級の改革派や急進派を中心に、女性を含む広範な国民大衆を結集した熱狂的な運動になった。王室内の皇太子夫婦という私的側面が強い事柄が、政界を巻き込み、ジャーナリズムを巻き込み、広く一般国民を巻き込んだ一大政治的・社会的事件となったのである。この出来事に「キャロライン王妃事件」（Queen Caroline Affair）という呼称を最初に用いたのはG・M・トレヴェリアンとされているが、[1] キャロライン王妃運動」（Queen Caroline agitation）とすべきという主張もある。[2] 同時代の急進派の評論家ウィリアム・ハズリットによれば、「大衆の感情をこれほど徹底して興奮させたことは今までに覚えがない。それは国民の心の中に突然根っこを突っ込み、王国内のあらゆる住宅や小住居に入り込み占拠した。……商売はそっちのけになり、人々は楽しむことを忘れ、食事さえ二の次になって、王妃の裁判［貴族院による］の結果がどうなるかということだけしか考えなくなった。……それは国内の津々浦々まで広がり、王国全体に野火のように広がった。大衆の心は電撃的興奮に包まれた(3)」という状況であった。王妃派の論客ウィリアム・コベットもまた「しばしの間、イングランドのあらゆる会話と文章を牛耳った」と述べた(4)。

それではなぜ、親王妃運動がこれほど国民的関心と支持を引きつけ、政治改革や急進主義の要求とも結びつき、一大政治的、社会的事件となったのだろうか。この運動は、ナポレオン戦争終結後の不況と失業苦による社会不安を背景にして高揚し、「ピータールーの虐殺」(一八一九年八月)をも引き起こした一連の政治改革・議会改革運動の潮流の延長上に位置を占めるものであろうか。

この出来事はその評価をめぐって「歴史家を悩ませ」ており、それを「政治的に読み解くのは難しい」と指摘されている(5)。確かにイングランド労働者階級の形成史を追求したエドワード・トムプスンは、「われわれは王妃事件というたわごとについて詳しく探求する必要はない」と言い切り、「それは急進主義運動がもっている悪い点(体制擁護派も同じであるが)すべてを大規模にさらけ出した。(急進主義の立場からみて)この運動が得た栄誉は、それが旧い腐敗した体制をもっとも滑稽な防御的姿勢に追い込んだことであった」と述べた(6)。しかし後になって、ロンドンの船大工ジョン・ガストや靴職人ベンボウら急進派の職人や労働者が、キャロラインを急進主義のヒロインとみて熱心に支持した状況を実証的に明らかにしたプロザローの研究に注目し、トムプスンは最初の見解を修正したのである(7)。さらに近年では後述するように、政治史、政治運動史ないし急進主義史的な枠組みではなく、脱階級的民衆史から大衆的民衆運動ととらえるポピュリズム史的解釈ないし「世論」の役割を重視する見解、運動が高揚した有力な理由をこの事件のドラマ性に求める見方、さらに親王妃運動が性の二重規範に批判を向けたことを重視する女性史の視点を重視する見方、あるいは王族の男女関係にも堅実な中流階級的モラルを要求した運動、ととらえる見解なども出されている。こうした研究の進展・展開に、近年における女性史研究の盛行とすでに過去の出来事となりつつある「チャールズ・ダイアナ妃事件」が少なからぬ影響を与えてきた。

本書で詳述してきたように、この事件はブラウンシュヴァイクから嫁いできたキャロラインの「不幸な結婚」に始まり、王室内に安住できる場所を失った皇太子妃キャロラインに対し、「慎重な調査」（一八〇五〜〇七年、議会では一八一三年）、ミラノ委員会（一八一六〜一九年、前史を含む）、貴族院の王妃「裁判」（一八二〇年）という形で一貫して不義密通の疑惑で脅かし、妃を圧迫しつづけたことから生じたものであった。

本章ではこれまで論述してきたことを踏まえ、同時代に著された論著、評伝を手始めに、その後の論著や研究の跡をたどり、とくにこの四半世紀余りの間に大きな進展をみせている研究を検証しながら、この事件をどうとらえるべきかを考えてみたい。

2　王妃事件についての新たな視点の展開

イギリス大衆を「電撃的興奮」に巻き込んだキャロライン王妃事件は、おびただしい数の書物、覚書、パンフレット、新聞・雑誌記事、膨大な量の議会討議記録、風刺画・戯画（ポルノグラフィックなものを含む）と風刺画入り冊子などを遺した。[8] なかでも王妃が他界した一八二一年には、本書でも参照したヒュイシュ（全二巻）とナイティンゲールによる史料の検証に基づいたキャロライン妃の詳細な評伝（メモワール）が公刊され、また翌一八二二年にはウィルクスによる評伝（メモワール、全二巻）も出て、妃の生涯を知る貴重な資料となっている。[9]

その後一九世紀中に、関係者の日誌、覚書、自伝ないし自伝的覚書が公刊され、事実関係と興奮状態が一層明らかになった。そのなかには親キャロライン派で一時は王妃の侍女も務めたアン・ハミルトンによる『イギリス王室秘史』（一八三二年）、同じく侍女を務めたシャーロット・ベリ（旧姓キャムベル）の『日記に基づいたジョージ四世治下のイギリスの王室』（初版一八三八年）の二点がある。王室の裏面史を描き出した前者は興味深い著作ではあるが、王妃擁護の立場がやや行き過ぎて、結婚前のジョージのキャロライン宛の手紙のように、史料を捏造した嫌いがある。後者は断片的ながら覚書、日記、手紙を多数含んでいるが、その史料は親・反両方のキャロライン派に利用される性格をもっており、『クォータリ・レヴュー』や『エディンバラ・レヴュー』、あるいはブルームらは激しく批判し、その信憑性をめぐって激論が交わされたこともあった。[10]

二〇世紀初頭にはキャロラインの伝記、評伝がイタリアとイギリスで公刊された。ミラノ委員会を扱った章で紹介したが、キャロラインにやや批判的なクレリチ『分別のない王妃』(初版イタリア語一九〇四年、英訳一九〇七年)、メルヴィルによる書簡史料で語らせた王妃に同情的な大冊『虐げられた王妃』(一九一二年、二巻)である。その後も歴史家によるジョージ四世、キャロライン王妃、シャーロット妃、あるいはフィッツハーバート夫人の伝記(その一部はジョージ四世とシャーロット妃またはフィッツハーバート夫人との関係を扱う評伝)などが、ほぼ間断なく公刊された。[11] またジョージ四世に関連する書簡集の公刊をはじめ関係資料の公刊も進んだ。[12] 近年では、フレイザーによる伝記『御しがたい王妃――キャロライン王妃の生涯』のような生涯を追った労作も公刊された。[13]

キャロラインに焦点を合わせた評伝的研究は、イタリアの研究者クレリチのように、シャーロットを私生児とまで言い切り「みだらな」キャロラインを印象づけたものもあったが、[14] 全体としては同時代のイギリス人の多数派と同様に親キャロライン的である。ドキュメンタリ・タッチのスミス著『裁判にかけられた王妃――キャロライン王妃事件』は、一八二〇～二一年に焦点を合わせ、事件の実像を浮き彫りにしようとしている。すでに述べたが、ヒバートの『ジョージ四世伝』(皇太子編と摂政・国王編の二巻)のように、キャロライン妃を王妃として不適格とみなしその欠点を大写しにする見解もある。またこの事件は大量の風刺画や戯画、ポルノまがいの風刺戯画を生み出した。それらの一部を解説付きで収録したリックウッドの書物、マッカルマンの研究ほかも注目されてよい。[15]

それではキャロライン事件をどうとらえるか。評伝のほかに近年活発に進められている研究はこの問題に焦点を合わせ、いくつかの新しい見解を打ち出した。急進主義史・労働史の視点からは顧みられなかったこの事件を最初にとらえ直したプロザローは、次のように述べる。キャロラインはすでに一八一三〜一四年から、きわめて不人気な摂政ジョージ＝「ペル・メルの豚」と対置され、人気絶頂の娘シャーロットと合わせて熱烈に支持されていたが、二〇年に大陸から帰国すると、各地で民衆が熱狂的に彼女を支持し、当初は国王への忠誠をのぞかせた彼女も、王妃としての地位は認めないという国王の主張が繰り返されると、民衆の支持を求めるようになった。彼女は「急進派の王妃」となり、元ロンドン市長ウッドらホイッグ改革派だけでなく、ガスト、ベンボウら労働者、職人層も王妃を支援する集会を組織した。多くの職種の職人、労働者が加わったこの運動は、政治改革の要求や政治不満を単純にそらしたものではなく、二一年八月の王妃の葬送の際には、自らの大衆行動によって市街地を通るよう葬列の順路を変更させることに成功した。しかし彼らは他人が設けた舞台で演じていたに過ぎず、ホイッグが彼女を見捨てるとシンボルを失い、運動はたちまち衰退するという弱点をもっていた、と。プロザローは急進派の職人や労働者たちがキャロライン支持に動いた理由とその正当性を明らかにして労働者階級史上に位置づけ、この事件を避けてきたそれまでの労働史を転換させることになった[16]。とはいえ、この事件は労働史上にのみ位置づけられるものではなく、またロンドン史の枠にとどまるものでもない。

この事件の評価に新たな展開を示したのは、どうして国民的な政治的・社会的大事件となったのかを解明しようとしたラカーによる初の本格的専論である。ラカーは運動の高揚を二つの側面、すなわちキャロラインを急進派のシンボル、親キャロライン運動を高揚した急進主義運動ととらえる視点と、事件が演劇的・メロドラマ的に「美化」されたことが、運動に大きな弾みを与え国民的運動になったという視点の、両面からとらえるべきとする。そのユニークさは後者にある。前者については、「虐げられてきた王妃」への熱烈な支持は、有力貴族、貴族院の多数派が国王側につけばつくだけ、親キャロライン＝急進的政治改革＝国民の立憲的権利の擁護という性格を明確にした。キャロラインに対する不条理な告発は「旧い腐敗した体制」（Old Corruption）の復活にほかならない。急進派の象徴的存在だった老ジョン・カートライトは、王妃を救うことができれば政治的迫害から自分も、さらに国制そのものも救われるだろう、と述べたし、保守派の雑誌『ロイヤリスト』はキャロラインを「フランス革命の指導者」とまで言い切った。彼女のもとには数知れぬ支援・激励が各地から寄せられたが、その支援に対して、彼女自身「私が地位を失えば、あなたがたも自由を失うようになるでしょう」と答えた。(17)

後者では「潔白な王妃」と「不品行で贅沢三昧の浪費家の国王」という対比の中でキャロラインを支持する運動は、ドラマ化、美化されやすかった。キャロラインが貴族院の「裁判」に引き出されると、不幸な結婚をした悲劇の王妃のドラマはクライマックスを迎え、数知れぬ新聞、雑誌が王妃弁護の論陣を張り、大部分の庶民、女性は国が仕立てたドラマを凝視し、冤罪を負わされた悲劇の主人公に熱烈な声援を送った。事態は「チャールズ一世のとき以来の災厄が近づいている」と憂えられたほどだった。「悲劇」は人気と期待を集めていた皇女シャーロットの死産・死去のときから、「国主催の演劇—離婚」(State Theatricals—The Divorce)として開幕していた。「裁判」中には数知れぬ風刺画・戯画、パンフレットや新聞が津々浦々にまで流布し、人々はこのドラマに熱中して酔いしれ、キャロライン擁護の請願署名を政府・貴族院に送りつけ、イタリア人証人たちに反発し、彼らの人形をつくって焼き払ったりした。親キャロライン運動の熱狂の秘密を解く鍵はそのドラマ性にある。(18)

ラカーの行き届いた論述と見解はその後の研究に大きな刺激と影響を与えた。タマラ・ハントの論文もラカーの後半の論述の延長上にあり、風刺戯画を軸に親キャロラインの熱狂とその変化を跡づけ、この事件を「イギリス文化史上の重要な出来事」とみなす。皇太子ジョージの愛人たちとのふざけた行為が国を危機におとしめる図、寝取られ男のシンボルである角を取り合うジョージ(ラカーの論文にも掲載)、シンボルの角をつけて闊歩するジョージの愛人の夫の図などの風刺画を示しつつ、ジョージら王族がいかに不品行、不道徳かが暴かれた結果、中流階級はシャリヴァリ行動にも訴え、親キャロライン運動に熱狂したと述べている。しかし「裁判」が挫折しキャロラインが迫害から放免されると、彼女は理想の庶民の妻、あるいは理想の王妃であるのか、という反省に駆られ、キャロライン熱は急速に冷めたという点も指摘している。(19) ハントはその後、王妃と王妃支持者を痛烈に批判したシーアドア・フック編の週刊誌『ジョン・ブル』の主張を分析した単著を上梓している。[20]

一方、女性を私的領域に押し留めようとする中流階級的な家族イデオロギー・家族観の視点からキャロライン王妃事件をとらえるデイヴィドフとホールは、次のように主張する。キャロラインを支持した大衆は、歓楽に明け暮れ道徳も退廃したジョージとは正反対の、中流階級が理想とする君主像を求めており、皇女シャーロットはその理想を実現し得る人物として期待を寄せた。一八二〇年には、貴族的な道徳規範や性の二重規範を拒否し、より厳格な性慣行を擁護する代弁者とみてキャロラインを熱狂的に支持した。改革派や進歩派が彼女を支持したことは事実だが、支持者すべてが過激な急進派であったわけではなく、「尊敬されうる中流層を含む大多数の人びとが王妃側についた」。この事件を通じて、世論は「国王一家はまさしく家族でなければならない。王と王妃は国民のための父や母であるべきだとしても、彼ら自身の家庭の父であり母でなければならない」と宣言した。キャロライン王妃事件は結婚と性行動に対する公衆の態度を確立させる重要な契機となり、イギリス女性の潔白性への信念と女性が美徳と名誉を表すという立場を定着させた。中流階級の求める、女性には純潔、男性には騎士道にかなった節制を旨とした家庭的王室像は、ヴィクトリア女王によって実現する。[21]

このような中流階級と結合させる見解に反対するアナ・クラークは、性関係の枠にとらわれないロンドンの平民層（plebeians）を軸にして、メロドラマや茶番がどのようにして政治化したのかを改めて検証し、論争の再解釈を企てる。ロンドンの商店主、小商人、職人、針子、召し使い、賃労働者、兵士、船員ら平民層にとって、この事件はまったく違った意味をもっていた。カルフーンが平民層のキャロライン支持を「伝統的な家族の価値観」を守るため、とみるのはあまりにも単純すぎる。[22] 彼らの中にはキャロラインを「危機に瀕した純潔の象徴」とみるものもいたが、他の多くの者は性の自由を認め重婚や同棲を受け入れ、結婚前の妊娠も日常的に受け入れていたので、キャロラインの貞操については何ら問題にしていなかった。性生活はすべての女性の健康にとって必要事と確信していた急進派の仕立て職人フランシス・プレイスは、夫から冷たい仕打ちを受けた彼女が他の男性ないし美男子と結びつくのは何ら問題ではないとさえ述べた。レイ・ハントの『エグザミナー』、リチャード・カーライルの『リパブリカン』もほぼ同様な主張を打ち出した。ベンボウによる風刺画「毛布の上の舞踏」は、ロンドンの下層中流階級の女性たちが支えもつ毛布の上でほうり上げられるジョージを描いており、妻への虐待者に対する伝統的な女性側の復讐を表していた。王妃支持には国王と貴族院に敢然と抗議する挑戦的な妻を讃える声も加わっており、この事件は性の二重規範批判の舞台をつくっただけでなく、積極的に発言し行動する女性の政治参加の可能性をも拓いた。急進派のロンドンの女性たちは王妃支援の代表団を送り、署名をした。各地の無名の女性たちは、王妃の運命を自らのものと重ね合わせ、積極的に行動した。ベンボウの大型ビラ「王妃の性格」では、彼女のイェルサレムへの巡礼を「勇敢な冒険」として讃えた。キャロライン王妃事件は、やがて新しい真面目な労働者階級の政治運動へ移行する前の、「枠を超えた手に負えない平民急進主義の最後の華々しい突発」であった[23]。親キャロライン派の中にある攻撃的な平民的急進主義の存在を浮き彫りにした、ラディカル・フェミニズムの立場に立つクラークの見解はユニークであるが、こうした運動は、国王側の一方的かつ頑なキャロライン排除の強行に対する反発であったことも認識しておかなければならない。

近年の歴史家たちが反キャロライン運動を無視しているとして、国王側の対抗策を検証するのはフルチャーである。以前からの『クーリエ』『ニュー・タイムズ』『モーニング・ポスト』に加えて、『ジョン・ブル』『ビーコン』などの王党派新聞が登場し、キャロラインとその支持者たちを攻撃した。その主要な論点・主張は、①事件はあくまで王と王妃の間の純粋な家庭内の問題であるとする、②女性には謙虚さが必要で礼儀作法を重んずべきとする、③王妃とその追随者たちを国王側に何とか飼い馴らそうとする、④親キャロライン派に対抗して、国王とプロテスタント国制を尊敬すべき存在として積極的に提示し、かつ親キャロライン派を親国王派へ転向させようとする、というものであった。フルチャーの議論は不充分なものだが、この対急進派策は後のカトリック解放運動への対策の予行として役立った、述べている[24]。

親キャロライン運動と中流階級とを結びつけるデイヴィドフ、ホールらの顕著な傾向に対し、ウォールマンはジェンダー、階級、政治の三者が交錯したこの事件は中流階級のみと結合してはいない、として批判する。キャロライン支持層は地主階級から急進的労働者階級まで階層を越えて全国に広がっており、なかでも職人層が重要な役割を担った。この運動の過程で中流階級（middle class, middle rank）という用語がよく使われたが、それは反王妃側に立つ国王や貴族院という上流社会（higher order）に対峙するものとして使われた。親キャロライン運動に加わった女性たちは、家族という私的領域のなかで女性を守るためだけでなく、女性の公共圏での活動、政治運動を支持する立場に立っていた。それゆえに親キャロライン運動を押し進めたのは、特定の階級の力ではなく、階級を越え女性の力も結集した「世論」（public opinion）であった、とする。「世論」という用語は親キャロライン運動でしばしば使われており、ラカーもそれに注目しているが、ウォールマンによって改めて強調されたのである。(25)

最後に、以上述べてきたキャロライン王妃事件についての解釈・見解をめぐる研究史上の変遷・転回を、広く近年の民衆政治史研究にみられる脱階級的な転回傾向の凝縮例とみるロハン・マックウィリアムの見解に注目したい。彼は一九世紀の民衆政治史全体を視野に入れながら、階級と階級意識を歴史を動かすキー概念とみて民衆政治史を分析するE・P・トムプスンらの解釈を「古い分析」（old analysis）と呼び、近年台頭している「階級」をキー概念から外し、代わって民衆（people）、国民（nation）及びナショナリズム、ジェンダー、人間性などを軸にして歴史をとらえるポピュリズム的解釈を「新しい分析」ないし修正主義と呼ぶ。これは「ポピュリスト的転回」（populist turn）ともいわれるが、この解釈は歴史を動かす力として「世論」に注目させ、女性・ジェンダーへの目を開かせるなど、歴史像を豊かにするのに貢献した。マックウィリアムは次のように結んでいる。「キャロライン王妃事件に関する文献は、民衆政治［運動］について、ジェンダーやナショナル・アイデンティティを組み込んだ新しい思考方法を生み出す機会を例示している。資本主義的生産様式によってつくりだされた階級や不平等は、叙述から消え失せることはないが、しかしわれわれは階級社会の本質は理解すべきだとしても、社会関係がほかの要因によっていかに変わるかについて探求しなければならない。ポスト修正主義の目的は政治の社会史（a social history of politics）を提示することであろう。[26]」

3　この事件の評価と遺した遺産

キャロライン王妃事件の研究をめぐる新しい展開について述べたが、これらの論文や特殊研究は確かに重要な、また一部は新しい論点を提示してはいるものの、本書の検証が明らかにしてきたような全体的評価は示していない。ここで改めて総括的評価を企てこの事件が遺した遺産にふれて本書を結ぶことにしたい。

本論に入る前にキャロライン王妃事件の関係者のその後の人生について簡略にふれておこう。夫ジョージ四世は即位後も、毅然とした決断力に欠けた派手な伊達男の生き方は変わらず、一〇年後の一八三〇年六月二六日、ウィンザーにおいて六八歳の生涯を閉じ、セント・ジョージ礼拝堂に葬られた。『タイムズ』は葬儀後の三週間の状況をみたあと、快楽に明け暮れた故国王を次のように評した。「このたび他界した国王ほど、同胞たちから哀悼されなかった人はいまだかつてなかった」と。[27]ジョージの「最愛の妻」であったフィッツハーバート夫人は、一八一一年に彼と別れた後、資産に恵まれてパリに旅行するなど平穏に暮らし、三七年三月二七日、八〇歳でジョージとの思い出の地ブライトンの自宅で死去し、同地の新カトリック教会に葬られた。[28]またキャロライン妃を悩ませたジャージー四代伯夫人の場合、高齢の夫は〇五年に七〇歳で他界したが、彼女は二一年七月二五日、キャロライン王妃より一足先にチェルトナムにおいて六八歳で死去した。ジョージからの大量の手紙はまもなく遺言執行人の手で消却された。夫妻の息子第五代伯とその妻セアラは、先に述べたように帰国した王妃の熱心な支持者であり、夫は貴族院の「裁判」では一貫して王妃側に票を投じた。夫人は『ジョン・ブル』誌の攻撃にさらされながら、王妃側で活動した。

ペルガミはサント・メールで王妃を見送った後イタリアに取って返し、しばらくミラノ近郊で過ごしたのち、男爵の名のもとにペーザロで豊かに余生を送り、娘ヴィットリンはペーザロ近郊のイタリア人貴族ベルッツィ伯爵に嫁いだ。ペルガミが四二年に死亡したのは、娘の嫁ぎ先に馬で行く途中で落馬したのが原因であった。キャロライン妃が養子にしたオースティンはその後不遇な生涯を送り、ミラノの精神病院に収容されていたが、一八四六年に彼の兄が病院から救出したという。(29)

王妃の帰国時から熱心な支持者であった元ロンドン市長の薬種商マシュー・ウッドは、その後もシティ選出の庶民院議員として改革派の生涯を送り、一八三七年、即位したばかりのヴィクトリア女王から準男爵の爵位を贈られ、四三年九月に七五歳で他界した。王妃の弁護団長ブルームはジョージ四世の死後、一八三〇年から三四年まで大法官を務め、その後も司法改革と教育改革に功績を残し、九〇歳の長寿を全うして六八年に他界した。アン・ハミルトンは三二年に王妃支持の立場が鮮明な王室秘史を刊行したが、その内容が論議を呼び、しばらくパリに移住した。終生独身で通し、四六年一〇月イスリントンの自宅において八〇歳で他界した。王妃が育て貴族院でも証人となったハウナムは、結婚してパリに移住し、現地で鉄工場の経営者として過ごした。(30)


キャロライン王妃事件は、ダンディな派手な遊び人ですでにフィッツハーバート夫人と「結婚」しており、愛人ジャージー夫人も侍らせていた皇太子ジョージと従妹キャロラインの不幸な結婚から始まった。彼女は確かに庶民的感性の持ち主であり、率直、闊達な性格で皇太子妃向きではなかったかも知れない。その後の「虐げられた王妃」の歴史は、皇太子の乱れた愛人関係は棚上げにしてキャロラインに不義密通の疑惑を問うかたちで展開し、繰り返し述べたように「慎重な調査」(一八〇五〜〇七)から、ミラノ委員会による調査(一八一八〜一九)をへて、貴族院における「裁判」(一八二〇)において頂点に達したのである。とくに注目しなければならないのは、この過程で皇太子（摂政・国王）とは距離をおく有力な野党政治家がキャロラインに連帯し彼女を支持したことであり、やがて「虐げられた」状況が新聞や議会の討議により国民に広まると、多くの有識者、改革派あるいは民衆・労働者が、キャロライン妃を積極的に支援したことである。その経過でキャロラインも鍛えられ、しだいに気丈な女性に成長していった。こうして頂点を形成した一八二〇年には、国民的な「世論」が王妃を支持するかたちになり、新聞雑誌のほか多くの戯画や戯画入りのパンフレットが発行され、他方では反論する国王派の雑誌『ジョン・ブル』なども公刊されて王妃派を攻撃し、まさに国民的大事件となったのである。

親キャロライン派には、公的人物ではホイッグ系議員を中心とする庶民院議員の圧倒的多数とかなりの数の貴族院議員、ロンドン市長と市上級議員が知られており、一般市民では急進主義者、商店主、店員、職人、労働者、多数の女性、青年層・学生、詩人バイロンなど文人が目立ち、中下層階級が多かったが、良識ある上流階級も多数含まれていた。

支持者のなかには皇太子ジョージを「腐敗した古い体制」（Old Corruption）のシンボル、キャロラインを「急進派のシンボル」とさえ見なす者がいた。運動が急進主義的性格をもったのはこのためであり、一七六〇年代のウィルクス派の運動から始まり、フランス革命期をへてナポレオン戦争後に高揚する急進主義運動の中の一齣と位置づけられがちなのも同じ理由による。一八一六年以降戦後の経済混乱・停滞期に高揚した労働者・民衆運動は、主にランカシアやミッドランドの繊維工業地域で展開されたが、首都においても一六年から一九年にかけてスパ・フィールズやスミスフィールドにおいて集会や示威行動が行われた。だがマンチェスターのピータールー事件（一八一九年八月一六日）後の一八一九年末に制定され、集会の規制、武器取り締まりの強化、一般人の武器訓練の禁止、扇動的文書の取り締まりの強化、新聞税の引き上げなどを定めた「弾圧六法」によって、民衆急進主義運動は厳しく抑圧された。それでもロンドンでは、弾圧を受けたシスルウッドら少数派の革命的運動のほか、船大工ジョン・ガストらによる政治改革を要求する大小の集会が繰り返し組織されていた。王妃が帰国した一八二〇年の労働者・急進派による王妃支持運動は、六法によって抑圧された労働者・急進派が「旧い腐敗した体制」に対決して「急進派のシンボル」=王妃を支持するという新たな結集点を見いだし、熱狂的に高揚したものととらえることができ、首都の労働者・急進派の運動の延長上に位置づけることができる。また弱い立場の王妃を支援するという庶民・民衆の生得の価値観をも示しており、急進主義の歴史過程から逸脱したものとは言えない。しかし頂点となった一八二〇年の運動は、国王（皇太子・摂政）による王妃（皇太子妃）排斥と、排斥の実行役を担った貴族院による「裁判」という国主催の舞台に刺激されて高揚したものであり、舞台の消滅とともにその熱狂的な運動もほどなく閉幕した。王妃支持運動では確かに急進主義者や労働者が重要な役割を演じたが、特定の階級の運動というわけではなく、階級を超えて広く中流・上流階級にも支持基盤をもった国民的運動であり、まさしく「世論」の力を示したものであった。

この運動では群衆行動にも請願署名活動にも数多の女性が参加し、性関係の二重規範を問題にし、父のジョージ三世夫妻をよきモデルにして、王族の男女関係についても中流階級的モラルを要求した。彼女らにとって王妃を擁護することは自らの立場と重ね合わせ、自己主張することでもあった。また王妃派による「われわれ」あるいは「イングランドには王妃が必要」という訴えや「裁判」に招かれたイタリア証人への反発と反対デモが物語るように、親王妃派はナショナリズムによっても支えられていた。夫ジョージやキャロラインを扱った風刺画やビラが大量に流布し、事件の展開がドラマ化され、シャリヴァリ行動に弾みをつけることになり、国王と貴族院による王妃弾劾の企てが進むにつれて興奮は頂点に達したのである。ジョージの世代の王族の乱れと王室の地位低下の危機的状況は、夭折した期待のシャーロットに代わって、やがて「家族の中の国王」のイメージを定着させるヴィクトリア女王への道を拓くことになった。国王一家にも中流階級的家族や結婚観を要求する王妃支持者たちの運動は、王室と国民のあるべき姿について時代を超えて訴えることになったのである。

註

註における文献の略記は次のとおりである。その他の文献については筆頭著者または編者名をあげ、次に各文献の特徴を示す人名または事項を記している。正確な文献名はこの略記にしたがって参考文献欄で確認していただきたい。ローマ数字で示したものは巻数を意味している。

Hansard	*Hansard's Parliamentary Debates*
Aspinall/P. W.	Aspinalll, ed., *The Correspondence of George, Prince of Wales*
Aspinall/George IV	Aspinall, ed., *The Letters of King George IV,*
Aspinall/Charlotte	Aspinall, ed., *The Letters of Princess Charlotte,*
Aspinall/George III	Aspinall, ed., *The Later Correspondence of George III*
Hibbert/Prince	Hibbert, *George IV, Prince of Wales*
Hibbert/George IV	Hibbert, *George IV, Regent and King*
Hibbert/George III	Hibbert, *George III, A Personal History*
Holme/Caroline	Holme, *Caroline, A Biography of Caroline of Brunswick*
Holme/Charlotte	Holme, *Prinny's Daughter, A Biography of Princess Charlotte of Wales*
Huish/Charlotte	Huish, *Memoirs of Her Late Royal Highness Charlotte Augusta, Princess of Wales*
Huish/Caroline	Huish, *Memoirs of Her Late Majesty Caroline, Queen of Great Britain*
Melville/Cobbett	Melville, ed., *Life and Letters of William Cobbett*

Melville/Caroline	Melville, *An Injured Queen, Caroline of Brunswick*
Smith/Trial	Smith, *A Queen on Trial, The Affair of Queen Caroline*
Smith/George IV	Smith, *George IV*
JMH	*Journal of Modern History*
JBS	*Journal of British Studies*

はじめに

（1） Hazlitt, “Common Places”, no. 23, 1823, in *The Complete Works of William Hazlett*, vol. 2, p. 554.

（2） McCalman, *Radical Underworld*, pp. 173-177.

（3） Halevy, *A History of the English People in 1815*, first English edn. 1924, 1987 edn. pp. 7-8, first French edn. 1912-1913. cf. Maccoby, *English Radicalism, 1786-1832*, pp. 370-375.

（4） Thompson, *The Making of the English Working Class*, 1968 edn., pp. 778-779. 邦訳、845-846ページ。

（5） Ditto, “The Very Type of ‘Respectable Artisan’”, *New Society*, 48 (May 3, 1979), pp. 275-277.

第一章　ジョージとキャロラインの生い立ち

（1） Hibbert/Prince, p. 1.

（2） Hamilton, Lady Ann, *Secret History*, pp. 9-11, Van der Kiste, *George III's Children*, p. 95, *Oxford D. N. B.*, “Lighthood, Hannah”.

（3） Smith/George IV, p. 1.

（4） Ibid., pp. 1-3, Hibbert/Prince, pp. 1-2.

（5） Hibbert/Prince, pp. 8-9, Smith/George IV, pp. 7-9.

（6） Hibbert, p. 12-13, Smith, pp. 19-20. 王族の結婚については次の三つの法律の規制を受けた。Act of Settlement

1701, Royal Marriage Act 1772, Marriage Act 1753.
（7） Hibbert/Prince, pp. 14-16. Smith/George IV, p. 17.
（8） Hibbert, pp. 16-28, Smith, p. 20-21.
（9） Hibbert, pp. 29-31. Smith, pp. 22-24.
（10） Wilkins, Mrs Fitzherbert, vol. I, pp. 32-33. Hibbert/Prince, pp. 36-37.
（11） Hibbert/Prince, pp. 31-36. Smith/George IV, pp. 25-32.
（12） Wilkins, I, pp. 13-17.
（13） Ibid., pp. 18-22.
（14） Rudé, "The Gordon Riots: A Study of the Rioters and Their Victims", in *Paris and London*.
（15） Wilkins, I, pp. 20-25.
（16） Ibid., pp. 36-40.
（17） Ibid., pp. 43-45.
（18） Malmesbury, *Diaries*, vol. II, pp. 130-131. Wilkins, I, pp. 56-64.
（19） Aspinall/P. W., vol. I, pp. 189-201, Wilkins, I, 45-50, 65-66.
（20） Wilkins, I, pp. 74-79.
（21） Ibid., pp. 96-105, Aspinall/P. W., I, front page, Munson, pp. 147-149.
（22） Malmesbury, II, p. 130.
（23） Wilkins, I, p. 153-172, Hibbert/Prince, pp. 61-64.
（24） *Cobbett's Parl. Hist.*, vol. 26, 1064-1080, Wilkins, I, p. 176-197.
（25） Wilkins, I, p. 198ff.
（26） *Cobbett's P. H.*, vol. 26, 1207-1210.
（27） Ibid., vol. 27, 653ff, 1095ff.

(28) Ibid., 1293ff.
(29) Malmesbury, II, p. 439.
(30) Ibid., p. 452.
(31) Holme/Caroline, p. 3.
(32) Huish/Caroline, vol. I, p. 5f.
(33) Melville/Caroline, vol. I, pp. 6–8, Fraser, pp. 17, 23–24.
(34) Fraser, pp. 18–19.
(35) Aspinall/George III, vol. I, p. 98. Aspinall/P. W., III, p. 8–10, Fraser, pp. 17–18.
(36) Malmesbury, III, p. 164, Melville/Caroline, I, p. 9, Fraser, p. 15.
(37) Fraser, pp. 21–23.
(38) Fraser, p. 23, Parry, p. 30.
(39) Fraser, p. 25, Huish/Caroline I, p. 3, Melville/Caroline, I, pp. 9–11.
(40) Fraser, p. 26.
(41) Melville/Caroline, I, p. 12, Fraser, p. 20.
(42) Hibbert/Prince, pp. 133–134, ditto., *Nightingale*, Introduction, pp. 10–13.
(43) Hibbert/Prince, pp. 135–139, 142.
(44) Hibbert, *Nightingale*, pp. 10–13.

第二章　不幸な結婚

(1) Aspinall/P. W., III, pp. 53–54.
(2) Melville/Caroline, I, pp. 50–51.
(3) Malmesbury, III, pp. 209–210, Melville, I, p. 52.

(4) Malmesbury, III, p. 210, Nightingale, *Memoirs of Queen Caroline*, pp. 46–47.
(5) Malmesbury, III, p. 210.
(6) Ibid., pp. 210–211.
(7) *Times*, 7 April, 1795, p. 2.
(8) *Times*, 6 April, 1795, p. 2.
(9) *Times*, 7 April, 1795, p. 2.
(10) Malmesbury, III, p. 211.
(11) Holme/Caroline, p. 22.
(12) Malmesbury, III, p. 211.
(13) Ibid.
(14) Ibid., pp. 211–212.
(15) Ibid., p. 213.
(16) *Times*, 6 April, 1795, p. 2.
(17) Aspinall/P. W., III, p. 169.
(18) Malmesbury, III, pp. 212–213, Aspinall/George III, I, pp. 317–318, *Times*, 9 April, 1795, p. 3.
(19) *Times*, 11 April, 1795.
(20) Melville/Caroline, I, pp. 55–56, E. Parry, Queen Caroline, p. 120.
(21) Malmesbury, III, p. 213.
(22) Ibid.
(23) Aspinall/George III, II, p. 233, a letter to Pitt, 24 Aug. 1794.
(24) Malmesbury, III, p. 187.
(25) Aspinall, P. W., II, pp. 453–454.

(26) Ibid., p. 454.
(27) Munson, pp. 260-264. Holme/Caroline, pp. 27-28.
(28) Malmesbury, III, pp. 173, 181.
(29) Aspinall/P. W., II, pp. 459-460.
(30) Ibid., p. 465.
(31) Aspinall/P. W., III, p. 9.
(32) Ibid., II, p. 469-470.
(33) Ibid., III, p. 15,
(34) Ibid., II, pp. 482-483, 490-491, Fraser, p. 45.
(35) Ibid., II, p. 492.
(36) Melville/Caroline, I, pp. 20-21.
(37) Ibid., pp. 19-20.
(38) Aspinall/P. W., II, p. 495. 強力な王妃支持派であったレイディ・アン・ハミルトンの後年の著『イギリス王室の秘史』には、婚約のときにジョージが従妹のキャロラインに宛てたという手紙と、それに対するキャロラインの返事を収めている。次にその内容を紹介するが、ジョージが愛人フィッツハーバート夫人と別れ、この結婚に大きな期待をかけていたことから見て、ハミルトンが紹介するような手紙を書いたとは考えにくい。ハミルトンは、シャーロット誕生後のジョージのキャロラインに対する冷酷な態度、その後のキャロラインを襲う不幸の数々という観点から、ここで紹介するような往復書簡をそれに合致させる形で創作したのではないか、と考えられる。この往復書簡を史料として引用した旧稿はここに訂正する。
ジョージの手紙の要旨。あなたはすでに私のところにお嫁に来ることが決まっており、私はその方針に従わざるを得ないが、それは私を絶望へと落とし込むものです。率直に申し上げるが、あなたはまだこの縁談を断ることができるので、この婚約を破棄してほしい。私はあなたを愛せないし、幸せにすることもできない、私は他の女性を愛しているのです。「あなたが王位を継げる世継ぎを生んでくれたら、私は直ちにあなたを棄てます。公の場では二度とあなたと会わないつもりです。そして私は愛している女性のところに行き、一緒に暮らします。お嬢さん、これが私の最終的な取り消せない結論です。」（これは後のジョージが一貫して主張していたことである。）

　キャロラインはこの手紙に次のように答えたという。「私の義務はよくわきまえていますし、私に課せられた掟を破る力もその願望も私にはありません。ですから、私に指令する力を持っていらっしゃる方の希望に沿うことに決めました。同時にあなた様が言われている恐ろしい結果にも従います。しかし、そのような苦痛を与えられた人の心中をお察しになりますれば、あなた様もそのような残酷な処遇の仕方に、おそらく良心の呵責を感じられることでしょう。」Hamilton, Ann, pp. 44-47.

（39）Aspinall/P. W., II., pp. 490-491.
（40）Aspinall/P. W., II, p. 493.
（41）Ibid., III, pp. 11-12.
（42）Ibid., pp. 12-13.
（43）Malmesbury, III, p. 145.
（44）Ibid., p. 147.
（45）Ibid., pp. 148-149.
（46）Ibid., pp. 150-151, 155.
（47）Ibid., p. 154.
（48）Ibid., pp. 157-158.
（49）Huish/Caroline, I, pp. 42-43, *Cobbett's Parl. History*, XXIX, 1066.
（50）Malmesbury, III p. 159.
（51）Ibid., p. 161.
（52）Ibid., pp. 162-163.

(53) Ibid., p. 174.
(54) Ibid., p. 176.
(55) Ibid., pp. 177-178.
(56) Ibid., pp. 179-180.
(57) Ibid., p. 181.
(58) Ibid., pp. 182-183.
(59) Ibid., pp. 184-187.
(60) Ibid., p. 188.
(61) Ibid., p. 191.
(62) Ibid., p. 190.
(63) Ibid., pp. 196-197.
(64) Ibid., pp. 188-197.
(65) Ibid., pp. 226-229.
(66) Ibid., p. 204.
(67) Ibid.
(68) Fraser, pp. 56-57.
(69) Melville/Caroline, I, p. 47.
(70) Ibid., p. 48.
(71) Musson, pp. 264-275.
(72) Malmesbury, III, pp. 205-209.
(73) Ibid., pp. 239-241.
(74) Fraser, pp. 62-63, Hibbert/Prince, pp. 33-36.

(75) Bury, I, p. 23.
(76) Fraser, p. 64.
(77) Bury, I, p. 17, Wilkins, I, pp. 327-328, 330-332, Holmes/Caroline, p. 30.
(78) *Times*, 11 April, 1795, p. 2.
(79) Aspinall/P. W., III, p. 54, *Times*, 11 April, 1795, p. 3.
(80) Aspinall/P. W., III, p. 55.
(81) Fraser, p. 64.
(82) *Times*, 23 April, 1795, p. 2, *London Gazette*, no. 13772, April, 1795, pp. 358-369.
(83) Ibid., no. 12785-12789, May～July, 1795.
(84) Aspinall/P. W., III, p. 56.
(85) Ibid., pp. 123-124.
(86) Aspinall/P. W., III, p. 64.
(87) Fraser, p. 66.
(88) Bury, I, p. 23.
(89) Fraser, pp. 67-69.
(90) *Times*, 18 June, 1795, p. 3.
(91) *Times*, 2 July, 1795, p. 3.
(92) Aspinall/P. W., III, pp. 68-69.
(93) Ibid., p. 70
(94) Ibid., pp. 72-75.
(95) Ibid., pp. 79-80.
(96) Ibid., pp. 83-84.

(97) *Times*, 3 September, 1795.
(98) Melville/Caroline, I, pp. 61-65.
(99) Fraser, p. 71.
(100) Bury, I, p. 14.
(101) Hibbert/Prince, p. 144.
(102) Aspinall/P. W., III, pp. 108-109.
(103) Ibid., p. 116.
(104) Melville/Caroline, I, pp. 66-67.
(105) Aspinall/P. W., III, pp. 126-127, Aspinall/George III, II, p. 451.

第三章　失せていく夢

(1) Aspinall/P, W., III, p. 151.
(2) Ibid., pp. 146-148. Fraser, pp. 77-78.
(3) Aspinall/P. W., III, pp. 126-127, Aspinall/George III, II, p. 451, n. 1.
(4) Fraser, p. 75.
(5) Aspinall/P. W., III, pp. 132-139, Wilkins, I, pp. 333-345.
(6) Fraser, p. 77.
(7) Melville/Caroline, I, p. 72, Fraser, p. 79.
(8) Aspinall/P. W. III, pp. 159-160.
(9) Ibid., pp. 160-162.
(10) Ibid., pp. 168-171.
(11) Ibid., p. 170.

(12) Ibid., p. 194.
(13) Fraser, pp. 85-86.
(14) Melville/Caroline, I, pp. 75-77, Aspinall/P. W. III, pp. 245-246.
(15) Ibid., III, p. 246.
(16) Ibid., p. 242.
(17) Ibid., pp. 256-257.
(18) Ibid., pp. 271-276.
(19) Ibid., pp. 271-272.
(20) Ibid., p. 275.
(21) Ibid., pp. 281-283.
(22) Aspinall/George III, II, p. 535.
(23) Fraser, pp. 95-97.
(24) Huish/Caroline, I, p. 85.
(25) Aspinall/P. W., III, p. 277.
(26) Ibid., pp. 378-379.
(27) Ibid., pp. 381-382.
(28) Fraser, p. 110.
(29) Aspinall/P. W., III, pp/357-358.
(30) Fraser, p. 157.
(31) Melville/Caroline, I, p. 89, Fraser, p. 116.
(32) Aspinall/P. W., IV, p. 91, Hibbert/Prince, p. 174.
(33) Bury, I, p. 23.

(34) Aspinall/P. W., IV, pp. 16–17.
(35) Ibid., pp. 48–49.
(36) Ibid., p. 57, Wilkins, II, pp. 4–10.
(37) Times, 18 June, 1800, Hibbert/Prince, p. 172, Munson, pp. 294–298.
(38) Munson, pp. 295, 297–298, Bickley, *Glenbervie*, I, p. 208, Wilkins, II, pp. 18–23.
(39) Maxwell, *Creevy Papers*, I, pp. 47–50.
(40) Bickley, *Glenbervie*, I, p. 240, Fraser, p. 149.
(41) Aspinall/P. W., IV, pp. 61–62.
(42) Bury, I, p. 17.
(43) Trevelyan, G. O., *Lord Macauley*, vol. I, p. 191, n. 2.
(44) Aspinall/P. W., IV, pp. 85–86.
(45) Fraser, pp. 122–123.
(46) Bickley, *Glenbervie*, I, pp. 224–225.
(47) Aspinall/P. W., V, pp. 55, 89.
(48) Bickley, *Glenbervie*, I, pp. 406–407.
(49) Aspinall/P. W., V, pp. 69, 76–77, 78, 83, 86.
(50) Bury, II, pp. 27–28.
(51) Aspinall/P. W., IV, p. 61.
(52) Percival, pp. 260–262, Huish/Caroline, I, pp. 213–215, Fraser, pp. 135–140.
(53) Aspinall/P. W., IV, pp. 61–62.
(54) Ibid., V, p. 90.
(55) Plowden, pp. 76, 81–82, Fraser, pp. 150–151.

(56) Brickerly, *Glenbervie*, II, pp. 25-26, Holme/Charlotte, pp. 54-57, Fraser, pp. 204-206.
(57) Aspinall/Charlotte, Intro. XXIII, 254p.
(58) Ibid., pp. 28-34, Holme/Charlotte, pp. 81-84.
(59) Creston, pp. 125-127, Holme/Charlotte, pp. 73-75, Fraser, p. 221, Parissinen, *George IV*, pp. 83-84.
(60) Aspinall/George IV, I, pp. 116-117.
(61) Ibid., p. 228.
(62) Bury, I, p. 85.
(63) Aspinall/George IV, I, pp. 207-208.
(64) Fulford, *Autobiography of Miss Knight*, pp. 102f, 126-127.

第四章　慎重な調査

(1) Aspinall/P. W., V, pp. 81-8, Fraser, pp. 150-151, Holme/Caroline, pp. 50-51.
(2) Melville/Caroline, I, p. 91.
(3) Fraser, p. 151.
(4) Holme/Caroline, p. 51.
(5) Perceval, pp. 342-348, Huish/Caroline, I, pp. 121-124, Nightingale, pp. 222-225.
(6) Perceval, pp. 289-315, Huish/Caroline, I, pp. 128-170, Nightingale, pp. 164-195, Melville/Caroline, II, App. A, pp. 559-599.
(7) Huish/Caroline, I, p. 174.
(8) Perceval, pp. 245-354, Huish/Caroline, I, pp. 175-180.
(9) Perceval, pp. 355-358, Huish/Caroline, I, pp. 180-183.
(10) Perceval, pp. 358-359, Huish/Caroline, I, pp. 183-184.

(11) Perceval, pp. 359–360.
(12) Ibid., p. 233, Huish/Caroline, I, pp. 190–191.
(13) Perceval, pp. 234–241, Huish/Caroline, I, pp. 192–198.
(14) Perceval, pp. 241–249, Huish/Caroline, I, pp. 235–237.
(15) Huish/Caroline, I, pp. 235–237.
(16) Perceval, pp. 250–252, Huish/Caroline, I, pp. 205–206.
(17) Perceval, pp. 251–252, Huish/Caroline, I, pp. 206.
(18) Perceval, pp. 251–255, Huish/Caroline, I, pp. 206–209.
(19) Perceval, pp. 255–256, Huish/Caroline, I, pp. 209–210.
(20) Holme/Caroline, p. 156, Fraser, p. 139, Bury, II, p. 16.
(21) Perceval, pp. 257–260, Huish/Caroline, I, pp. 210–213.
(22) Perceval, pp. 260–262, Huish/Caroline, I, 213–215.
(23) Perceval, pp. 1–7, Huish/Caroline, I, pp. 215–220.
(24) Fraser, p. 176.
(25) Perceval, pp. 7–9, Huish/Caroline, I, pp. 245–247.
(26) Perceval, pp. 9–14, Huish/Caroline, I, pp. 248–252.
(27) Perceval, pp. 29–31, Huish/Caroline, I, pp. 265–267.
(28) Perceval, pp. 268–271, 282–288.
(29) Ibid., pp. 20–169, Huish/Caroline, I, 258–375, Nightingale, pp. 238–334.
(30) Perceval, pp. 169–171, Huish/Caroline, I, p. 376.
(31) Perceval, pp. 171–173, Huish/Caroline, I, pp. 377–379.
(32) Malmesbury, IV, p. 357.

(33) Aspinall/P. W., IV, p. 194-196.
(34) Ibid., p. 82.
(35) Ibid., pp. 97-99.
(36) Huish/Caroline, I, 395-397, Aspinall/P. W., IV, pp. 125-128.
(37) Perceval, pp. 188-190, Huish/Caroline, I, pp. 397-399.
(38) Perceval, pp. 190-191.
(39) Ibid., pp. 191-193, Huish/Caroline, I, 399-401.
(40) Aspinall/P. W., IV, pp. 137, 150.
(41) Perceval, pp. 193-194, Huish/Caroline, I, pp. 402-403.
(42) Perceval, pp. 194-231, 403-432.
(43) Aspinall/P. W., IV, p. 170.
(44) Ibid., pp. 162-163.
(45) Ibid., p. 150.
(46) Wilkins, II, p. 95, Hibbert/Prince, p. 241.
(47) Aspinall/P. W., IV, pp. 171-183, 185n., 272.
(48) Ibid., p. 185n.
(49) Fraser, p. 192.
(50) Ibid., p. 189.
(51) Bickley, *Glembervie*, II, pp. 5-6, Aspinall/P. W., IV, p. 151, Hibbert/Prince, pp. 247-257.
(52) Aspinall/P. W., IV, pp. 194-196.
(53) Bickley, *Glembervie*, II, p. 92.
(54) Ibid., p. 94, Van der Kiste, *Georgian Princess*, pp. 141-144.

（55） Wilkins, II, pp. 121-127, Aspinall/P. W., VIII, pp. 108-112, Hibbert/Prince, pp. 279-280.

（56） Brickley, *Glenbervie*, II, p. 116.

（57） Ibid., II, pp. 106, 131.

（58） Ibid., pp. 94-95, Van der Kiste, *Georgian Princess*, pp. 131-132.

（59） Bury, I, pp. v-xiii, 1f, 24.

（60） Brickley, *Glenbervie*, II, p. 35.

（61） Nightingale, pp. 385-390.

（62） Hansard, 1st s., XXIV, 879.

（63） Nightingale, 438-441.

（64） Ibid., pp. 393-394.

（65） Hansard, 1st s., XXIV, 983-984.

（66） Ibid., 1106-1128.

（67） Ibid., vol. XXV, 171.

（68） Ibid., 116-125, 141-200, 207-227, 269-284.

（69） Nightingale, p. 443.

（70） Hansard, XXVII, 1039-1042, 1048-1064.

（71） Ibid., 1054-1065, XXVIII, 104-608, 636-646, 702-706, 793-795, 798-801.

（72） Ibid., 824.

第五章　薄命の皇女シャーロット

（1） *Times*, 6 November, p. 2, 7 Nov., p. 2-3, 1817, *London Gazette, Extraordinary*, 6 & 8 Nov., 1817, pp. 2265, 2269-70. *Gentleman's Magazine*, Nov., 1817, vol. 87, pp. 449-454, Huish/Charlotte, pp. 518-528, *Annual Register*, 1818, pp. 109–117.

（2） Huish/Charlotte, p. 275.

（3） Ibid., pp. 502–517. シャーロットについては著者名のみ略記する次の評伝があり、彼女の急逝、葬送、追悼についてそれぞれ相当のページを当てている。Creston, 1932, pp. 257–263, Renier, 1932, pp. 252–262. Stuart, 1951, pp. 301–316, Holme/Charlotte, 1976, p. 239–241, Plowden, 1989, pp. 204–209, Behrendt, 1997. ベーレントの著書はほぼ全体がシャーロットの追憶と追悼に当てられている。Richardson, *History Today*, v. XXII, pp. 87–93.

（4） Huish/Charlotte, pp. 529, pp. 23–24.

（5） *Times*, 7 Nov., 1817, p. 2, Huish/Charlotte, pp. 529–530.

（6） Huish/Charlotte, pp. 623–642, Plowden, pp. 208–209.

（7） *Times*, 15 Nov., 1817, p. 2.

（8） *Times*, 20 Nov., 1817, pp. 2–3.

（9） Aspinall/George IV, vol. II, pp. 212–213, *Gentleman's Magazine*, Feb. 1818, p. 277, Huish/Charlotte, pp. 685–689, Hibbert/George IV, p. 99.

（10） Brickley, *Glenbervie*, II, pp. 116–117.

（11） Aspinall/Charlotte, p. 100, Plowden, pp. 102–103.

（12） Bury, I, p. 10.

（13） Ibid., pp. 9–10.

（14） Ibid., p. 72.

（15） Fulford, *Autobiography of Miss Knight*, pp. 112–121, Creston, pp. 163–170.

（16） *Autobiography of Knight*, pp. 123–127, Creston, pp. 172–174.

（17） Aspinall/Charlotte, p. 55.

（18） Ibid., p. 55.

(19) Ibid., p. 63.

(20) Ibid., pp. 64-65.

(21) Ibid., p. 62.

(22) Ibid., pp. 75-76.

(23) Ibid., pp. 80-82, 82-83.

(24) Ibid., p. 87.

(25) Ibid., pp. 91-04, Creston, pp. 181-190, Plowden, pp. 134-136.

(26) Brougham, *Life*, II, pp. 186-195. ブルーム自身のほか、ナイト、エルフィンストーン、シャーロット・リンゼイによる手紙を収録している。

(27) Hansard, 1st s., XXIV, 982-986, 1106-1156, XXV, 142-227, 269-284.

(28) Creston, p. 205.

(29) Aspinall/Charlotte, pp. 114-115.

(30) Ibid., pp. 126-127.

(31) Creston, p. 218.

(32) Aspinall/Charlotte, p. 117.

(33) Ibid., p. 118.

(34) Ibid., pp. 117-118.

(35) Creston, pp. 221-227.

(36) Ibid., pp. 229-232.

(37) Aspinall/Charlotte, pp, 133-135, 138.

(38) Ibid., p. 139.

(39) Ibid., pp. 186-199.

(40) Ibid., p. 225, *Gentleman's Magazine*, Feb. 1816, p. 175.

(41) Aspinall/Charlotte, pp. 222–228, *Gentleman's Magazine*, May 1816, pp. 462–463, Huish/Charlotte, pp. 263f, Melville/Caroline, I, pp. 305–311, Stuart, *Daughter of England,* p. 265f.

(42) Huish/Charlotte, pp. 338–339.

(43) Holme/Charlotte, p. 234.

(44) Huish/Charlotte, pp. 482–491, Creston, pp. 253–254, 257–258.

(45) Holme/Charlotte, p. 232. 第七章を参照。

(46) Aspinall/George IV, II, pp. 203–205, Nightingale, pp. 554–557.

(47) Fraser, p. 296.

(48) *Examiner*, 9 Nov. 1817, pp. 705–710, 716–717, cf. Behrendt, pp. 219–223.

(49) Ibid., 16 Nov. 1817, pp. 721–723.

(50) *Black Dwarf*, no. 42, 12 Nov. 1817, 687–689, no. 49, 29 Oct. 1817, 655–663, no. 41, 5 Nov. 1817, 670–682.

(51) Bamford, S., 6th edn., vol, II, pp. 29–39, Hammonds, *Skilled Labourer*, pp. 314–349, Thompson, *Making*, p. 711f., Rudé, *Crowd in History*, Chap. 5. 邦訳、第五章。

(52) Hammonds, *Skilled Labourer*, pp. 350–360.

(53) Neal, pp. 27–33, Hammonds, pp. 341–376, Darvall, pp. 161, 274–275f., Bailey, pp. 124–126.

(54) Hansard, XXXV, 411–420, 443–447.

(55) Ibid., XXXVI, 949–956, 1088–1098, 1208–1254, *H. Commons Journal*, vol. 71, pp. 382–384.

(56) Thompson, *Making*, pp. 733–734, 711–732. 邦訳、八五七ページ。

(57) Neal, p. 39f. esp. 89f., Hammonds, pp. 368–370, *Annual Register*, 1818, pp. 14, 100–102.

(58) *Black Dwarf*, no. 43, 19 Nov. 1817, Behrendt, Chap. 3, the First Poems, pp. 78–121.

(59) Begent, Peter J., *The Romance of St George's Chapel*, Windsor, 2001, pp. 26–28, Fritz, "Trade in Death", pp.

300-303, Thompson, D., *Outsider*, Chap. 6. 邦訳、第六章。

第六章　キャロライン妃の出国と大陸旅行

（1）*Times*, 17 May 1817, p. 4. Melville/Caroline, II, pp. 312-14.
（2）Melville, II, pp. 314-16. Bury, I, pp. 404-05.
（3）Melville, II, pp. 320-22. Bury, p. 405.
（4）*Times*, 10 Aug. 1814, p. 4. Huish/Caroline, I, pp. 580-82.
（5）*Times*, 17 May 1817, p. 4. Melville/Caroline, II, pp. 316-19.
（6）Melville, II, p. 320. ホイットブレッドは一五年七月に自殺した。
（7）Hansard, XXVII, 1050-1053, Melville/Caroline, I, pp. 243-44 ff.
（8）Aspinall/George IV, II, p. 278.
（9）Melville/Caroline, II, pp. 322-24.
（10）Melville/Caroline, II, p. 324
（11）Melville/Caroline, II, pp. 324-26. Bury, I, p. 270. 後者には末尾の一文が収録されていない。
（12）Aspinall/George IV, II, p. 347, "Copy of the Queen's Narrative, partly from Her M's dictation".
（13）Melville/Caroline, II, pp. 327-330
（14）Bury, I, pp. 274-75.
（15）Melville/Caroline, II, pp. 330-31, 339-42.
（16）Hansard, sec. ser., II, 1111 ff, 1230-34
（17）Aspinall/George IV, II, p. 347.
（18）Ibid., pp. 347-48. 註（25）を参照。
（19）Melville/Caroline, II, pp. 348-52.

(20) Aspinall/George IV, II, p. 348.

(21) Hansard, s. s., II, 806 ff.

(22) Huish/Caroline, I, pp. 594-95.

(23) Ibid., pp. 595-96.

(24) Melville/Caroline, II, pp. 339-42.

(25) Melville/Caroline, II, pp. 345-47, Parry, pp. 214-15.

(26) Bickley, *Glenbervie*, II, pp. 142-143. Melville/Caroline, II, pp. 348-50, Clerici, pp. 78-79.

(27) Holme/Caroline, pp. 156-57.

(28) R. A., Geo. IV, Box 9/1, Report of W. Cooke and J. Powell, 13 July, 1819, p. 5. Hansard, sec. ser., II, 1123-24.

(29) R. A., Box 9/1, Report, p. 6. Hansard, s. s., II, 1124-25. Clerici, p. 78. Melville/Caroline, I, pp. 380-81.

(30) R. A., Box 9/1, Report, p. 6.

(31) Fraser, pp. 276-77.

(32) *Times*, 21 Aug., 1815, p. 3. Clerici, p. 83.

(33) ペルガミ一家についての証言は次を参照。 R. A., Geo. IV, Box 13, Evidence under the Second Head, no. 1.

(34) Hansard, s. s., II, 1266 ff.

(35) Aspinall/George IV, II, p. 349, Clerici, p. 93.

(36) Huish/Caroline, I, pp. 602, 606.

(37) Holme/Caroline, pp. 164, 187.

(38) Fraser, pp. 283-84.

(39) R. A., Geo. IV, Box 9/1, Report, p. 13. Huish/Caroline, I, p. 617. Holme/Caroline, p. 166.

(40) *Times*, 15 Aug., 1816, p. 3. Aspinall/George IV, II, p. 350. Huish/Caroline, I, pp. 618-26. Melville/Caroline, II, p. 356, Fraser, pp. 284-85.

(41) Huish/Caroline, I, pp. 626–30.
(42) Aspinall/George IV, II, p. 350. Huish/Caroline, I, pp. 631–32.
(43) Huish/Caroline, I, pp. 633–36 ff, 345.
(44) Hansard, s. s., II, 889–900, 915–23.
(45) Aspinall/George, II, p. 350.
(46) Huish/Caroline, I, p. 646.
(47) Ibid., pp. 655–58.
(48) R. A., Geo. IV, Box 9/3, Report, pp. 4–6.
(49) Huish/Caroline, I, pp. 672–76. *Times*, 29 April, 1817, p. 3.
(50) Lord Castlereagh to Lord Stewart, Jan. 1816, in Parry, Appendix I, p. 329 ff.
(51) Huish/Caroline, I, pp. 679–80.
(52) Aspinall/George, II, p. 272.
(53) R. A., Georgian Additional, MSS, 21/102, 27, 10 May, 1819.
(54) Hamilton, pp. 117–19. Parry, pp. 211–15.
(55) Parry, pp. 213–19.
(56) RA, Geo. IV, Box 9/3, 3)a) Vice Chancellor's Original Report, p. 8.
(57) *Times*, 17 May, 1817, p. 4. Aspinall/George IV, II, p. 349. Huish/Caroline, I, pp. 659–60. Clerci, p. 84.
(58) 註（50）を参照。Parry, Appendix I, pp. 329–31.
(59) Stewart to Castlereagh, Milan, 28 Feb. 1816, Parry, Appendix I, pp. 331–38.
(60) Bickley, Glenbervie, II, pp. 175–176.
(61) RA, Geo. IV, Box 13/53–no. X. Aspinall/George IV, II, p. 350. Clerici, pp. 101–06.
(62) Crede to the Chevalier Tomassia, *Times*, 7 Oct., 1820, p. 4. Huish/Caroline, I, pp. 661–62. Melville/Caroline, II,

pp. 386–87.

（63）R. A., Geo. IV, Box 9/3, pp. 4–6.

（64）*Times*, 26 March, 1817, p. 3.

（65）Ibid. and 31 March, 1817, p. 3.

（66）Ibid., 4 April, 1817, p. 3.

（67）Ibid., 25 Sept. 1820, p. 3.

（68）R. A., Geo. IV, Box 9/3, pp. 6–7.

（69）Hansard, s. s., II, 969–73, 975 ff.

（70）R. A., Geo. IV, Box 9/3, p. 7.

（71）"Journey of an English Traveller, or Remarkable Events and Anecdotes of the Princess of Wales from 1814 to 1816", *Times*, 20 May, 1817, p. 3. 第五章を参照。

第七章　ミラノ委員会

（1）Clerici, Introduction, lxxxvii.

（2）Melville/Caroline, I, II.

（3）Parry, pp. 11–12.

（4）既出以外で参照した主要な伝記的著作をあげれば次のとおりである。Wm. Dodgson Bowman, 1930. Howard Coxe, 1940. Joanna Richardson, 1960. Roger Fulford, 1967. Lord Russell of Liverpool, 1967. 伝記以外の研究については第一一章を参照。

（5）Aspinall/P. W., 8 vols.; Aspinall/George IV, 3 vols.

（6）Fraser, *Unruly Queen*.

（7）Nanora Sweet, "The Inseparables", *Forum for Modern Language Studies*, 39–2, April 2003, pp. 165, 175.

(8) 第五章を参照。

(9) Holme/Caroline, pp. 184-85. Aspinall/George IV, II, p. 282.

(10) R. A., Geo. IV Additional, MSS 21/102, 24 c.

(11) R. A., Geo. IV, Box 13/53, no. IX, Bury, v. 2, p. 146. キャムベル宛の手紙については cf. Melville/Caroline, II, pp. 365-66.

(12) Pss of Wales to a Friend, [1818], Melville/Caroline, II, pp. 408-09.

(13) *Examiner*, 9 Nov. 1817, *Black Dwarf*, 12 Nov. 1817, Bamford, *Autobiography*, 6th edn. 1967, I, pp. 29-39. 第五章を参照。

(14) R. A., Geo. IV, Box 23/3-55.

(15) R. A., Geo. IV, Box 23/3-51, Aspinall/George IV, II, pp. 252-53. Fraser, pp. 304-05.

(16) Pss of Wales to a Friend, 26 Dec. 1819, Melville/Caroline, II, pp. 396-97. Huish, II, p. 12.

(17) R. A., Geo. IV, Box 9/1, B-C., Hansard, s. s., I〜II.

(18) R. A., Geo. IV, Box 13/57, A List of some of the people examined as far as we know, G. Sacchi and L. Dumont.

(19) R. A., Geo. IV, Box 13/2, 51, Letters relating Mr. Henry.

(20) Fraser, pp. 401, 428-30.

(21) R. A., Geo. IV, Box 13, Evidence under the Third Head, no. V, 83-86, Pesaro, 29 Sept. 1820.

(22) R. A., Geo. IV, Box 23/69, G, Sacchi to Brown, 16 Dec. 1818, Brown to Sacchi, 29 Dec. 1818,

(23) R. A., Geo. IV, Box 9/1, Report, pp. 2-4. App. D(82); Bundles of lists and examinations of witnesses, (82) Dumont.

(24) R. A., Geo. IV, Box 23/10, Expenses in Milan Commission.

(25) Demont to Bron, 8 Feb. 1818, R. A., Geo. IV, Box 13/4-57. Hansard, s. s., II, 1221-32. L. Demont, *Journal of the Visit of the Princess of Wales to Tunis, Greece,and Palestine*, 1818.

(26) *Times*, 31 Oct. & 3 Nov. 1820, p. 3. Melville/Caroline, II, pp. 390-92. R. A., Geo. IV, Box 13, Evidence under the Fourth Head, XXXVIII.
(27) Aspinall/George IV, II, pp. 280-81.
(28) Ibid., Melville /Caroline, I, pp. 478-79.
(29) Ibid., pp. 480-81. Holme/Caroline, p. 199.
(30) Hansard, s. s., II, 869-70. cf. Wood, *Radical Satire*, pp. 150-54.
(31) Hansard, s. s., II, 804.
(32) Aspinall/George IV, II, p. 860. Hansard , s. s. II, 933-37.
(33) Hansard, s. s., II, 1252-53.
(34) RA, Geo. IV, Box 9/1, Report, pp. 1-25.
(35) James Brougham to Henry Brougham, March, 1819, Aspinall/George IV, II, pp. 272-85.
(36) Ibid., pp. 272-76, 277-78.
(37) Ibid., pp. 278-79.
(38) Ibid., pp. 280-85.
(39) Ibid., p. 284.
(40) *Times*, 31 July, 1819, p. 2.
(41) *Times*, 13 Aug. 1819, p. 2.
(42) Huish/Caroline, II, pp. 11-13. Melville/Caroline, II, pp. 394-96. *Times*, 24 July, 1819, p. 3.
(43) *Times*, 5 February, 1820, p. 2. Huish, II, pp. 15-16. Melville, II, pp. 396-97.
(44) Caroline to a Friend, 23 February, 1820, Melville, II, p. 398.
(45) Caroline to Gell, 3 March, 1820, R. A., Geo. IV, Add. MSS, 21/102, no. 36. Melville, II, pp. 398-99, 401.
(46) *London Gazette*, no. 17653, Feb. 12, 1820.

(47) Caroline to Gell, 29 March, 1820, RA, Geo. IV, Add. MSS, 21/102, no. 35. Huish, II, pp. 16–18. Melville, II, pp. 400–01.
(48) Melville/Caroline, II, Pss of Wales to a Friend, 2, March, 1820, pp. 401–402.
(49) Ibid., p. 402, 6 March, 1820.
(50) Melville/Caroline, II, pp. 410–413. カースルリー、リヴァプール及び友人宛の三通の手紙を収録している。
(51) Maxwell, *Creevey Papers*, I, p. 298.
(52) Croker, I, pp. 160, Melville, II, pp. 407–408, Smith, pp. 14–15, Fraser, p. 347.
(53) *Republican*, 25 Feb. 1820
(54) Johnson, *Regency Revolution*, pp. 99f, 142f.
(55) Castlereagh to Stewart, 21 Jan. 1816, Parry, App. I, p. 329f. Huish, II, pp. 58–60.
(56) The Queen to Alderman Wood, Pesaro, April 15, 1820, Melville/Caroline, II, p. 414.
(57) Ibid., Fraser, p. 354.
(58) Melville/Caroline, II, pp. 414–415.
(59) Ibid., pp. 415–417.
(60) *Times*, 27 May, 1820, p. 4.
(61) Ibid., 29 May, 1820, p. 3.
(62) Ibid., 6 June, 1820, p. 3.
(63) Aspinall/George IV, II, pp. 320–321.
(64) *Times*, 7 June, 1820, p. 2–3.
(65) Ibid., 6 June, 1820, p. 3.
(66) Huish, II, pp. 60–62f.
(67) *Times*., 6 June, 1820, p. 3, 7 June, p. 2–3.

(68) William Hazlitt, "Common Places", p. 554.

(69) "unruly" by F. Fraser, "indiscretion" by G. P. Clerici and others, "hoyden" by *The Companion to British History*, by Charles Arnold-Baker, 2nd edn., London, 2001.

(70) Clerici, p. 28, Creston, p. 253.

第八章　王妃キャロラインの帰国

(1) *Times*, 7 June, 1820, p. 2.

(2) Melville/Caroline, II, p. 428.

(3) *Times*, 7 June, 1820, p. 3, Buckingham and Chandos, vol. I, p. 29f.

(4) *Times*, 7 June, 1820, p. 3, Huish, II, pp. 85–87.

(5) Huish, II, pp. 105–107.

(6) Ibid., pp. 107–111.

(7) Melville/Caroline, II, p. 428, Brougham, *Life*, II, pp. 366–369, Lewis, *Miss Berry*, III, pp. 235–240.

(8) *Times*, 7 June, 1820, p. 2–3.

(9) Melville/Caroline, II, p. 430, Trevelyan, G. O. ed., *Life and Letters of Lord Macauley*, vol. I, p. 92.

(10) Melville/Cobbett, pp. 148–162.

(11) Ibid., pp. 149–150, Melville/Caroline, II, pp. 436–444f.

(12) *Republican*, II, 2 Jan. to April, 1820, pp. 189–193.

(13) Hansard, s. s., II, 499–524.

(14) Wallas, pp. 150–151, Miles, pp. 158–159.

(15) Prothero, p. 137.

(16) Ibid., pp. 136–146.

(17) Hansard, s. s., I, 869-872.
(18) Ibid., 871-873.
(19) Ibid., 873-881.
(20) Ibid., 905-985, 1008-1010, 1039-1041, 1103-1104, Lewis, *Miss Berry*, III, p. 240.
(21) Hansard, I, 985-1006, Huish, II, pp. 142-157, Nightingale, pp. 636-645.
(22) Hansard, I, 1147-1160, Huish, II, 158-201, Nightingale, pp. 636-662, Lewis, *Miss Berry*, III, pp. 243-244.
(23) Hansard, s. s., I, 1323-1337, Melville/Caroline, II, pp. 454-455.
(24) Hansard, s. s., II, 1-49.
(25) Ibid., s. s., I, 1339-1400.
(26) Huish, II, pp. 178-181, *Gentleman's Magazine*, June, 1820, p. 556-558.
(27) Hansard, s. s., II, 167-175.
(28) Ibid., 207-214.
(29) Ibid., 212-216.
(30) Ibid., 230-259.
(31) Smith/Trial, pp. 44-45.
(32) Huish, II, p. 430.
(33) *London Gazette*, 9 May, 18 July, 1820.
(34) *Republican*, IV, Sept.～Dec., 1820, p. 197.
(35) Huish, II, pp. 492-497.
(36) Prothero, pp. 142, 138-146.
(37) Huish, II, pp. 492-497.
(38) *Republican*, IV, Sep.～Dec., 1820.

(39) Huish, II, 439-443, Fraser, pp. 85, 407,

(40) Huish, II, pp. 463-464.

第九章　王妃を裁く貴族院

(1) Hazlitt,"Common Places". **はじめに**の註(1)参照。

(2) Times, 8 July, 1820, p. 3, 10 July, 1820, p. 2. Huish, II, pp. 385-386, 391, 457-462.

(3) Hansard, s. s., II, 428-472.

(4) Ibid., 574-586.

(5) Ibid., 587-588.

(6) Huish/Caroline, II, pp. 461-462.

(7) Ibid., II, pp. 526-527, Buckingham and Chandos, I, p. 65f.

(8) Hansard, s. s., II, 612, 629-631.

(9) Ibid., 613.

(10) Ibid., 651-656.

(11) Huish, II, pp. 531-532.

(12) *Times*, 18 Aug. 1820.

(13) Brougham, *Life*, II, p. 380.

(14) Hansard, II, 710-741.

(15) Ibid., 741-803.

(16) Fraser, p. 424.

(17) Hansard, II, 804, Adolphus, pp. 22-66, 91-92.

(18) Hansard, II, 804-841.

(19) Ibid., 841–874, 882.
(20) Ibid., 689.
(21) Brougham, *Life*, II, p. 380.
(22) Hansard, II, 841–873, 933–937, 1331–1338.
(23) *Annual Register*, 1820, p. 483.
(24) Hansard, II, 889–904.
(25) Ibid., 907–923, 928–932.
(26) Ibid., 937–954.
(27) Ibid., 948–950.
(28) Ibid., 951–958, III, 1022–1025.
(29) Ibid., II, pp. 958–969.
(30) Ibid., 969–973.
(31) Ibid., 1072–1086.
(32) Ibid., 1087–1092.
(33) Ibid., 1002–1098.
(34) Ibid., 1092–1098, 1103–1104.
(35) Ibid., 1099–1103.
(36) Ibid., 1104–1111.
(37) Ibid., 1111–1182, 1193–1211, 1221–1234; Maxwell, *Creevey Papers*, I, pp. 314–315.
(38) Hansard, II, 1233–1250.
(39) Ibid., 1250–1258.
(40) Ibid., 1258–1266.

(41) Ibid., 1266-1294, 1311-1319.
(42) Ibid., 1331-1339.
(43) Smith/Trial, pp. 58-61, 66f., Huish, II, pp. 580-582, 587-588 etc.
(44) *Annual Register*, 1820, pp. 423-424, Huish, II, pp. 593-594.
(45) Aspinall/George IV, p. 372.
(46) Hansard, III, 112-178, 179-255.
(47) Ibid., III, 264-291.
(48) Ibid., 300-303, 990-992.
(49) Ibid., 303-312.
(50) Ibid., 312-314.
(51) Ibid., 314-326, 379.
(52) Ibid., 326-329.
(53) Ibid., 329-343.
(54) Ibid., 343-363.
(55) Ibid., 363-365, 368-378, 393-394, 395-404, 489-496.
(56) Ibid., 382-386, 390-391, 404-416.
(57) Ibid., 416-435.
(58) Ibid., 426-432.
(59) Ibid., 432-435
(60) Ibid., 436-446.
(61) Ibid., 446-456, 460-480.
(62) Ibid., 496-563.

(63) Ibid., 563-601, 624-647.
(64) Ibid., 655-667, 688-704, 831-833.
(65) Ibid., 673-678.
(66) Ibid., 716-717, 807-808, 817-831.
(67) Ibid., 833-835, 867, 869-854, 889-914.
(68) Ibid., 918-926.
(69) Ibid., 916.
(70) Ibid., 928-935.
(71) Ibid., 935-956.
(72) Ibid., 982-990.
(73) Ibid., 1022-1025.
(74) Ibid., 1027-1184.
(75) Ibid., 1439f.
(76) Ibid., 1572-1574.
(77) Ibid., 1574-1619.
(78) Ibid., 1698-1701, 1709-1727, 1744-1746.
(79) Bamford, F., *Arbuthnot*, I, pp. 51-52, Cookson, *Lord Liverpool*, pp. 270-271.
(80) Huish, II, pp. 616-617.
(81) Ibid., p. 621.
(82) Lewis, *Miss Berry*, III, p. 259.
(83) Huish, II, p. 623, Maxwell, *Creevey Papers*, p. 338.
(84) *Times*, 11, 14 Nov. 1820, p. 3, Smith/Trial, pp. 132-133, 139-141.

(85) Melville/Cobbett, pp. 174-178, Fulford,T., "Cobbett", p. 523f.
(86) Bamford, F., *Arbuthnot*, I, p. 53.
(87) Rickword, p. 167f., Fraser, pp. 404-405, 433.
(88) *Times*, 30 Nov. 1820, pp. 2-3, Quennell, *Princess Lieven*, pp. 96-97, Smith/Trial, p. 163f.
(89) Hansard, III, 1746-1747, Adolphus, p. 458.
(90) Fulford, R., p. 9 etc.

第十章　国王の戴冠、王妃の埋葬とロンドンの民衆

(1) Hansard, IV, 65-66, 104-116, 228-236, 324-338, 511-523, 551-552.
(2) Ibid., 236-237.
(3) Ibid., 237f, 308-324.
(4) Bamford, F., *Arbuthnot*, I, p. 67.
(5) Ibid., p. 606.
(6) Hansard, IV, 620-668.
(7) Aspinall/George IV, p. 417.
(8) Ibid., p. 418.
(9) Maxwell, *Creevy Papers*, II, p. 15.
(10) Aspinall/George IV, p. 403-404.
(11) Quennell, *Princess Lieven*, p. 70-71.
(12) McCord, "Taming", p. 33, 37.
(13) Fraser, p. 450.
(14) Huish/Caroline, II, 681-682.

(15) Ibid., 684-687.
(16) *Times*, 20 July, 1821, p. 2, Huish, II, 690-692.
(17) *Annual Register*, 1821, pp. 118-119.
(18) *Times*, 8 Aug. 1821, p. 2, Huish, II, pp. 695-717.
(19) *Times*, 8 Aug. 1821, p. 2.
(20) *Times*, 13 Aug. 1821, p. 2. Huish, II, pp. 729-731.
(21) Aspinall/George IV, p. 452.
(22) Ibid., p. 454.
(23) Hibbert/George IV, pp. 204-208.
(24) *Times*, 15 Aug. 1821, Huish, II, pp. 735-751.
(25) Aspinall/George IV, pp. 453-454.
(26) *Times*, 15 Aug. 1821, pp. 2-3, Huish, II, pp. 752-759.
(27) *Times*, 15, 16 Aug. 1821, pp. 2-3, Huish, II, pp. 760-783.
(28) *Times*, 15, 16 Aug. 1821, p. 2-3, Huish, II, pp. 782-792.
(29) Maxwell, *Creevey Papers*, II, pp. 25-26.
(30) *Times*, 17 Aug. 1821, p. 2-3, Huish, II, pp. 794-840.
(31) *Times*, 16 Aug. 1821, p. 2, Prothero, p. 151.
(32) Prothero, pp. 151-153.

終章　キャロライン王妃事件をどうとらえるか

(1) Travelyan, G, M., *British History*, p. 191.
(2) Fulcher, J., "The Loyalist Response", JBS, pp. 481-482. フルチャーのほか後出のD・トムプスンも agitation と

している。

（3）Hazlit, "Common Places", no. 23, 1823, in *The Complete Works* vol. 2, p. 554.

（4）優れた本格的研究の筆者ラカーの次の論文を参照。T. W. Laqueur, "The Queen Caroline Affair", JMH, 54-3, 1982.

（5）Thompson, D., *Outsiders*, 邦訳、二六八ページ。同様な意見はマッカルマンも述べている。Iain McCalman, p. 162.

（6）Thompson, *The Making*, 1968 edn., p. 778.

（7）Ditto., "The Very Type of the 'Respectable Artisan'", *New Society*, 48 (May 3, 1979), pp. 275-277. I. J. Prothero, pp. 132-155.

（8）ブリティッシュ・ライブラリ所蔵書では、キャロライン王妃の項に分類されている単行本、小冊子だけで二三八件にのぼる。その中には王妃自身による小著も含まれており、ほとんどが一八二〇～二一年の刊行である。そのうち本書で利用した史料、文献については参考文献欄を参照していただきたい。

（9）Huish, *Memoirs*, 1821; Nightingale, *Memoirs*, 1821; Wilks, *Memoirs*, 1822; Huish, *Memoirs of Charlotte*, 1818. 貴族院の「裁判」についても Adolphus 編著ほか数点の記録が公刊された。

（10）Ann Hamilton, *Secret History*, 1832; Lady Charotte Bury, *Diary*, 1st edn., 1838; Buckingham and Chandos, *Memoirs of the Court of George IV*, 1859, cf. Melville/Caroline, I, ix-x.

（11）Graziano Paolo Clerici, *A Queen of Indiscretion*; Melville, *An Injured Queen*; Parry; Bowman; Coxe; Richardson; Fulford; Priestley; Stevenson; etc. シャーロットについては次の著者による著書がある。Creston; Renier; Stuart; Holmes; Plowden. フィッツハーバートについては次の著者による著書がある。Wilkins; Leslie.

（12）edited by Aspinall.

（13）Fraser, *Unruly Queen*.

（14）Clerici, Introduction lxxxvii. シャーロット＝私生児説は他には誰ひとり取っていない。

(15) Smith; Hibbert; Rickword; McCalman, pp. 162-177. Baker, *The Kings and Queens*, 森　護監訳。

(16) Prothero, pp. 132-155.

(17) Laqueur, pp. 417-439.

(18) Ibid., pp. 439-464.

(19) Hunt, "Morality and Monarchy".

(20) ditto., *Defining John Bull*.

(21) Davidoff and Hall, *Family Fortunes*, esp. pp. 151-154.

(22) Calhoun, p. 115 etc.; Hone, pp. 306-319.

(23) Clark, "Queen Caroline"; ditto., *The Struggles for Breeches*.

(24) Fulcher, pp. 481f.

(25) Wahrman, pp. 399-409.

(26) McWilliam, "Reinterpreting the Queen Caroline Case", pp. 7-13, 21-29ff, 111. 邦訳、七～一九、一八五ページ。James Epstein, "The Populist Turn", JBS, 32-2, 1993, pp. 177-189. チャーティズムに関連する脱階級的傾向あるいは「言語論的転回」も重要な論題である。

(27) *Times*, 16 July, 1830, p. 2.

(28) Musson, pp. 360-363.

(29) Fraser, pp. 465-466.

(30) Holme/Caroline, p. 211. ウッド、アン・ハミルトンについては次を参照した。*Oxford Dictionary of National Biography*, 2004. アン・ハミルトンの王室秘史については第二章註（38）と参考文献欄を参照。

あとがき

筆者がキャロライン王妃事件に関心を引き立てられたきっかけは、マンチェスター大学の友人でチャーティスト運動の研究者イォーワース・プロザローとの出会いにあった。一九七七年五月、マンチェスターで開催された労働史学会の研究集会に参加し同地で史料収集にあたった折、プロザロー氏宅に一週間近く寄宿させていただいた。彼は、一九世紀初期ロンドンの労働指導者として活躍したデットフォードの船大工ジョン・ガストとその時代に関する著書の仕上げを進めており、近くドーソン社から上梓すると語っていた。本書でも参照したその著書は『一九世紀初期ロンドンにおける職人と政治――ジョン・ガストとその時代』として一九七九年に出版された。同書は第二部（ナポレオン）戦争後の急進的政治運動、のなかに「キャロライン王妃」と題した一節を設け、ガスト、靴職人ウィリアム・ベンボウら急進派労働者を中心にロンドンの職人、労働者、民衆が、一八二〇年に帰国したキャロライン王妃を支持して広範な運動を展開したこと、とくに二一年八月の王妃葬送の際の熱烈な追悼デモでは彼らがまさに主役を演じたことをあらためて浮き彫りにした。著者がその叙述のなかで、追悼のために集まった労働者集団が軍隊と衝突し彼ら自身に犠牲者を出しながらも、王妃の遺体をハリッジへ運ぶ葬送行進のコースを変更させ、ロンドンの中心街を通らせた状況を、明確な地図を作成して示したのはとくに印象的であった。エドワード・トムプスンが、急進主義史の視点からこの事件を消極的にとらえる『イングランド労働者階級の形成』で示した見解を修正するに至ったのは、「はじめに」及び終章でふれたようにこの書物が世に問われたからであった。

やがてラカーによるきわめて示唆に富む論文が公刊された（一九八二年）のを契機に、女性史・フェミニズム史、家族史、民衆史、「世論」の役割などの視点から、一連の活発な研究がおもにアメリカの研究者によって公表されるようになった。またドロシー・トムプスンの論文「ヴィクトリア女王——君主制とジェンダー」（限定版一九八九年）からも大きな刺激を受けた。この事件は同時代の政治社会を揺るがせた大きな出来事であっただけに、同時代からそれを扱った数知れぬほど多くの著作、小冊子、風刺画・戯画入り小冊子や雑誌が発行され、『タイムズ』『モーニング・クロニクル』など多くの新聞や急進派の機関誌で大きく取り上げられ、議会内の討議については議会討議録に詳細に記録されてきた。また二〇世紀に入ると、キャロライン王妃の評伝の形で数多くの著作が間断なく公刊されてきたが、プロザローに始まる一連の新しい研究はこの事件に新たな面から光りを当てたのである。

筆者は学術振興会の企画により、プロザローについては一九八八年五月に日本に招聘し、四大学において用意された二つのペイパーで講演・セミナーの会を催した。同じくドロシー・トムプスンについては一九九〇年九月〜一〇月に招聘し、八つの大学ないし学会において、用意された四つのペイパーで講演・セミナーの会を催した。二つの招聘事業で日本の多数の研究者との間で交流の場をつくり得たのは幸せであった。

近年のキャロライン王妃事件研究において画期をなしたのは、フローラ・フレイザー『御しがたき王妃——キャロライン王妃の生涯』（一九九六年）である。ウィンザーの王室文書をはじめ膨大な同時代史料を渉猟して書かれた同書は、行き届いた叙述とキャロラインをときに突き放しながらもかなりバランスも考慮した評価を行うことにより、これまでの水準を大きく高めた著書であり、また多くの一般読者を得た書物となった。またマックウィリアムの見解（一九九八年）も新鮮であった。筆者もこうして復活した研究に刺激されながら、一九八〇年代後半から機会あるごとにチャーティスト運動関連の分野とともに、ブリティッシュ・ライブラリ、ロンドン大学図書館と同歴史学研究所図書室でこの事件の史料、文献を調査収集し、また便利になったインターネットにより同時代のヒュイシュ、ナイティンゲールらの著書をはじめとする一九世紀の文献、及び二〇世紀初頭に公刊されたクレリチ、メルヴィルらの著書など、関連する書物を収集してきた。

その間にいくつかの論考も公表してきたが、とくにこの事件の重要な核心をなすミラノ委員会の実態を明らかにするためには、ウィンザー王宮内の王室文書の調査が不可欠と考えられ、二〇〇三年夏に機会を得てラウンド・タワー内にある王室文書館に通うことになった。数知れぬほどの量のダンボール箱に入ったジョージ四世、キャロライン王妃関係の手稿史料に圧倒されながら、ミラノ委員会に関する最低限の手稿史料を調査収集し得たことは、本書の執筆に大きな力となった。史料閲覧を許可され、いろいろと配慮していただいた文書管理官パミラ・クラークさんに厚くお礼申し上げたい。目が疲れたとき、閲覧室の窓から遠くイートン校やセント・ジョージ礼拝堂、あるいはそぞろ歩く観光客を眺めたのもよき思い出である。

本書は基本的に書き下ろしであるが、一部は既発表の拙稿を基礎にしている。論文の発表順に本書との対応を記しておきたい。

・「キャロライン王妃事件をどうとらえるか――イギリス王室と民衆・世論」『史窓』五八号（二〇〇一年）
　終章の基礎となり、大幅に改稿した。
・「キャロライン王妃と貴族院の「裁判」」『史窓』五九号（二〇〇二年）
　第九章の基礎になり、大幅に改稿した。
・「シャーロット王女の夭折　その追悼・顕彰と民衆――キャロライン王妃事件研究」『京都女子大学大学院文学研究科研究紀要　史学編』二号（二〇〇三年）
　第五章および一部第四章の基礎となり、大幅に改稿した。
・「キャロライン妃の大陸旅行とミラノ委員会」『史窓』六二号（二〇〇五年）

第六章と第七章の基礎となり、一部を改稿した。

本書で用いた固有名詞の表記については、人名、地名は原則として現地の読み方を採用したが、長音などは慣行にしたがった。ただハノーヴァーの場合は、現地読みでは「ハノーファー」であるが、イギリス王家の名（ハノーヴァー王朝）でもあり、「ハノーヴァー」で統一した。キャロラインの母（ジョージ三世の姉）はイギリス生まれなので、「オーガスタ」で統一し、ドイツ生まれの場合は「アウグスタ」と表記した。

本書はおそらく、キャロライン王妃事件について邦語で出版される最初の単行書となるはずである。この事件とその時代に関心をもつ方々はもちろん、歴史と政治文化に関心を持つ多くの方々に読んでいただきたいと望んでいる。忌憚のない質問やご意見をいただければまた幸いである。

本書の出版に際して、学術書の出版事情が厳しいなかで人文書院の方々の温かいご支援を得ることができた。ご配慮いただいた同社編集部長 谷誠二氏に厚くお礼申し上げたいと思う。また丁寧に編集実務を担当していただいている松岡隆浩、井上裕美の両氏にも心からの感謝の言葉を申し上げたい。

本書は平成一七年度京都女子大学研究助成事業により、出版経費の一部助成を受けた。日々刺激を受けている京都女子大学文学部史学科の同僚の方々、ならびに院生、学生の皆さんに心から敬意を表させていただくとともに、審査に関係された方々に深くお礼申し上げる次第である。

二〇〇六年一月二〇日　京都にて

古賀秀男

人名索引

ア 行

アウグスタ，シャルロッテ・ゲオルギアナ（キャロライン妃［以下妃と略］の姉） Augusta, Charlotte Georgiana 37-39,41, 88

アースカイン，トマス卿（男爵，大法官 1750-1823） Erskine, Thomas 94,108,113,127, 223,200

アーネスト，オーガスタス（カンバーランド公，ジョージ4世［以下ジョージと略］の弟） Ernest Augustus, Duke of Cumberland 21,23,26,56,82,94,99,113, 115,123,133,136

アーバスノット夫人（日誌作者，夫は有力政治家 1793-1834） Arbuthnot, Harriet 251, 259

アーミステッド夫人，エリザベス・ブリジット（ジョージの愛人，のちフォックスの夫人） Armisted,Elizabeth Brigitt 25

アストン夫人(妃の侍女) Aston, Hervey 45, 47-48,50,70

アスピノール（1901-1972 著者，研究者の場合は末尾に*を付す。以下同） Aspinall, Arthur* 57,176

アミーリア（ジョージの末妹） Amelia 122-123

アルトワ伯（のちシャルル10世 1757-1836） Artois, Charles Philippe 90

アレヴィ，エリー（1870-1937） Halevy, Elie* 16-17

アレクサンドル1世（ロシア皇帝） Aleksandr Pavlovich 121,127,140,152

アンダーウッド，マイケル（医師） Underwood, Michael 77-78

ヴァーノン夫人(妃の部屋付き女中) Mrs. Vernon 85,88,105

ヴァッサリ，カルロ（妃の従者，元騎兵大尉） Vassalli, Carlo 190,197-199,250,265,267

ヴィクトリア公女・女王（ケント公爵の娘 1819-1901） Queen Victoria 100,150,205, 275,279,281

ウィルクス，ジョン Wilks, John* 271

ウィルスン，メアリ・アン（妃の女中） Wilson, Mary Anne 108-110

ヴィメルカーチ，フランチェスコ（ミラノの弁護士） Vimercati, Francesco 179,232,249

ウィンダム，チャールズ・ウィリアム（トーリ政治家 1750-1810） Windham, Charles William 25,119

ウーラー，トマス. J.（急進誌の発行者 1786-1853） Wooler,Thomas 146,210,218,253

ウェリントン公（1769-1852） Duke of Wellington 132,206,213,225

ウェルド，エドワード（フィッツハーバートの最初の夫） Weld, Edward 27

ウォールマン Wahrman, Drohr* 277

ウッド，ウィリアム（マシューの次男 1801-1881） 197

ウッド，ジョン（マシューの長男） 262

ウッド，マシュー（妃の支援者、元ロンドン市長，庶民院議員 1768-1843） Wood, Alderman Matthew 197-199,203-204, 206,209-211,215,218,220,254,262-265,267, 273,279

ウドニ夫人（シャーロット妃の副ガヴァネス） Mrs. Udney 97-98

エカチェリーナ2世（ロシア女帝） Yekaterina, Alekseyevna 39

エドワード，ケント公（ジョージの弟） Edward, Duke of Kent 21,82,92,100, 104,133

エリザベス1世 Queen Elizabeth I 130

エリザベス王女（妃の義妹） Elizabeth 21, 75,77-78,123

エルジン，レイディ（シャーロット妃のガヴァネス）Elgin, Martha　88,90,94,97
エルドン卿（男爵，のち伯爵，ジョージの側近）Eldon, John Scott　100,113,125
エルフィンストーン，マーガレット・マーサー（シャーロット妃の年長の親友 1788-1867）Elphinstone, Margaret Mercer　98-101,138-139,141-143
エレオノール（ミュンスター伯爵夫人のガヴァネス）Eleonore　40-41
エレンバラ卿，エドワード（裁判官 1750-1818）Ellenborough, Law, Edward　108,127,228
オーガスタ（妃の母，ジョージ3世姉）Augusta　36,40-41,56,61-62,64-66,68-69,117,121-122,128,137
オースティン，ウィリアム（妃の養子）Austin, William　96,105,110-111,114,120,123,155,160,197,266-267,279
オースティン，ソフィア（ウィリアムの実母）Sophia　109,113,236,244-245,262-263,265
オッジョニ，パオロ（国王側証人）Oggioni, Paolo　236
オマーティ，ボンフィグリオ（王妃側証人）Omati, Bonfiglio　248
オムプテーダ男爵（ハノーヴァーのヴァティカン公使 -1819）Ompteda,Baron Friedrich　153,158,161,166-173,176-179,186-187,189,196,201,216,238,245
オラニエ公ウィレム（公子）Willem van Oranje　40,42,50,60
オラニエ公嗣子　137-138,140-142,151
オラニエ公父子　127
オリヴァー，リチャード，W. J.（スパイ）Oliver, Richard　145-148,179
オリヴィエリ，アレッサンドロ（元大佐）Olivieri, Alessandro　190,249
オルディ，アンジェリカ（オルディ伯爵夫人）Oldi, Angelica　159-160,197,228,234-235,241,243,247,259

カ　行

カースルリー外相（1769-1822）Castlereagh, Robert Stewart　126,128,143,148,166,168-169,194-196,206,211-214,257-258
カートライト，ジョン（急進派 1740-1824）Cartwright, John　146,218,273
カーナーヴォン伯爵夫人 Carnarvon, Elizabeth Alicia Maria　84-85,87,134,136,226
カーライル，リチャード（急進誌発行者 1790-1843）Carlile, Richard　208,276
カール・ヴィルヘルム・フェルディナント公爵（ブラウンシュヴァイク公，妃の父）Karl Wilhelm Ferdinand　36,38,40,55,61,116,134,151,193
カール・ゲオルグ・アウグストウス（妃の兄）Karl Georg Augustus　37,41-43,62
ガスト，ジョン（急進派指導者，船大工出身 1772-1837）Gast, John　18,218,268,270,273,280
ガルジーロ，ヴィンケンゾ（商船主）Gargiulo, Vincenzo　163,232,241
ガルディニ，ルイジ（王妃側証人，石工）237
ギフォード，サー・ロバート（検事総長 1779-1826）Gifford, Sir Robert　225-226
キャニング，ジョージ（妃に近い政治家 1770-1827）Canning,George　90,111,119,126,154-155
キャムベル，シャーロット（妃の侍女，のち文筆家 1755-1861）Campbell, [Bury] Lady Charlotte Susan Maria　71,91,93,95,97-98,124-125,127,134-136,151,155,160,241,243,271
キャリントン，ウィリアム（妃の従者）Carrington, William　245,249
キャロライン妃・王妃 Caroline Amelia Elizabeth　（生い立ち）36-42（花婿候補）39-40（性格，人柄と評価）43-44（皇太子ジョージとの婚約）54,56-59,61-63（婚嫁の旅・マームズベリの日誌）63-70（皇太子と

の出会い）47-49（婚礼）52-53,71-72（シャーロットの誕生）78-79（ジャージー夫人との関係）45-47,57-58,64-65,74,77-78,83-86（国王ジョージ３世との関係）54,85,89,94-95,97,108,117-118,192（ダグラス夫人との親交と断絶）95-96,103-106,108-109,117-118,126（娘シャーロットとの関係）136,139,142,143-144,177-178（母オーガスタの来英）117,121-122,137（戦勝記念行事からの排除）127-128,152-153（出国）151-156（ペルガミとの関係）157-159,162,164,168,184,187,190-191,199,228,231-232,234-235,237,243-244,246-247（ナポリ滞在）158-159（地中海の旅）163-165（ペーザロにおける）167,190-191（ミラノ委員会とのかかわり）190,192（帰国の旅）196-200（サント・メールの折衝）198-199（ドーヴァー上陸と熱狂的歓迎）203-210（国教会祈禱書からの排除）193,196,208,212,257-259（労働者層の支持）218-219,240-242（貴族院の「裁判」への出席）227,230,252（国王戴冠式からの排除）260-263（死去と葬送）262-268
ギルフォード５代伯（1766-1827）Earl of Guilford, Lord North 243-244
クック，ウィリアム（法律家，ミラノ委員会 1757-1832）Cooke, William 179,189,192
クラーク，アナ Clark, Anna* 275-276
クリーヴィ，トマス（庶民院議員，貴重な記録者 1768-1838）Creevey, Thomas 93,124,211,253,257
クリフォード，レイディ（シャーロット妃のガヴァネス）Clifford, Lady 97-98,134
クルックシャンク，ジョージ（諷刺画作家 1792-1878）Cruickshank, George 222,253-254
クレアモント伯（ジョージの側近）Clermont, Earl 45,47,70
グレイ，チャールズ伯（２代伯，ホイッグ指導者 1764-1845）Grey, Charles 100,120,124,140-141,215,225-226,228,251,254
クレイヴン・ケッペル（妃の侍従）Craven, Richard Keppel 120,155,159,219,225,243-244,245
グレヴィル大佐（王室馬寮長）Greville, Robert 45,47
クレーデ，モーリス（妃の従僕，買収されて証言）Crede, Maurice 168,170-171,238
クレス，ジェーン・バーバラ（宿屋女中，国王側証人）Kress, Jane Barbara 234-235
クラレンス公（のちのウィリアム４世）Duke of Clarence 21,54,56,77,82,133-134,145,206,210-211
クレリチ Clerici, Graziano Paolo* 175,272
グレンヴィル，ウィリアム（ピットの後継首相 1759-1834）Grenville, William Wyndham 106,108,118-119,124,127
グレンバーヴィ，レイディ（妃の侍女，ノース元首相の次女 1764-1832）Glenbervie, Catherine Anne 120,155,159,243
グロスター公（ジョージ３世の弟）Duke of Gloucester 23
クロフト，リチャード（シャーロット妃の産科医 1762-1818）Croft, Sir Richard 129,132-133
ゲインズバラ（画家 1727-1788）Gainsborough, Thomas 27
ゲル，サー・ウィリアム（妃の従者）Gell, Sir William 95,120,155,159,225,243-245
ゴードン，ジョージ（第３代公爵 1751-1793）Duke of Gordon, George 28
ゴードン公爵夫人（未亡人） 29
コール，ウィリアム（妃の召使い，密偵？）Cole, William 106,109-110,113-114
コスウェイ，リチャード（肖像画家 1742-1821）Cosway, Richard 27,48
コベット，ウィリアム（急進派 1763-1835）Cobbett, William 145,208,253,270
コベット，ジョン（ウィリアムの息子） 253
コンサルヴィ（ローマの枢機卿）Consalvi, Cardinal Ercole 194,196
コンスタンティン公爵夫人（レーオポルトの

姉）Duchess of Constantin　156

サ　行

サウサムプトン卿（ジョージの協力者 1764-1829）Southampton, Charles FitzRoy　30-31
サウジー，ロバート（桂冠詩人 1774-1843）Southey, Robert　130
サッキ，ジゼッペ（妃の従者，国王側証人）Sacchi, Giuseppe　161, 168, 176, 184-186, 189, 211, 237-239, 241, 249, 251
サンダー，シャルロッテ（妃に仕える女中）Sander, Charlotte　66, 89, 109, 112
シー・ホルム Thea Holme*　49
ジェイムズ2世 James II　20-21
シェフィールド，レイディ伯爵夫人（妃の侍女，ノース元首相の長女 1760-1817）Sheffield, Anne, Countess　95, 120
シカード，ジョン・ジェイコブ Sicard,John Jacob　109, 155, 159, 190, 192-193, 244-246
シスルウッド，アーサー（急進過激派 1770-1820）Thistlewood, Arthur　195-196
シドマス子爵（内相 1757-1844）Viscount Sidmouth, Henry Addington　125, 206, 261
ジャージー，フランシス（第4代伯爵夫人 1753-1821）Jersey, Frances　13, 45, 45-48, 50-52, 56, 57-59, 63-64, 70-71, 74, 76, 77-79, 83-87, 91-93, 120, 278
ジャージー伯爵（第4代 1735-1805）4th Earl of Jersey　35, 75, 77
ジャージー伯爵（第5代 1773-1859）　260, 278
ジャージー伯爵（第5代）夫人（セアラ 1785-1867）Sarah　259, 278
シャーロット・オーガスタ（妃の娘）Charlotte Augusta　13, 17, 79, 81-82, 88, 90, 94-101, 116, 120-121, 123, 125, 127, 129-151, 154, 173, 176-179, 191, 204, 272-275, 281
シャーロット・オーガスタ・マチルダ（ジョージの妹）Charlotte Augusta Matilda　39, 88, 156
シャーロット・ソフィア（ジョージ3世妃）Charlotte Sophia　16, 19-22, 48, 52, 99, 132, 140, 193
ジョージ1世 George I　45
ジョージ3世 George III　13-14, 16, 19-20, 22-23, 25, 34, 37, 39-40, 48, 52, 57, 60, 62, 106, 117-121, 130, 192-193, 203, 217, 221, 241
ジョージ4世（皇太子・摂政）George IV（生い立ち）19-23（十代の女性遍歴）24-26（フォックスとの関係）25-26, 31, 33（フィッツハーバード夫人との出会いと「結婚」）27-35（ジャージー夫人との関係）35, 56, 58, 74（キャロライン妃との結婚）45, 54, 56-62（遺書）82-83（別居）84-86（フィッツハーバード夫人との出直し）91-93（摂政就任）100, 122-123（新しい愛人ハートフォード公爵夫人イザベラ）120, 122（戦勝記念行事）127-128, 152-153（キャロラインの出国）151-152（ミラノ委員会）178-179（キャロライン王妃の帰国）210-211（市民・民衆からの批判）205-206, 209-210（貴族院の「裁判」と動揺）226（国王戴冠式）260-262, 278（その他）13-21, 30, 43-44, 153, 176, 193-195, 217, 251, 271-276, 278-279, 281
ジョーダン夫人（クレランス公の愛人，元女優 1762-1816）Jordan, Dorothy　56, 77, 134
スウィート，N. Sweet, N.*　176-177
スタイクマン，トマス（妃の従僕）Stikman, Thomas　109-110, 112
ステュアート卿（のち侯爵，駐オーストリア大使 1778-1854）Stewart, Charles William　166-169
ストックマー医師 Stockmer, Dr.　129
スペンサー，ジョン伯（枢密院議官 1758-1834）Spencer, George John　108, 127
スミス Smith, E. A.*　272
スミス，シドニー（海軍提督）Smith, Sir Sidney　96, 104-107, 109-112, 114-115
ゼッカー，トマス（カンタベリ大主教）Secker, Thomas　21
セント・レジャー，アントニー（大佐，ジョージの友人）St Leger, Anthony　25, 35

セント・レジャー，アントニー・バトラー（妃の家令）St.Leger, Anthony Butler　120, 155, 192, 241, 243
ソフィア（ジョージの妹）Sophia　123

タ　行
ターナー，ウィリアム（ダービィ裁判の犠牲者）Turner, William　145, 149
ダーリントン卿（妃の理解者）Earl of Darlington　188, 229
ダグラス海軍中佐 Douglas, Sir John　95, 103-105, 109
ダグラス夫人，シャーロット（慎重な調査にかかわる）Douglas, Charlotte　96, 104-108, 117, 126
ダッシュウッド，レイディ（シャーロットの保母）Dashwood　81
ダンダス，デイヴィッド少将（1735-1820）Dundas, David　57-58
ダンダス，ヘンリ（初代メルヴィル子爵 1742-1811）Dundas, Henry　90, 94
ダンダス，ロバート・ソーンダース（海軍大臣，ヘンリの子，第2代子爵 1771-1851）Dundas, Robert Saunders　199
チョムリ伯（のち侯爵 侍従 1749-1827）Cholmondeley, George James　74-77, 84, 87-90, 96, 104
チョムリ伯爵夫人（妃の侍女 1764-1838）Cholmondeley, Georgiana　77, 84, 87
デイヴィドフ Davidoff, Leonore*　275, 277
デヴォンシア公爵（ジョージの側近 1748-1811）5th Duke of Devonshire, William Spencer Cavendish　26
デヴォンシア公爵夫人ジョージアーナ（1757-1806）Georgiana　26, 29-30
デュモン，ルイーズ（妃の部屋付き女中）Dumont,Louise　144, 156-157, 160, 164, 169, 176, 180, 184-186, 189-191, 236, 241, 250-251
デンマン，トマス（王妃弁護団 1779-1854）Denman, Thomas　211-213, 216, 226, 250, 263
トゥイエ，ジョゼフ（王妃側証人，元フランスの軍人）Teuille, Joseph　246
トマス大佐（ジョージの副侍従）Thomas, Charles Nassau　85, 87
トムプスン，エドワード（1924-1993）Thompson, Edward Palmer.*　18, 270, 277
トレヴェリアン，G. M. Trevelyan*　269

ナ　行
ナイティンゲール Nightingale, Joseph*　44, 271
ナイト嬢，コーネリア（シャーロット妃の相談役 1757-1837）Knight, Cornelia　100-101, 135-137, 140-141
ナッソウ，ウィリアム司祭 Nassau, William　92
ナポレオン Napoleon Bonaparte　38, 116, 121-122, 127, 137, 140, 151, 159
ニューナム，ナサニアル（庶民院議員 c.1742-1809）Newnham, Nathaniel　33
ネイラー，サー・ジョージ（王室紋章官 1764-1831）Nayler, Sir George　264
ノース首相（1732-1792）North, Frederick, 2nd Earl of Guilford　25, 95, 120
ノット，ジョン博士（シャーロット妃の教師 c.1767-1841）Nott, Dr. John　97, 98
ノワイユ，シャルル（フランス亡命貴族）Noailles, Charles de　55-56

ハ　行
ハーコート夫人（妃の侍女，のち伯爵夫人 1750-1833）Harcourt, Mary　44, 46-47, 68-69, 89
パーシヴァル，スペンサー（妃の協力者，首相 1762-1812）Perceval, Spencer　14, 114-115, 118, 120, 122, 124, 241, 267
バーデット・フランシス（急進派議員 1770-1844）Burdett, Francis　125, 146
バート師，ロバート Rev.Bart, Robert　31-32
ハートフォード侯爵（ジョージの側近 1743-

1822）2nd Marquess of Hertford, Francis Ingram Seymour　122,206
ハートフォード侯爵夫人イザベラ（1760-1836）Hertford, Isabella　16,120,122-123,206
ハイド，アン（ヨーク公ジェイムズ，のちジェイムズ2世の妃）Hyde, Anne　20
バウアー夫人（シャーロット妃の乳母）Mrs Bower　78,81
パウエル，ジョン・アラン（弁護士，ミラノ委員会）Powell, John Allan　179,189,230,249
ハウナム，ジョウジフ（妃に忠実な元海軍士官）Hownam,Joseph　111,160,162-163,169,172,177,228,231,247,265,267,279
ハウナム，ロバート（ジョウジフの父）　81,111
バクルー公爵夫人（Montague House の持主）Duchess of Buccleuch　90
ハズリット，ウィリアム（1778-1830）Hazlitt, William*　15,221,269
ハッチンスン卿（男爵，ジョージの側近 1757-1832）Hutchinson, John　198-199,211,213
パトゥルゾ，ガエタノ（船長）Paturzo, Gaetano　165,231-232,241
ハニー，リチャード（大工，王妃葬送のさいの犠牲者）Honey, Richard　266-268
ハミルトン，アン（妃の侍女，支援者 1766-1846）Hamilton, Lady Anne　20,124,198-199,203-204,206,211,220,225-226,259,261-263,265,267,271,279
ハミルトン卿（ホイッグ議員，妃の支援者）Hamilton, Archibald　95,211,257
ハミルトン，メアリ（ジョージの恋人）Hamilton, Mary　23-24
パリー，エドワード Parry, Edward*　168,176
ハルデンブルク公爵 Count Karl August von Hardenburg　25
——公爵夫人レヴェントロウ（ジョージの恋人）Reventlow　25
バロン僧正 Baron, Abbe　41-42
ハント，タマラ Hunt, Tamara*　274
ハント，レイ（急進誌発行者 1784-1859）Hunt, Leigh　276
ヒエロニマス，ジョン（妃の召使い）Hieronymus, John　155,195,197,245,263,265
ビグッド，ロバート（妃に仕える使用人）Bidgood, Robert　107,109,113-114
ヒスロプ少佐 Hislop, Thomas　58,59,62,66
ピット首相（1759-1806）Pitt, William, younger　26,72,75,94,106,130,241
ピノ伯爵（将軍）Pino, Domenico　157,161,246
ヒバート，クリストファー Hibbert, Christopher*　43-44,272
ヒュイシュ，ロバート Huish, Robert*　109,158,165,271
ヒューム，ジョウジフ（急進派議員 1777-1855）Hume, Joseph　254,267
ビローロ，フランチェスコ（国王側証人）Birollo, Francesco　232
フィッシャー主教（皇太子の教育係）Bishop, Fisher, John　97,140
フィッツハーバート，トマス　28-29
フィッツハーバート夫人（メアリ・アン・スミス 1756-1837）Fitzherbert, Mary Anne　13,16,27-35,49,53-54,56,69,71-72,82-83,91-93,119-120,122-123,272,278-279
フィネッティ，アレッサンドロ（国王側証人）Finetti, Alessandro　237
フォックス，チャールズ・ジェイムズ（ジョージと親密なホイッグ政治家 1749-1806）Fox, Charles James　25-26,31,33,90,94
フォルティ，カルロ（王妃側証人）Forti, Carlo　246
フッド，ヘンリ（子爵，妃の支援者，侍従 1753-1836）Hood, Henry　109,111-112,115,260-264,267
フッド夫人 Hood, Jane　262-263,265,267
ブラウン，トマス・ヘンリ（大佐，ミラノ委員

会）Brown, Thomas Henry　177,179-180,185-187,232,236,259
フランシス，ジョージ（煉瓦積み工，王妃葬送のさいの犠牲者）Francis, George　266-268
ブランドレス，ジェレミア（ダービィ裁判の犠牲者）Brandreth, Jeremiah　145,147,149,179
フリードリヒ（プロイセン王の甥）Friedrich　140,142
フリードリヒ・ヴィルヘルム，ブラウンシュヴァイク公爵（キャロラインの弟）Friedrich Wilhelm, Braunschweig　38,117,121-122,127,135-136,155
フリードリヒ・ヴィルヘルム1世　36
フリードリヒ・ウィルヘルム3世（プロイセン王 1770-1840）　54,116-117,127,140,152
フリードリヒ・ヴィルヘルム，フリードリヒ1世（ヴュルテンベルク公，のち王）Württemberg　38-39,88,156
ブリッグス，トマス（海軍艦長）Briggs, Thomas　162,227,234,250
フリン，ジョン（海軍士官）Flynn, John　163,228,231,247,265
ブルーム，ジェームズ（ヘンリの弟 1780-1833）Brougham, James　190-191,201
ブルーム，ヘンリ（妃の法律顧問 1778-1868）Brougham, Henry Peter　100,124,131,141-142,152,154-155,159,169,180,188,190-193,197-201,208,211-213,216,226,228-229,235,238,240-241,257-258,262-264,267,272,279
フルチャー Fulcher, Jonathan*　276
フレイザー，フローラ Fraser, Flora*　176,184,227,272
プレイス，フランシス（急進派指導者 1771-1854）Place, Francis　209-210,275
プレジンガー，アネッテ（妃の部屋付き女中）Presinger, Annette　156-157,170-171
フレデリカ（ヨーク公夫人）Frederica　35,41,54,101,134
フレデリック（ヨーク公，ジョージの弟）Frederick　26,31-32,35,39,44,54-56,60-61,130,133-134,136,141,143
プロザロー，イォールワース Prothero, Iorwerth*　17,270,272
ブロン，マリエッテ（妃の部屋付き女中）Bron, Mariette　156,162,164,186,197,241,263,265
ベイカー，ロバート（ロンドン警察長官）Baker,Robert　265,267
ヘイマン嬢（シャーロット妃の副ガヴァネス）Hayman, Ann　89,124,136
ペイン提督　Payne, Jack　58,60,69
ヘス，チャールズ Hesse, Charles（Karl）　134,155,159,265
ペチェル，サミュエル・ジョージ（海軍艦長，国王側証人）Pechell, Samuel　162,169,227,234
ベネット，グレイ Bennett, Grey　211
ベリ嬢，メアリ（妃の侍女，親友 1763-1852）Berry, Mary　95,100,124,159
ペルガミ，バルトロメオ（妃の従者，侍従 1783?-1842）Pergami, Bartolomeo　14,144,153,157-168,170-173,176,179-180,184-185,187-191,197,199-201,215,223,227-229,231-232,234-239,243-250,255,262,279
ペルガミ，リヴィア（バルトロメオの妹）Pergami, Livia　161
ペルガミ，ルイジ（弟）Pergami, Luigi　161,243
ペルガミ，ヴィットリン（娘，のちベルッツィ伯爵夫人）Vittorine　162-163,244,247,279
ヘルツフェルト，ルイーズ・フォン（ブラウンシュヴァイク公の愛人）Hertzfeld, Luise von　40,59,66
ベンボウ，ウィリアム（急進派労働者 1794-?）Benbow, William　18,210,218,270,273,276
ヘンリ，ジェイベズ（司法官，王妃協力者）Henry, Jabez　184,240
ホイットブレッド，サミュエル（ホイッグ指導

者 1758-1815）Whitbread, Samuel 14, 101, 118, 124-126, 128, 139-141, 152, 154-155, 159, 241
ホール，キャザリン Hall, Catherine* 275, 277
ホールダーネス卿（伯爵，皇太子の教育係） Holdernesse 22
ホールダーネス伯爵夫人 Holdernesse, Mary, Countess 73
ホーン，ウィリアム（風刺画家 1780-1842） Hone, William 222, 253
ホプナー，ジョン（画家）Hoppner, John 44
ホブハウス，ジョン・ケム（改革派議員 1786-1869）Hobhouse, John Cam 218, 254, 267
ポミ，フィリッポ（王妃側証人）Pomi, Filippo 248
ホランド，ヘンリ（建築家 1745-1806） Holland, Henry 27, 70
ホランド，ヘンリ（医師） 155, 160, 228, 243, 245-246, 262-263
ホランド卿，ヘンリ・リチャード（男爵） Holland, Henry Richard 43, 214

マ 行

マーグラヴィン（ブランデンブルグ・ハウスの所有者）Margravine of Anspach 119, 220
マームズベリ卿（ジェイムズ・ハリス 1746-1820）Malmesbury,James Harris 31, 33, 35, 40, 43-44, 46-51, 53, 57, 59-70, 84
マクマーン大佐（皇太子秘書 c.1754-1817） McMahon, John 104-105
マコーリ，トマス・バビントン（歴史家，議員 1800-1859）Macaulay, Thomas Babington 207, 253
マジョッキ，テオドーレ（妃の従者，裏切った証人）Majocchi,Teodore 157, 168, 180, 186-189, 227, 229-231, 235, 238-239, 245, 251-252
マッカルマン，イアン McCalman, Ian* 272
マックウィリアム，ロハン McWilliam, Rohan* 277
マンビィ大尉 Manby,Captain Thomas 96, 107-112, 115-116
ミニー・セイモア（フィッツハーバート夫人の養女）Seymour, Minny（Mary Georgiana Emma） 119
ミュラ，ジョアシム（ナポリ王，元フランス将軍 1767-1815）Murat, Joachim 157-158, 169, 244
ミュンスター伯爵（ハノーヴァーの貴族） Count of Munster 40, 121, 167
ミラボー伯爵（1749-1791）Mirabeau, Comte de 41
メアリ・オブ・モデナ（ジェームズ 2 世妃 1658-1718）Mary of Modena 20
メジャニ，ジェロラモ（国王側証人）Mejani, Jerolamo 236
メックレンブルク＝シュトレリッツ公爵（カール）Karl, Mecklenburg-Strelitz 40, 53, 57
メッテルニヒ（オーストリア宰相 1773-1859） Metternich 127, 140
メルヴィル，ルイス Melville, Lewis* 44, 49, 176, 272
モア，ハナ（保守的な文筆家 1745-1833） More, Hannah 97
モイラ伯爵（ジョージの側近 1754-1826） Moria,Francis Rawdon-Hastings 82, 85-86, 105

ラ 行

ライトフット，ハナ（ジョージ 3 世独身時代の愛人）Lightfoot, Hannah 19-20
ライル夫人（妃の侍女）Lisle, Hester 113-114
ラカー，トマス Laqueur, Thomas* 273-274, 277
ラガゾーニ，パオロ（国王側証人） Raggazoni, Paolo 235
ラシントン，スティーヴン（王妃弁護団） Lushington, Stephen 220, 226, 245, 263-265, 267
ラドラム，アイザック（ダービィ裁判の犠牲

者）Ludlam, Issac　145, 149
ランズダウン侯爵（第3代 1780-1863）Lansdowne, Petty-Fitzmaurice, Henry　214, 225
ランズダウン侯爵（第4代）　99
ランダフ伯（王妃側証人）Ramdohr, Baron　244
ランドルフ博士（妃の手紙事件） Randolph, Dr.　77
リーズ公爵夫人（シャーロット妃のガヴァネス）Leeds, Charlotte, Duchess　101, 137
リーチ，ジョン（副大法官）Leach, Sir John　179, 189
リヴァプール首相（1770-1828）Liverpool, Robert Banks Jenkinson　124-125, 136-140, 151, 177, 179, 193-194, 196, 211-215, 221-223, 225-226, 235, 239-240, 251, 255, 260, 263-264
リックウッド，エジェル Rickwood, Edgell*　272
リンゼイ，シャーロット（妃の親しい侍女，ノース元首相の三女 1770-1849）Lindsay, Lady Charlotte　101, 123, 134, 141, 155, 158-159, 178, 216, 228, 234, 241, 243
ルイ14世　20
ルイ18世　100
ルートヴィヒ・フェルディナンド（プロイセン王子）Ludwig Ferdinand　40, 42
レノルズ，ジョシュア（画家 1723-1792）Reynolds, Joshua　27
レーヴン，ドロテーア（駐英ロシア大使夫人）Lieven, Dorothea　131
レーオポルト（シャーロット妃の夫），Leopold, Saxe-Coburg Saalfeld　99-100, 129-132, 137, 140, 142-144, 156, 177, 204
レステリ，ジゼッペ（厩舎長，買収の手先）Restelli, Giuseppe　168-169, 188-189, 230-231, 236-237, 248
ロイド，フランシス（ブラックヒースのコーヒー店主）Lloyd, Francis　108-109, 113-114
ローゼンツヴァイト嬢（ブラウンシュヴァイク時代の妃のガヴァネス）Rosenzweit　65
ローレンス（肖像画家 1769-1830）Lawrence, Thomas　107, 110-111, 115-116, 143
ロッシ，ジョバンニ（ペーザロの獣医師）Rossi, Giovanni　184-185
ロバーツ，サミュエル（妃の召使い）Robert, Samuel　109-110
ロビンスン夫人，メアリ（ジョージの愛人，女優）Robinson, Mary　24-25

事項・地名索引

た　行

な　行

は　行

ま　行

ら　行

参考文献

1　手稿史料

Royal Archives, Windsor Castle

The Papers of George III and George IV

George IV Box 8, The Private Papers of George IV relating to Caroline, Princess of Wales and Queen

George IV Box 9, Queen Caroline, Papers of Milan Commission laid before Parliament in 1820

George IV Box 13, Papers of William Vizard, solicitor, relating to the defence of Queen Caroline

George IV Box 23, Papers on Queen Caroline, divorce Proceedings against

George IV Georgian Additional 21/102, Letters of Queen Caroline to Sir William Gell, 1815～1821

George IV Georgian Additional 21/122, Queen Caroline, Letter Book

George IV Georgian Additional 37, The Papers of Miss Ann Hayman

2　刊行史料

新聞、雑誌

The London Gazette, 1795-1821.

The Times, 1795-1830.

The Annual Register, 1795-1821.

The Briton, 1819.

The Gentleman's Magazine, 1795-1821.

The Black Dwarf, A London Weekly Publication, 1817-1821.

The Examiner, 1813-1821.

The Radical Magazine, 1821.

The Republican, 1819-1821.

Cobbett's Annual Register, 1802-1803, *Cobbett's Political Register*, 1804-1821

同時代刊行書、編集史料

Cobbett's Parliamentary History of England, from the Earliest Time to 1803, 36 vols, London, 1806-1816.

Hansard's Parliamentary Debates, 1 st series, 41 vols, 1803-20; 2 nd series, 25 vols, 1820-30, London, 1803-20, 1820-30.

House of Commons Journal, 1813-1821

House of Lords Journal, 1813-1821.

Parliamentary Papers, 1801-1833, Lords, vol. 77 (1816), vol. 114 (1820), vol. 117 (1819-1820), vol. 118 (1819-1820), vol. 119 (1819-1820), vol. 120 (1820), vol. 125 (1821), *Commons*, Account and Papers (1822).

Adolphus, J. H., *The Trial of her Majesty, Queen Caroline*, London, 1820.

Adolphus, J. H., *A Correct, Full, and Impartial Report of the Trial of Her Majesty, Caroline, Queen Consort of Great Britain, before the House of Peers; on the Bill of Pains and Penalties*, London, 1820.

Anon., *The Trial at Large of Her Majesty Caroline Amelia Elizabeth, Queen of Great Britain, in the House of Lords on Charges of Adulterous Intercourse*, 2 vols, T. Kelly, London, 1821.

Ashe, Thomas, ed., *The Spirit of "the Book", or Memoir of Caroline, Princess of Hasburgh*, 3 vols, London, 1811.

Aspinall, Arthur, ed., *The Correspondence of George, Prince of Wales, 1770-1812*, 8 vols, Cassell, London, 1963-71.

Aspinall, Arthur, ed., *The Letters of King George IV, 1812-1830*, 3 vols, Cambridge U. P., 1938.

Aspinall, Arthur, ed., *The Letters of Princess Charlotte, 1811-1817*, Home and Van Thal, London, 1949.

Aspinall, Arthur, ed., *The Later Correspondence of George III*, 5 vols, Cambridge U. P., 1962-70.

Bagot, Josceline, ed., *George Canning and his Friends; containing hither-*

to unpublished letters, jeux d'esprit, etc., London, 1909.

Bamford, F. and Duke of Wellington, *Journal of Mrs. Arbuthnot, 1820-1832*, 2 vols, London, 1950.

Bamford, S., *The Autobiography of Samuel Bamford, Passages in the Life of A Radical*, 2 vols, Middleton, 1839-1841.

Bickley, Francis, ed., *The Diaries of Sylvester Douglas, Lord Glenbervie*, 2 vols, London, 1928.

Brougham, Henry, *Speeches of Henry Lord Brougham, upon Questions relating to Public Rights, Duties, and Interests*, 4 vols. Edinburgh & London, 1838.

Brougham, Henry, *The Life and Times of Henry Lord Brougham written by himself*, 3 vols, London, 1871.

Buckingham and Chandos, the Duke of, *Memoirs of the Court of England, during the Regency 1811-1820*, 2 vols, London, 1856.

Buckingham and Chandos, *Memoirs of the Court of George IV, 1820-1830*, 2 vols, London, 1859.

Bury, Lady Charlotte, *The Diary of A Lady-in-Waiting*, 2 vols, ed. by A. Francis Steuart, John Lane, London, 1908.

Fulford, Roger ed., *The Autobiography of Miss Knight, Lady Companion to Princess Charlotte*, William Kimber, London, 1960.

Hamilton, Lady Anne, *Secret History of the Court of England, from the Accession of George the Third to George the Fourth*, John Dicks Press, London, 1832.

Hazlitt, William, *The Complete Works of William Hazlitt*, ed. by A. R. Waller and Arnold Glover, 12 vols, London, 1904.

Huish, Robert, *Memoirs of Her Late Royal Highness Charlotte Augusta, Princess of Wales*, T. Kelly, London, 1818.

Huish, Robert, *Memoirs of Her Late Majesty Caroline, Queen of Great Britain*, 2 vols, T. Kelly, London, 1821.

Huish, Robert, *Memoirs of George the Fourth*, T. Kelly, London, 1831.

Jennings, L. J. ed., *The Croker Papers, Correspondence and Diaries of Rt. Hon. John Wilson Croker*, 3 vols, London, 1884.

Lever, Tresham, *The Letters of Lady Palmerston, Selected and Edited from the Originals at Broadlands and Elsewhere*, London, 1957.

Lewis, Lady Theresa ed., *Extracts of the Journals and Correspondence of Miss Berry, from the Year 1783 to 1852*, 3 vols, London, 1865.

Lockhart, John Gibson, *Memoirs of the Life of Sir Walter Scott*, 10 vols., Boston and New York, 1901, vol. 3, 4.

Malmesbury, 3rd Earl of, ed., *Diaries and Correspondence of James Harris, First Earl of Malmesbury*, 4 vols, Richard Bentley, London, 1844.

Maxwell, Sir Herbert, ed., *The Creevey Papers, A Selection from the Correspondence and Diaries of the Late Thomas Creevy, M. P.*, 2 vols, John Murray, London, 1903.

Melville, Lewis, ed., *Life and Letters of William Cobbett in England and America*, 2 vols, John Lane, London, 1913.

Neal, John, *The Pentrich Revolution and Incidents of the Trials of Brandreth, Ludlam, Turner, and Weightman, in the Year 1817*, rep. edn., Derby, 1966.

Nightingale, Joseph, *Memoirs of the Public and Private Life of Queen Caroline*, Robins and co., London, 1821.

Nightingale, Joseph, *Memoirs of Her late Majesty, Queen Caroline*, edited and introduced by Christopher Hibbert, the Folio Society, London, 1978.

Pamphlets by William Hone and W. Wright published 1820, *The Queen's Matrimonial Ladder, a National Toy, with Fourteen Step Scenes. The Political Ladder; or Hone's Political Ladder and the Non Mi Ricordo. The New Pilgrim's Progress; or, A Journey to Jerusalem.*

Pellow, George., *Life and Correspondence of Right Hon. Henry Addington, first Viscount Sidmouth*, 3 vols, London, 1847.

Perceval, Spencer, *An Inquiry or Delicate Investigation into the Conduct of Her Royal Highness the Princess of Wales*, London, 1813.

Pinney, Thomas, ed., *The Letters of Thomas Babington Macaulay,* Cambridge, 1974.

Quennell, Peter, ed., *The Private Letters of Princess Lieven to Prince Metternich, 1820-1826*, London, 1937.

Trevelyan, G. O. ed., *The Life and Letters of Lord Macaulay*, 2 vols, London 1878, new edn. Oxford U. P., 1932.

Wilks, John, *Memoirs of Her Majesty Queen Caroline Amelia Elizabeth, Consort of George IV, King of Great Britain*, 2 vols., Sherwood, Neely & Jones, London, 1822.

研究書・文献

Aspinall, Arthur, *Lord Brougham and the Whig Party*, Manchester U. P., 1927.

Aspinall, Arthur, *Politics and the Press, c. 1780-1850*, Macmillan, London, 1949.

Bailey, Brian, *The Luddite Rebellion*, Sutton Publishing, Stroud, 1998.

Baker, Kenneth, *The Kings and Queens, An Irreverent Cartoon History of British Monarchy*, Thames and Hudson, London, 1996. 森護監修、樋口幸子訳『英国王室スキャンダル史』、河出書房新社、1997年。

Behrendt, Stephen C., *Royal Mourning and Regency Culture, Elegies and Memorials of Princess Charlotte*, Macmillan, Basingstoke, 1997.

Belchem, John, "Republicanism, Popular Constitutionalism and the Radical Platform in Early Nineteeth-Century England", *Social History*, 6, 1981.

Belchem, John, *'Orator' Hunt: Henry Hunt and English Working-Class Radicalism*, Clarenden Press, Oxford, 1985.

Belchem, John, *Popular Radicalism in Nineteenth-Century Britain*, Macmillan, London, 1996.

Bowman, William Dodgson, *The Divorce Case of Queen Caroline, An Account of the Reign of George IV and the King's Relations with Other Women*, Routledge, London, 1930.

Briggs, Asa, *A Social History of England*, New Edition, Weidenfeld and Nicolson, 1994. 今井宏・中野春夫・中野香織訳『イングランド社会史』筑摩書房、2004年。

Brooke, John, *King George III*, Constable, London, 1974.
Calhoon, Craig, *The Question of Class Struggle, Social Foundations of Popular Radicalism during the Industrial Revolution*, Blackwell, Oxford, 1982.
Clark, Anna, "Queen Caroline and the Sexual Politics of Popular Culture in London, 1820", *Representations*, no. 31, 1990.
Clark, Anna, *The Struggle for the Breeches, Gender and the Making of the British Working Class*, Univ. of California Press, 1995.
Clerici, Graziano Paolo, *A Queen of Indiscretions: The Tragedy of Caroline of Brunswick, Queen of England*, trans. by Frederic Chapman, London, 1907.
Cole, G. D. H., *The Life of William Cobbett*, London, 1924.
Colley, Linda, "The Apotheosis of George III: Loyalty, Royalty and the British Nation", *Past and Present*, 102, 1984.
Colley, Linda, *Britons, the Forging the Nation, 1700-1837*, Yale U. P., 1992. 川北稔監訳『イギリス国民の誕生』名古屋大学出版会、2000年
Cookson, J. E., *Lord Liverpool's Administration, 1815-1822*, Scottish Academic Press, Edinburgh, 1975.
Cox, Howard, *The Stranger in the House, A Life of Caroline of Brunswick*, New York, 1940.
Creston, Dormer, *The Regent and His Daughter*, Thornton Butterworth, London, 1932.
Darvall, Frank O., *Popular Disturbances and Public Order in Regency England*, Oxford U. P., 1934, 2nd edn, 1969.
Davidoff, L. and C. Hall, *Family Fortunes: Men and Women of the English Middle Class, 1780-1850*, Chicago , 1987.
Davis, Michael T. ed., *Radicalism and Revolution in Britain, 1775-1848, Essays in Honour of Malcolm I. Thomis,* Macmillan, Basingstoke and London, 2000.
De-la-Noy, Michael, *George IV*, Sutton Publishing, Stroud, 1998.
Dinwiddy, J. R., "'The Patriotic Linen Draper'; Robert Waithman and the Revival of Radicalism in the City of London, 1795-1818", *Bulletin of*

the Institute of Historical Research, no. 46, 1973.
Epstein, James A., *Radical Expression, Political Language, Ritual, and Symbol in England, 1790-1850*, Oxford, 1994.
Foord, Archibold S., "The Waning of the Influence of the Crown", *English Historical Review*, vol. 62, 1947.
Fraser, Flora, *The Unruly Queen, the Life of Queen Caroline*, Macmillan, London, 1996.
Fritz, Paul S., "The Trade in death: The Royal funerals in England, 1685-1830", *Eighteenth Century Studies*, vol. 15-3, 1982.
Fulford, Roger, *The Trial of Queen Caroline*, Batsford, London, 1967.
Fulford, Tim, "Cobbett, Coleridge and the Queen Caroline affair", *Studies in Romanticism*, vol. 37-4, 1998.
Fulcher, Jonathan, "Gender, Politics, and Class in the Early-Nineteenth-Century English Reform Movement", *Bulletin of the Institute of Historical Research*, 67 (February 1994), pp. 57-74.
Fulcher, Jonathan, "The Loyalist Response to the Queen Caroline Agitations", *Journal of British Studies*, vol. 34-4, 1995.
Gilmartin, Kevin, *Print Politics: The Press and Radical Opposition in Early Nineteenth-Century England*, Cambridge U. P., 1996.
Golby, J. M. and A. W. Purdue, *The Monarchy and the British People, 1760 to the Present*, Bath Press, Avon, 1988.
Gleadle, Kathryn and Sarah Richardson, *Women in British Politics, 1760-1860: The Power of the Petticoat*, Macmillan, London, 2000.
Halēvy, E., *A History of the English People in 1815*, London, 1924, 1987 edn.
Hammond, J. L. and Barbara, *The Skilled Labourer 1760-1832*, Longmans, London, 1919, rep. Kelley, 1967.
Hammond, J. L. and Barbara, *The Village Labourer 1760-1832*, Longmans, London, 1919, rep. Kelley, 1967.
Hazlitt, William, "Common Places", no. 23, 1823, in *The Complete Works of William Hazlitt*, ed. by A. R. Waller and Arnold Glover, 12 vols., London, 1904.

Heal, John, *Pentrich Revolution and Incidents of the Trials of Brandreth, Ludlam, Turner, and Weightman, in the Year 1817*, republished by Pentrich Church Restoration Appeal Committee, 1966.

Hibbert, Christopher, *George IV, Prince of Wales, 1762–1811*, Longman, London, 1972.

Hibbert, Christopher, *George IV, Regent and King, 1811–1830*, Allan Lane, London, 1974.

Hibbert, Christopher, *George III, A Personal History*, Viking, 1998, Penguin, 1999.

Hibbert, Christopher, *King-Mob, The Story of Lord Gordon and the Riots of 1780*, Longman, London, 1958.

Holme, Thea, *Caroline, A Biography of Caroline of Brunswick*, Hamish Hamilton, London, 1979.

Holme, Thea, *Prinny's Daughter, A Biography of Princess Charlotte of Wales*, Hamish Hamilton, London, 1976.

Hone, J. Ann, *For the Cause of Truth, Radicalism in London, 1796–1821*, Oxford, 1982.

Hunt, Tamara, "Morality and Monarchy in Queen Caroline Affair", *Albion*, vol. 23, 1991.

Hunt, Tamara, *Defining John Bull, Political Caricature and National Identity in Late Georgian England*, Ashgate Publishing, Aldershot, 2003.

Johnson, David, *Regency Revolution, the Case of Arthur Thistlewood*, Compton Russell, Salisbury, 1974.

Jupp, Peter, "The Roles of Royal and Aristocratic Women in British Politics, c. 1782–1832", in *Chattel, Servant, or Citizen: Women's Status in Church, State, and Society*, ed. Mary O'Down and Sabine Wichert, Belfast, Institute of Irish Studies, 1995.

Jupp, Peter, *British Politics on the Eve of Reform, The Duke of Wellington's Administration, 1828–30*, Macmillan, Basingstoke and London, 1998.

Laqueur, T. W., "The Queen Caroline Affair: Politics as art in the reign of

George IV", *Journal of Modern History*, vol. 54-3, 1982.
Large, David, "The Decline of 'The Party of the Crown' and the Rise of Parties in the House of Lords, 1783-1837", *English Historical Review*, vol. 78, 1963.
Ledger, Sally, "From Queen Caroline to Lady Dedlock: Dickens and Popular Radical Imagination", *Victorian Literature and Culture*, 32, no. 2, 2004.
Leslie, Shane, *Mrs Fitzherbert: A Life, Chiefly from Unpublished Sources*, London, 1939.
Levy, M. J., *The Mistresses of King George IV*, Peter Owen, London, 1996.
Lewis, Judith S., *Sacred to Female Patriotism: Gender, Class, and Politics in Late Georgian Britain*, New Haven, Yale University Press, 2003.
Maccoby, S., *English Radicalism, from Paine to Cobbett, 1786-1832*, London, 1955.
McCalman, Iain, *Radical Underworld, Prophets, Revolutionaries and Pornographers in London, 1795-1840*, Cambridge, 1988.
McWilliam, Rohan, *Popular Politics in the Nineteenth Century England*, London, 1998. 松塚俊三訳『一九世紀イギリスの民衆と政治文化——ホブズボーム・トムスン・修正主義をこえて』昭和堂、2004年。
Melville, Lewis, *An Injured Queen, Caroline of Brunswick*, 2 vols, Hutchinson, London, 1912.
Mitchel, A. V., *The Whigs in Opposition 1815-1830*, Oxford U. P., 1967.
Mitchel, L. G., *Charles James Fox*, Oxford University Press, 1992.
McCord, James N. Jr, "Taming the Female Politician in Early-Nineteenth-Century England: John Bull versus Lady Jersey", *Journal of Women's History*, vol. 13-4, 2002.
Miles, Dudley, *Francis Place, The Life of A Remarkable Radical, 1771-1854*, Harvester Press, Brighton, 1988.
Munson, James, *Maria Fitzherbert, The Secret Wife of George IV*, Constable, London, 2001.
New, C., *The Life of Henry Brougham to 1830*, Oxford U. P., 1961.
Orr, Clarissa Campbell, *Queenship in Britain 1660-1837, Royal patron-*

age, court culture and dynastic politics, Mancheter U. P., 2002.
Osborne, John W., *John Cartwright*, Cambridge U. P., 1972.
Parissien, Steven, *George IV, The Grand Entertainment*, John Murray, London, 2001.
Parry, Sir Edward, *Queen Caroline*, Charles Scribner's Sons, New York, 1930.
Patterson, M. W., *Sir Francis Burdett and his Times*, London, 1931.
Patterson, A. T., *Radical Leicester*, Leicester U. P., 1954.
Peel, Frank, *The Rising of the Luddites, Chartists and Plug-Drawers*, London, 1880, fourth edn., Frank Cass, 1968.
Plowden, Alison, *Caroline and Charlotte, The Regent's Wife and Daughter 1795-1821*, Sidgwick & Jackson, London, 1989.
Priestley, J. B., *The Prince of Pleasure and His Regency, 1811-1820*, Heinemann, London, 1969.
Prothero, Iworwerth, *Artisans and Politics in early Nineteenth-century London, John Gast and his Times*, Dawson, Folkestone, 1979.
Read, Donald, *Peterloo, The 'Massacre' and its Background*, Manchester U. P., 1958, rep. 1973.
Reid, Robert, *Land of Lost Content, The Luddite Revolt, 1812*, Heineman, London, 1986.
Renier, G. J., *The Ill-fated Princess, the Life of Charlotte, Daughter of the Prince Regent, 1796-1817*, Peter Davis, London, 1932.
Richardson, Joanna, *The Disastrous Marriage: A Study of George IV and Caroline of Brunswick*, London, 1960.
Richardson, Joanna, "The Princess Charlotte", *History Today*, 22, no. 2, 1987.
Rickword, Edgell, *Radical Squibs and Loyal Ripostes, Satirical Pamphlets of the Regency Period, 1819-1821*, Adams & Dart, Bath, 1971.
Rogers, Nicholas, *Crowds, Culture and Politics in Georgian Britain*, Oxford U. P., 1998.
Rudé, George, "The Gordon Riots", *Transaction of Royal Historical Society*, 5th ser., 6, 1956.

Rudé, George, *Paris and London in the Eighteenth Century: Studies in Popular Protest*, Fontana, London, 1970.

Rudé, George, *The Crowd in History: Popular Disturbances in France and England, 1730-1848*, John Wiley and Sons, London, 1964, rev. edn., Lawrence and Wishart, 1981. 古賀秀男・志垣嘉夫・西嶋幸右訳『歴史における群衆　英仏民衆運動史　1730—1848』法律文化社、1982年。

Russell, Lord of Liverpool, *Caroline, The Unhappy Queen*, A. S. Barnes & Co., New Jersey, 1968.

Sack, J. J., *From Jacobite to Conservative: Reaction and Orthodoxy in Britain c. 1760-1932*, Cambridge U. P., 1993.

Semmel, Stuart, *Napoleon and the British*, Yale U. P., 2004.

Shelley, Percy Bysshe, "An Address to the People on the Death of Princess Charlotte", in *The Complete Works of Percy Bysshe Shelley*, 12 vols., New York, 1965, vol. 4, Prose.

Smith, E. A., *A Queen on Trial, The Affair of Queen Caroline*, Alan Sutton, Stroud, 1993.

Smith, E. A., *George IV*, Yale U. P., 1999.

Stanhope, John, *The Cato Street Conspiracy*, Jonathan Cape, London, 1962.

Stevenson, John, *London in the Age of Reform*, Blackwell, Oxford, 1977.

Stevenson, John, *Popular Disturbances in England, 1700-1832*, second edn., Harlow, Essex, 1992, 1st edn., 1979.

Stewart, R., *Henry Brougham: His Political Career, 1778-1868*, London, 1985.

Stott, Anne, *Hannah More, The First Victorian*, Oxford U. P., 2003.

Stuart, Dorothy Margaret, *Daughter of England, A New Study of Princess Charlotte of Wales and Her Family,* Macmillan, London, 1951.

Stuart, Dorothy Margaret, *Portrait of the Prince Regent*, Methuen, London, 1953.

Sweet, Nanora, "'The Inseparables'; Hemans, Browns and the Milan Commission", *Forum for Modern Language Studies*, vol. 39-2, 2003.

Taylor, Antony, *'Down with the Crown', British Anti-monarchism and Debates about Royality since 1790*, Reaktion Books, London, 1999.

Thomis, I. Malcolm and Peter Holt, *Threats of Revolution in Britain, 1789-1848*, Macmillan, London, 1977.

Thompson, Dorothy, "Queen Victoria, the Monarchy and Gender", 1989, in ditto., *Outsiders, Class, Gender and Nation*, London, 1993. 古賀秀男・小関隆訳『階級・ジェンダー・ネイション――チャーティズムとアウトサイダー』ミネルヴァ書房、2001年。古賀秀男訳「ヴィクトリア女王――君主制と性（ジェンダー）」『歴史学研究』635号、1992年８月。

Thompson, Edward Palmer, *The Making of the English Working Class*, Victor Gollancz,1963, revised edn., Penguin Books, 1968. 市橋秀夫・芳賀健一訳『イングランド労働者階級の形成』青弓社、2003年。

Thompson, Edward Palmer, "The Very Type of 'Respectable Artisan'", *New Society*, 48 (May 3, 1979).

Tilly, Charles, *Popular Contention in Great Britain, 1758-1834*, Harvard U. P., Cambridge Mass., 1995.

Trevelyan, G. M., *British History in the Nineteenth Century, 1782-1901*, London, 1922.

Van der Kiste, John, *The George III's Children*, Sutton Publishing, Stroud, 1992.

Van der Kiste, John, *The Georgian Princess*, Sutton Publishing, Stroud, 2000.

Wallas, Graham, *The Life of Francis Place, 1771-1854*, Longmans, Green, London, 1898, rep. 1908.

Walmesley, Robert, *Peterloo: the Case Reopened*, Manchester U. P., 1969.

Wilkins, W. H., *Mrs. Fitzherbert and George IV*, 2 vols, Longmans, Green, London, 1905.

Wahrman, Dror, "Middle Class Domesticity Goes Public: Gender, Class and Politics from Queen Caroline to Queen Victoria", *Journal of British Studies*, vol. 32-2, 1993.

Wahrman, Dror, *Imagining the Middle Class, the Political Representation of Class in Britain, c. 1780-1840*, Cambridge U. P., 1995.

Wiener, J. H., *Radicalism and Freethought in Nineteeth Century Britain: the Life of Richard Carlile*, Greenwood, Westport, 1983.

Wood, Marcus, *Radical Satire and Print Culture, 1790-1822*, Clarendon Press, Oxford, 1994.

Worrall, David, *Radical Culture: Discourse, Resistance, and Surveillance, 1790-1820*, Detroit, 1992.

Wright, D. G., *Popular Radicalism, the Working-class Experience, 1780-1880*, Longman, London, 1988.

森　　護『英国王室史話』大修館書店、1986年。

香内　三郎「王制・新聞・世論――「キャロライン王妃事件」のメディア史上の位置」『東京経済大学人文自然科学論集』105、1998年２月。

岡本　充弘「公開講演　イギリス民衆運動史の新しい視角――カロライン王妃事件をめぐって」『白山史学』（東洋大学白山史学会）、35号、1999年

古賀　秀男「キャロライン王妃事件をどうとらえるか――イギリス王室と民衆・世論――」『史窓』（京都女子大学）、58号、2001年。

同　　　　「キャロライン王妃と貴族院の『裁判』」『史窓』、59号、2002年。

同　　　　「シャーロット王女の夭折　その追悼・顕彰と民衆――キャロライン王妃事件研究――」『京都女子大学大学院文学研究科研究紀要　史学編』、２号、2003年。

同　　　　「キャロライン妃の大陸旅行とミラノ委員会」『史窓』、62号、2005年。

図版出典一覧

図１　Hibbert, C., *George III, A Personal History,* p. 128～129. J. Zoffany の画。

図２　Hibbert. C., *George IV, Prince of Wales,* p. 50. R. Brompton の画。

図３　Ibid., p. 50. G. Stubbs の画。

図４　Clerici, *A Queen of Indiscretions,* pp. 4～5. J. Reynolds の画。

図５　Hibbert, *George IV,* p. 114. Hickel の画。

図６　*Romantics and Revolutionaries Regency Portraits from National Portrait Gallery,* intro. by Richard Holmes, National Portrait Gallery, 2002, p. 89. J. Reynolds の画。

図 7　Ibid., p. 87. T. Lawrence の画。

図 8　Fraser, F., *The Unruly Queen,* p. 138-139. P. Batoni の油彩画。Herzog Anton-Urlich Museum, Braunschweig.

図 9　Idid., p. 138-139. J. Reynolds の画に基づく彫版。British Museum.

図 10　Clerici, *A Queen of Indiscretions,* front page.

図 11　Fraser, F., p. 138-139. P. Jean による水彩画。Royal Collection.

図 12　Clerici, xxxvi-xxxvii.

図 13　Hibbert, *George III,* p. 320-321. H. Singleton の画。

図 14　Clerici, p. 14-15. Unwloelg の画に基づく彫版による。

図 15　Hibbert, *George IV,* p. 243. Hoppner の画による。

図 16　Melville, *An Injured Queen,* v. I, p. 28. J. Reynolds の画に基づく彫版による。

図 17　Gash, N., *Lord Liverpool*, p. 142-143. J. Gillray の諷刺画。

図 18　Munson, J., *Maria Fitzherbert,* p. 114. R. Cosway の画による。

図 19　Hibbert, *George IV*, p. 210. H. Holland の設計によるポーチ。

図 20　Hibbert, *op. cit.*, p. 114.

図 21　Melville, v. I, p. 68. R. Cosway の画に基づく彫版による。

図 22　Hibbert, *George IV,* p. 211.

図 23　Hibbert, *George, IV,* p. 114. J. Reynolds の画による。

図 24　Holme, T., *Prinny's Daughter,* p. 38-39. T. Lawrence の画による。

図 25　Holme, T., *Caroline,* p. 40-41. P. Sandby のアクアティント版画による。

図 26　Hibbert, *George IV,* p. 114

図 27　Clerici, p.34. T. Lawrence の画に基づく彫版による。

図 28　Holme, *Prinny's Daughter,* p. 102-103. J. Hoppner の画による。

図 29　Ibid., p. 102-103. A. Kauffman による肖像画。

図 30　Clerici, p. 18. Buck の画に基づく彫版による。

図 31　Hibbert, *George IV,* p. 114-115. T. Lawrence の画。

図 32　Priestley, *The Prince of Pleasure,* p. 65. 色刷り彫版。Royal Collection.

図 33　Melville, v. I, p. 84. J. Reynolds の画に基づく彫版による。

図 34　Melville, v. I, p. 292. J. Opie の画に基づく彫版による。

図35　Holme, *Prinny's Daughter,* p. 166-167. T. Lawrence の画による。
図36　Melville, v. II, p. 330. Hoppner の画に基づく彫版による。
図37　Holme, *Prinny's Daughter,* p.198-199. 1811年の外観。
図38　Parissien, S., *George IV,* p. 208-209.
図39　Holme, *Prinny's Daughter,* p.198-199. 南東側の正面から見た景観。ウィンザーの王室図書館蔵。
図40　Renier, G. J., *The Ill-fated Princes, the Life of Charlotte Daughter of the Prince Regent,* p. 238. G. Dawe の画。National Portrait Gallery.
図41　Begent, Peter J., *The Romance of St George's Chapel,* Windsor Castle, Windsor, 2001, p. 27.
図42　Clerici, p. 216. 古い図版による。
図43　Clerici, p. 212. Wivell の画に基づく彫版による。
図44　Priestley, *The Prince of Pleasure,* p. 264. London Library.
図45　Richword, E., *Radical Squibs and Loyal Riposts,* p. 237.
図46　*Romantics and Revolutionaries,* p. 97. T. Lawrence の画。
図47　Clerici, p. 220. Wivell の画に基づく彫版による。
図48　Clerici, p. 192. Wivell の画に基づく彫版による。
図49　Clerici, p. 194. Wivell の画に基づく彫版による。
図50　Melville, v. II, p. 422. Lonsdale の画に基づく彫版による。
図51　Priestley, p.267. W. B. Walker によるガラス画。個人蔵。
図52　Clerici, p. 148. Devis の画に基づく彫版による。
図53　Melville, v. II, p. 418.
図54　Priestley, p. 268. J. Humphrey による彫版。個人蔵。
図55　Melville, v.2, p. 396. Wivell の画に基づく彫版による。
図56　Gash, *Lord Liverpool,* p. 142-143. Lawrence の画。
図57　F. Fraser, p. 298-299. G. Cruikshank による版画。British Museum.
図58　Melville, v. II, p. 444. A. M. Broadley のコレクション蔵。
図59　Ibid., p. 472. A. M. Broadley のコレクション蔵。
図60　Clerici, p. 176. Wivell の画に基づく彫版による。
図61　Fraser, p. 298-299.
図62　Rickword, *Radical Squibs,* p. 256.

図 63　Melville, v. II, p. 502.

図 64　*Hansard's Parliamentary Debates,* 2nd series, v. II, 904.

図 65　Rickword, *Radical Squibs,* p. 262.

図 66　Fraser, p. 298-299. M. Duboarg による彫版。Mansell Collection.

図 67　Maxwell, *The Creevey Papers,* p. 216. T. Lawrence の画。National Portrait Gallery.

図 68　Parissien, p. 208-209. J. Whittaker の画。

図 69　Nightingale, J., *Memoirs of the Public and Private Life of Queen Caroline,* p. 704.

図 70　Clerici, p.178. R. Cooper による彫版。

著者略歴

古賀　秀男（こが・ひでお）

1933年、京城生まれ（福岡県出身）。九州大学大学院文学研究科博士課程単位取得満了。山口大学教授を経て、1997年より京都女子大学教授（2006年3月、退職）。文学博士。

著　書

『チャーティスト運動の構造』ミネルヴァ書房、1994年

『チャーティスト運動』教育社、1980年

『現代人の西洋史』共編著、法律文化社、1979年

『チャーティスト運動の研究』ミネルヴァ書房、1975年

訳　書

ドロシー・トムプスン『階級・ジェンダー・ネイション　チャーティズムとアウトサイダー』共訳、ミネルヴァ書房、2001年

G・D・H・コール『チャーティストたちの肖像』共訳、法政大学出版局、1994年

ドロシー・トムスン『チャーティスト　産業革命期の民衆政治運動』共訳、日本評論社、1988年

ジョージ・リューデ『イデオロギーと民衆抗議　近代民衆運動の歩み』共訳、法律文化社、1984年

ジョージ・リューデ『歴史における群衆　英仏民衆運動史1730～1848年』共訳、法律文化社、1982年

Printed in Japan.
ISBN4-409-51055-X C3022

キャロライン王妃《おうひ》事件《じけん》
〈虐げられたイギリス王妃〉の生涯をとらえ直す

二〇〇六年三月一〇日　初版第一刷印刷
二〇〇六年三月二〇日　初版第一刷発行

著者　古賀秀男
発行者　渡辺博史
発行所　人文書院
〒六一二-八四四七
京都市伏見区竹田西内畑町九
電話〇七五・六〇三・一三四四
振替〇一〇〇〇-八-一一〇三
印刷　創栄図書印刷株式会社
製本　坂井製本所

植民地経験のゆくえ

●アリス・グリーンのサロンと世紀転換期の大英帝国

井野瀬久美惠 著

〈サロンの女主人〉アリス・グリーンと〈レディ・トラベラー〉メアリ・キングズリ。彼女たちが共有した植民地経験の彼方に見えてくる、支配する側からではなく支配される側から逆照射された帝国の姿。膨大な史料を駆使した世紀転換期大英帝国研究の注目の成果。

4800円

世紀転換期イギリスの人びと

●アソシエイションとシティズンシップ

小関隆 編　小関隆／松浦京子／森本真美／光永雅明／井野瀬久美惠 著

19世紀後半から20世紀初頭のイギリス社会は、「シティズンシップのゆりかご」として各種の自発的結社や任意団体＝アソシエイション文化が花開いた。労働クラブ、成人教育、協同組合…その後のイギリスの基本的特長を形成した世紀転換期の諸相の綿密な研究。

2500円

表示価格(税抜)は2006年3月現在のもの